سلسلة المصادر التربوية في تكنولوجيا التعليم
(٣)

التصميم التعليمي
والتعلم ذو المعنى

رؤية إبستمولوجية تطبيقية
في ضوء نظرية تجهيز المعلومات بالذاكرة البشرية

دكتور

عـادل سرايـا

أستاذ تكنولوجيا التعليم المشارك
كلية التربية بالعريش - جامعة قناة السويس
قسم تقنيات التعليم - كلية المعلمين بالرياض

الطبعة الثانية
٢٠٠٧

دار وائل للنشر

رقم الايداع لدى دائرة المكتبة الوطنية : (٢٠٠٦/١٢/٣٢٥٣)
سرايا ، عادل محمد
التصميم التعليمي والتعلم ذو المعنى : رؤية ابستمولوجية تطبيقية/عادل محمد سرايا.
- عمان ، دار وائل ، ٢٠٠٦ .
(٣٥٤) ص
ر.إ. : (٢٠٠٦/١٢/٣٢٥٣)
الواصفات: تصميم التعلم / أساليب التدريس /طرق التعلم / التربية
* تم إعداد بيانات الفهرسة والتصنيف الأولية من قبل دائرة المكتبة الوطنية

****

رقم التصنيف العشري / ديوي : ٣ .٦٧١
ISBN 9957--11-687- 8 (ردمك)

*التصميم التعليمي والتعلم ذو المعنى
* الدكتور عادل سرايا
* الطبعـة الثانية ٢٠٠٧
* جميع الحقوق محفوظة للناشر

دار

* الأردن - عمان - شارع الجمعية العلمية الملكية - مبنى الجامعة الاردنية الاستثماري رقم (٢) الطابق الثاني
الجبيهة)- هـاتف : ٠٠٩٦٢-٦-٥٣٣٨٤١٠ - فاكس : ٠٠٩٦٢-٦-٥٣٣١٦٦١ - ص. ب (١٦١٥
* الأردن - عمـان - وسـط البـلد - مجمـع الفحيص التجـاري- هـاتف: ٠٠٩٦٢-٦-٤٦٢٧٦٢٧
www.darwael.com
E-Mail: Wael@Darwael.Com

بسم الله الرحمن الرحيم

﴿ قَالُوا سُبْحانَك لا علْمَ لَنَا إلاَّ مَا عَلَّمْتَنَا إنَّكَ أنتَ الْعَلِيمُ الْحَكِيمُ ﴾

صدق الله العظيم

سورة البقرة - ٢٠

إهـداء

إلى ..
الشمس المشرقة التي تشـع دفئـاً ونـوراً

مصطفى

إلى ..
الزهرة الذكية التي تفوح عطراً وجمالاً

شيريـن

شكر وتقدير وعرفان

(لا يشكرني عبدي إلا إذا شكر من أجريت النعمة على يديه)

وقيل (اطلبوا العلم من مظانه "مصادره" واقتبسوه من أهله يرفع الله به أقواماً فيجعلهم في الخير القادرة وفي السلم سادة)

فالعلم حياة القلوب من الجهل، وضياء الأبصار من الظلمة، وقوة الأبدان من الضعف، والعلم إماماً، والعمل تابعه، يلهمه للسعداء ويحرم منه الأشقياء، فتعلم العلم لله خشيه، وطلبه عباده، ومدارسته تسبيح، والبحث عنه جهاد، وتعليمه لمن لا يعلمه صدقه.

ولما كنت من الذين أنعم الله عليهم بمصاحبة أهل العلم على مدار سنوات طويلة، مقتبساً منهم، ومكتسباً عنهم، ومخلصاً لهم، فيطيب لي أن أتقدم بأسمى آيات الشكر والتقدير والعرفان بالجميل لكل رواد التربية العظام في مصر والعالم العربي، على ما منحوه لي من علم وفكر ونصائح وتوجيهات سديدة شكت القوام الرئيس لخبراتي التربوية واعترافاً بفضل أصحاب الفضل. استسمح القارئ الكريم من ذكر بعض الاساتذة العلماء وذلك وفقاً للتدرج الزمني للتعامل والتلمذة على ايديهم كما يلي:

١- الأستاذ الدكتور حمدي أبو الفتوح عطيفة

٢- الأستاذ الدكتور حسن حسين زيتون

٣- الأستاذ الدكتور فؤاد سليمان قلادة

٤- الأستاذ الدكتور علي محمد عبد المنعم

٥- الأستاذ الدكتور محمد احمد كمونة

٦- الأستاذ الدكتور مصطفى عبد السميع

٧- الأستاذ الدكتور عبد العظيم الفرجاني (عليه رحمه الله واسكنه فسيح جناته)

٨- الأستاذ الدكتور محمد عبد الحميد

٩- الأستاذ الدكتور محمد عطية خميس

١٠-   الأستاذ الدكتور عبد اللطيف الجزار
١١-   الأستاذ الدكتور يسرى عفيفي عفيفي
١٢-   الأستاذ الدكتور أبو السعود أحمد

فلهم مني جميعاً كل الشكر والتقدير والعرفان بالجميل .

تلميذكم الوفي
د. عادل سرايا

﴿ تعريف موجز ﴾

بسلسلة المصادر التربوية في تكنولوجيا التعليم

- مجموعة متنوعة من الإصدارات التربوية ذات الصلة المباشرة وغيرالمباشرة بمجال تكنولوجيا التعليم مثل (الكتب النظرية المؤلفة - الكتب المترجمة - البرامج التعليمية والتدريبية - المشروعات التنموية والتطويرية ذات الصفة التربوية - البحوث الوصفية والبحوث المجربة أمبيريقيا - الأدوات البحثية كالمقاييس والاختبارات والاستبيانات والقوائم المقننة وبطاقات الملاحظة وغيرها)

- تحاول إصدارات هذه السلسلة جاهدة إزالة الغموض حول تكنولوجيا التعليم كعلم تطبيقي مستقل as a applied science له ابعاده وأسسه النظرية المشتقة من كافة العلوم الإنسانية الأخرى، كما أن له تطبيقاته ومضامينه العملية لخدمة العملية التعليمية وحل مشكلاتها المزمنة في عالمنا العربي مع رفع مستوى هذه العملية وزيادة فاعليتها وكفاءتها.

- ترمي إصدارات هذه السلسلة إلى محاولة التأكيد على أن تكنولوجيا التعليم لا تنحصر داخل إطار مفهوم الوسائل التعليمية، كما هو شائع لدى عموم الناس ومعظم التربويين، بل أنها تشكل منظومة عامة عملياتية التكوين تأتي الوسائل التعليمية منظومة فرعية لها ضمن مكوناتها الإجرائية الملموسة (منتجات).

- ظهر أول إصدار من هذه السلسلة في بداية عام ٢٠٠١م تحت عنوان (ةكنولوجيا التعليم: النظرية والتطبيق) في جزئين - جزء نظرية وجزء عملي- وهو من إصدارات كلية التربية بالعريش والتربية النوعية ببورسعيد جامعة قناة السويس.

● الإصدارات التابعة لهذه السلسلة يمكن أن تأتي في صورة إنتاج فردي أو ثنائي أو على هيئة فريق من المؤلفين المتخصصون في تكنولوجيا التعليم أو المجالات التربوية الأخرى ذات الصلة.

مقدمة

سلسلة المصادر التربوية في تكنولوجيا التعليم

إن التربية هي الحياة، وتسعى التربية دائماً إلى توفير الحياة الأفضل لكل الأفراد من خلال أنظمتها ومجالاتها المتعددة والمتباينة. وأصبحت التربية هي الميدان الأكثر إتساعاً الذي تتسابق فيه الأمم لنهضة مجتمعاتها وتطويرها لمواكبة التقدم الحادث في عالم اليوم.

ولقد تأثرت التربية المعاصرة كميدان عام، بتلك الثورات التكنولوجية والمعرفية التي اتسمت بها العقود الأخيرة من القرن السابق والسنوات الأولى من القرن الحالي، مما دعا إلى إمكانية إحداث تطور ملموس في الممارسات التعليمية داخل مؤسساتنا التربوية بكافة مراحلها وأنماطها ومستوياتها.

وإذا كانت التربية كمنظومة كبرى تهتم بتحديد وتحليل المشكلات التربوية المرتبطة بكل مظاهر التعلم الإنساني والسلوك البشري مع تقديم الحلول الملائمة لهذه المشكلات، فإن تكنولوجيا التعليم كمنظومة فرعية Sub-System تبدو كميدان أكثر تمايزاً وتفرداً يركز على فنيات تطبيق المعرفة المستمدة من نظريات التعلم والتعليم ونتائج البحوث المتعلقة بمجال العلوم التربوية والسيكولوجية والإنسانية والاجتماعية لتحسين المواقف التعليمية وتطويرها ورفع مستوى فاعليتها وكفاءتها بهدف إحداث تعلم أفضل كغاية مُثلى من عمليتي التدريس والتعليم.

وقد أصبحت تكنولوجيا التعليم علماً تطبيقياً Applied Science مستقلاً له فلسفته وأسسه وبرامجه التي بدأت تشكل محوراً رئيسياً من محاور العملية التعليمية في معظم البلدان المتقدمة وبعض البلدان الآخذة في التقدم، وذلك داخل مؤسسات التعليم العام والجامعي .

ومن المؤسف أن تقتصر- تكنولوجيا التعلم كمفهوم أو كمهنة أو كمجال دراسة أو كميدان تطبيقي عند عموم الناس أو عدد غير قليل من التربوين على مجرد استخدام المواد والآلات والأجهزة البسيطة الضوئية منها أو الالكترونية الحديثة في مجال التعليم، ويُعد هذا الاعتقاد غير المنطقي من الاخطاء الشائعة والمفاهيم المغلوطة التي تحتاج إلى تصويب وتعديل منهجي سليم، الأمر الذي يستلزم معه التأكيد على أن تكنولوجيا التعليم لا تقف عند حد منتجاتها كالمواد والأجهزة التعليمية "الوسائل التعليمية" بل إن الأمر يتطلب إبراز تكنولوجيا التعليم كعلم أو عملية أو طريقة للتفكير المنهجي المنظم المرتبط بالتصميم والتطوير التعليمي على المستوى الإجرائي داخل مؤسساتنا التعليمية.

ومن هذا المنطلق فقد جاءت هذه السلسلة - كمحاولة متواضعة من المؤلف- لإصدار عدد من المصادر والاسهامات التربوية المتنوعة ذات الصلة المباشرة وغير المباشرة بمجال تكنولوجيا التعليم، وذلك بهدف تصويب هذه المفاهيم الخاطئة التي التصقت عند البعض بتكنولوجيا التعليم من ناحية، وتدعيم الاتجاه العلمي السليم نحو تكنولوجيا التعليم كمدخل مقبول ونموذجي لحل أغلب المشكلات التي تعانيها العملية التعليمية في الوطن العربي والإرتقاء بعمليتي التدريس والتعليم على أسس منهجية من ناحية أخرى.

وقد روعى عند صياغة مفردات المحتوى اللفظي والمصور لإصدارات هذه السلسلة التبسيط العلمي غير المخل وعدم التعقيد مع محاولة توفير التتابع المنطقي والسيكولوجي في تنظيم هذه المفردات، وذلك لكي تتلاءم مع أكبر عدد ممكن من القراء والأفراد العاملين في الحقل التربوي أو ممن لهم صلة به، بدءاً بالطلاب المعلمين ومروراً بالباحثين وأولياء الأمور وأفراد المجتمع وإنتهاءً بالمتخصصين في المجال.

والأمل أن تُسهم إصدارات هذه السلسلة - ولو قليلاً - في إزالة الغموض الذي ما زال يكتنف تكنولوجيا التعليم وإثبات هويته ووضع حدود فاصلة له بين العلوم التربوية الأخرى بإعتباره علماً له أبعاده النظرية والتطبيقية والوظيفية يستفيد من كافة العلوم الأخرى.

وختاماً أسأل الله سبحانه وتعالى أن يكون هذا العمل خالصاً لوجهه وأن يكون في ميزان حسـناتي، وأن ينتفع به الجميع في وطننا العربي الكبير من المحيط إلى الخليج.

انه نعم المولى ونعم النصير

المؤلف
د. عادل سرايا
منشأة القاضي / فاقوس – الشرقية
٢٠٠١/١/١٧م

مقدمة الطبعة الثانية من هذا الكتاب

"اننا بحاجة إلى إحداث تغييرات واسعة ونقلات نوعية كبيرة بهدف علاج الانهيار الحادث في النظام التعليمي، ولتلافي ذلك فلا مفر من اللجوء إلى التكنولوجيا التعليمية، التي يجب أن تضاهى في القوة والدقة والتأثير التكنولوجيا الفيزيائية والبيولوجية التي نعتمد عليها كثيراً. إنه لا يكفي أن ندعو إلى الاعتماد المكثف على الجانب المادي من التكنولوجيا "منتجاتها" في مجال التعليم، دون مراعاة الجانب المعنوي لهذه التكنولوجيا الواسعة".

بهذه الكلمات المستخلصة استهل العالم التربوي الأمريكي الشهير "بوروس فريدريك سكيز" B.F.Skinner * الصفحات الأولى من كتابه الشهير "تكنولوجيا السلوك الإنساني" في بداية عقد السبعينات من القرن السابق.

وبنظرة تحليلية دقيقة فاحصة يلاحظ أن "سكيز" قد أشار إلى ضرورة توجيه الاهتمام إلى مجال إعداد المواد "البرامج" التعليمية أو ما يعرف إصطلاحا اليوم باسم "التصميم والتطوير التعليمي" (Instructional Design & Development)

ويستند التصميم التعليمي بمهاراته وأنشطته وإجراءاته ونماذجه الإرشادية في التعليم والتمدرس إلى التطبيق المنهجي المنظم لمبادئ التعلم والتعليم المستمدةن من أفكار وتطبيقات نظريات التعلم والتعليم ومضامينها وموجهاتها التربوية، ولذلك فإن التصميم والتطوير التعليمي بهذا المنظور يشكلان - كعمليات- القوام الرئيسي- والركيزة الأساسية لتكنولوجيا التعليم المعاصرة كمجال تطبيقي ومنظومة متكاملة ومركبة تسعى لتحليل المشكلات التعليمية المرتبطة بكل مظاهر التعلم الإنساني مع

* قدم سكينر العديد من الاسهامات التعليمية التي شكلت الخطوات الاجرائية لتصميم التعليم كعلم لأنه يعتبر من الأوائل في تطبيق مبادئ علم النفس في مجال التعليم عندما نشر استراتيجية التعليم المبرمج (كأول تقنية للتعليم) اضافة إلى مجموعة أخرى من العلماء سيرد ذكرها في متن هذا الكتاب.

الاهتمام بتصميم وتنفيذ وإدارة وضبط وتقويم الحلول المقترحة لهذه المشكلات مما ينعكس على فاعلية النظام التعليمي وكفاءته .

ومن أبرز نظريات التعليم التي تنتمي إلى المجال المعرفي واعتمد عليها التصميم والتطوير التعليمي وتأثر بها واستند إلى موجهاتها: نظرية "أوزوبل" في التعلم ذو المعنى، والتي أفرزت بعض التطبيقات التربوية الهامة مثل: منظمات الخبرة المتقدمة بأنماطها المصورة والشارحة، وكذلك نموذج إرشادي في التصميم التعليمي يطلق عليه "نموذج أوزوبل في تصميم التعليم القائم على المعنى"

وقد استند "أوزوبل" في نظريته وما أفرزته من مضامين وتطبيقات تربوية على إتجاه دراسات التفاعل بين الاستعدادات والمعالجات من ناحية ونظرية تجهيز المعلومات وتشغيلها في الذاكرة البشرية من ناحية أخرى.

كما تركز نظرية "أوزوبل" في التعليم ذو المعنى على تفسير طرق معالجة المعلومات الواردة للمتعلم من البيئة المحيطة، حيث تتعرض هذه المعلومات إلى مجموعة من العمليات العقلية تنتهي في صورة نماذج متباينة من السلوك والأداء الظاهر.

وفي هذا الشأن فقد أكدت نتائج مجموعة من البحوث أن الذاكرة العاملة "السعة العقلية" تعد من أهم العوامل والعناصر التي تشارك في عملية تجهيز المعلومات وتشغيلها ومعالجتها داخل الذاكرة البشرية، وحيث أنه من الصعب تغيير السعة العقلية للأفراد تغييراً مادياً ملموساً؛ فإنه بالإمكان فقط زيادة كفاءتها في تجهيز المعلومات من خلال تنظيم هذه المعلومات والمفاهيم في صورة وحدات ذات معنى، الأمر الذي لا يمثل حملاً زائداً عليها مما يجعل من عملية فهم المعلومات واستيعابها أمراً يسيراً.

ومن هنا فيبرز دور المنظمات المتقدمة وخاصة الجرافيكية منها التي قد تعمل على تقليل كم المعلومات المقدمة للمتعلم من خلال تنظيمها هرمياً بصورة تتفق وتخزينها في الذاكرة البشرية.

وبناءً على ما سبق عرضه من مفاهيم، ولمزيد من التفصيل حول طبيعة التصميم التعليمي وفق منظور نظرية التعلم ذو المعنى لـ "أوزوبل" وعلاقتها بتجهيز المعلومات والمفاهيم العلمية، فقد جاء هذا الإصدار .

وعلى نحو أكثر تحديداً فقد جاء هذا المصنف من (١٢) فصلاً و (٤) ملاحق على النحو التالي :

الفصل الأول: ويتناول مفهوم التصميم التعليمي ومهاراته وأهميته.

الفصل الثاني: ويستعرض بعض نماذج التصميم التعليمي.

الفصل الثالث: ويتناول نظرية التعلم ذو المعنى ودواعى ظهورها وأسسها التاريخية والنظرية مع عرض لأنماط التعلم في هذه النظرية وأبرز المفاهيم القائمة عليها.

الفصل الرابع: وفيه تم تناول مفهوم المنظمات المتقدمة بالتفصيل كأهم مفهوم لنظرية "أوزوبل" في التعلم ذو المعنى مع الإشارة إلى مميزاتها ونظريات تفسيرها.

الفصل الخامس: ويتناول شرحاً مفصلاً لأنواع المنظمات المتقدمة ونماذجها.

الفصل السادس: ويتناول خرائط المفاهيم كمنظمات متقدمة بصرية (جرافيكية) مع الإشارة إلى فنيات تصميمها ومميزاتها.

الفصل السابع: ويتناول نموذج "أوزوبل" في تصميم القائم على المعنى وأبرز مراحله.

الفصل الثامن: ويعرض لمفهوم التفاعل بين الاستعدادات والمعالجات كأحد العوامل المهمة الواجب مراعاتها عند البدء في التصميم التعليمي.

الفصل التاسع: ويتناول مفهوم الذاكرة البشرية وأنماطها وبعض نماذج تفسيرها.

الفصل العاشر: ويتناول العلاقة بين السعة العقلية (الذاكرة العاملة) وتجهيز المعلومات.

الفصل الحادي عشر: ويتناول مصطلح المفاهيم العلمية وأهمية تعلمها، ومصادر الصعوبة في تعلم هذه المفاهيم.

الفصل الثاني عشر: ويعرض مجموعة من المعايير المعرفية والتوجيهات للمعلمين لكيفية صناعة التعلم ذو المعنى.

أما الملاحق التطبيقية فقد جاءت كما يلي:

الملحق رقم (١) : ويرتبط بعرض مجموعة من الموضوعات الدراسية المصممة وفقاً لمراحل نموذج "أوزوبل" في تصميم التعليم القائم على المعنى.

الملحق رقم (٢): ويتضمن عرضاً لمجموعة من خرائط المفاهيم التي تم تصميمها كنماذج للمنظمات الجرافيكية في موضوع المفاهيم العلمية.

الملحق رقم (٣): ويعرض لإختبار الأشكال المتقاطعة "المتداخلة" لـ "بسكاليون" لقياس السعة العقلية "الذاكرة العاملة لدى المتعلمين من عمر (٨-١٢) سنة.

الملحق رقم (٤): مجموعة من خرائط المعرفة .

ويأمل المؤلف أن يلبي هذا الإصدار في سلسلة المصادر التربوية في تكنولوجيا التعليم- إحتياجات القراء بصفة عامة والباحثين في مجال المناهج وطرائق التدريس وتكنولوجيا التعلم بصفة خاصة، كما أنها قد يمثل أهمية كبيرة للباحثين في مجال علم النفس التربوي نظراً لإحتوائه على موضوعات مهمة مرتبطة بهذا المجال.

وحتى يشكل هذا الإصدار – مستقبلاً- مرجعاً تربوياً مفيداً ومتكاملاً آمل وبكل سعادة من القراء الأعزاء والزملاء المتخصصين والباحثين في المجال إرسال مقترحاتهم وآرائهم التي ستكون ولا شك محل تقدير واهتمام وذلك لإثراء وتحسين الطبعات التالية من هذا الإصدار بإذن الله تعالى .

وأخيراً ادعو الله عز وجل أن يجعل هذا العمل خالصاً لوجهه، واخر دعوانا أن الحمد لله رب العالمين وصل اللهم على سيدنا محمد وعلى أهله وصحبه إلى يوم الدين.

المؤلف

الرياض - يوم عرفة

١٤٢٦/١٢/٩هـ

٢٠٠٦/١/٩م

dr_aesaraya_7@yahoo.com

(1)

الفصل الأول
التصميم التعليمي
* مفهومه * أسسه * مهاراته

الفصل الأول
التصميم التعليمي
مفهومه - أسسه - مهاراته

مقدمة

يشكل التصـميم التعليمـي كعمليـة Instructional Design as a process مكونـاً رئيسـاً مـن مكونات منظومة تكنولوجيا التعليم المعاصرة وذلك إلى جانب عمليـات: التحليـل ، التطـوير ، التوظيـف (الاستخدام) ، الادارة (الضبط) - التقويم .

فالتصميم التعليمي يُعد بمثابة الجسر الذي يربط بين الأطر النظرية من نظريـات تعلم وتعليم ومداخل وفلسفات تربوية مختلفة - والجوانب التطبيقية في المجال التعليمـي . ولـذلك فيـرى الـبعض ان التصـميم التعليمي احد العلوم التطبيقية لعلم التعليم ونظرياته وعلم التعليم ونظرياته [١] .

أولاً : التصميم لُغة واصطلاحاً :

- التصميم لغة : يعني العزم والمُضي قُـدماً نحـو تنفيـذ أمـر مـن الأمـور وذلك بعـد دراسـتها مـن جميـع الجوانب وهو مشتق من الفعل " صَمَم " [٢] .
- أما التصميم اصطلاحاً فيعني هندسة الشيء بطريقة ما وعلى أسس ومعايير معينة .

ويكـاد التصـميم التعليمـي مـن منهجيتـه وآليـاته مرادفـاً لمفهـوم هندسـة التعليـم Instructional Engineering . لأن المصمم التعليمي أو المعلم وفق هذا المنظور هو مهندس للعملية التعليمية ومخرجـاً لها . ومن ثم يمكن اعتباره علماً شبيهاً بالهندسة يتطلب أطراً وخلفية نظرية يـتم تنظيمها وفق أسـس نظاميـة متتابعة ومتدرجـة النظام ثم خبرة عملية مهارية لترجمـة هـذه الأسـس في صورة نتاجـات ورقيـة (قطامي ، ٢٠٠٠) .

وعلى ذلك فإن ما يقوم به المصمم التعليمي او المعلم يشبه إلى حد كبير مـا يقـوم بـه المهنـدس المعمـاري Architect Engineering فكلاهما يقوم بالرسم والتخطيط لأعمالها

اعتماداً على مبادىء ثبت فاعليتها ونجاحها وصدقها في الماضي ، غير ان المهندس يعتمد على مدخلات ومبادىء فيزيائية . أما المصمم التعلمي (المعلم) فيعتمد على مبادىء مشتقة من أسس نظرية (تربوية) ، كما أن كليهما يحاول تصميم اشياء وظيفته تكون محطة لجذب انظار المستهلك. ناهيك عن أن كلاً منهما يضع معايير واجراءات لحل المشاكل التي ربما تعترضه اثناء عملية التصميم . أذاً فعملية التصميم تجعل المصمم أو المهندس يضعان تصوراً مسبقاً لما سيكون عليه نتاجها (مخططات كروكية ورقية) وهي خطط تفصيلية لما توصلا اليه والتي لا تتطلب ترجمتها إلى عالم الواقع ، فذلك من مهام من يقوم باعمال التطوير (الانتاج والتقويم) في مجال التعليم أو التشييد والبناء في مجال الهندسة (مقاول البناء أو المهندس المدني) .

والجدير بالذكر ان هناك بعض من مصممي التعليم لديهم خبرات ومهارات كافية بعملية التطوير (الانتاج والتقويم) الأمر الذي يوفر كثيراً من الجهد والوقت من مثل هذه العمليات ، كما أن التحقق من توفر الجودة في عملية التصميم التعليمي وسلامتها ودقتها بترتيب عليه سلامة ونجاح باقي العمليات التالية له مثل (التطوير، الاستخدام ، الادارة ، التقويم ، الخ) والعكس صحيح .

ثانياً : موقع التصميم التعليمي من تكنولوجيا التعليم المعاصرة :

يحتل التصميم التعليمي موقفاً رئيساً من منظومة تكنولوجيا التعليم المعاصرة. وهو ما تؤكده مجموعة التعريفات التي تناولت تكنولوجيا التعليم باعتبارها عمليات وليست منتوجات ويمكن حصر هذه التعريفات في :

- تعريف جميعة تكنولوجيا التعليم والاتصال الأمريكية (AECT) عام ١٩٩٤م والذي أكد على أن تكنولوجيا التعليم عبارة عن " النظرية والتطبيق في تصميم العمليات ومصادر التعلم وتطويرها (انتاجها وتقويمها) واستخدامها وإدارتها وتقويمها من أجل احداث التعلم ".
- تعريف المنظمة العربية للتربية والثقافة والعلوم عام (١٩٩٧م) والذي اشار إلى أن تكنولوجيا التعليم هي " العلم الذي يبحث في النظريات والممارسات التطبيقية المتعلقة

بمصادر التعلم وعملياته من حيث : تصميمها ، وتطويرها (انتاج وتقويم) واستخدامها ، وادارتها ، وتقويمها (فتح الباب ، ١٩٩٨ : ٩٠) .
ويمكن ابراز مكانة التصميم التعليمي كعملية حيوية وعلاقتها ببقية علميات تكنولوجيا التعليم الأخرى كما في الشكل رقم (١) .

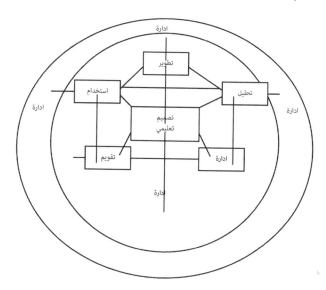

شكل (١) يوضح العمليات الاساسية لتكنولوجيا التعليم المعاصرة

ثالثاً : مفهوم التصميم التعليمي :

ترى افنان دروزة (١٩٨٦ : ١٥) ان التصميم التعليمي " علم يتلخص في وصف اجراءات تتعلق باختيار المادة التعليمية (الأدوات والمواد والبرامج والمناهج) المراد تصميمها وتحليلها وتنظيمها وتطويرها وتقويمها وذلك من أجل تصميم مناهج تعليمية تساعد المتعلم على التعلم بطريقة أفضل وأسرع، وتساعد المعلم من ناحية أخرى على اتباع أفضل الطرق التعليمية في أقل وقت وجهد ممكنين.

ويرى قطامي وآخرون (٢٠٠٠ : ١٠٥) انه العملية المنهجية في ترجمة المبادىء النظرية لعملية التعليم والتعلم إلى محددات للنشاطات والمواد التعليمية ويؤكد رايجلوث (Reigeluth 1982) ان الهدف الرئيس للتصميم التعليمي هو تحسين الأداء التعليمي وتطبيق اكثر المعالجات التعليمي Instructional Treatments مواءمةً للحصول على أعلى درجة من الأداء والسلوك المرغوب وأفضل نمو ممكن من المعارف والمهارات والاتجاهات لدى المتعلمين .

ويعرفه (محمد خميس ٢٠٠٣) بأنه "عملية تحديد المواصفات التعليمية الكاملة لأحداث التعليم والتعلم ومصادره ، كنظم متكاملة عن طريق تطبيق منهجي منظم قائم على حل المشكلات في ضوء موجهات نظريات التعلم والتعليم بهدف تحقيق تعلم فعال وكفء.

ويتناول (الحيلة: ١٩٩٩) التصميم التعليمي من جانب ما يفرزه كعلم من طرق تعليمية يتم ترجمتها في هيئة خرائط مقننة (Models) كدليل يسير عليه المعلم اثناء عملية التعليم .

ويؤكد على ذلك (حسن زيتون ١٩٩٩) بانه العلم الذي يهدف الى تخليق نماذج ارشادية يُهتدي بها من تخطيط منظومات التعليم.

وفي ضوء ما سبق من متغيرات هذا الكتاب وموضوعاته فان التصميم التعليمي هو " عملية منظومية تستهدف وضع معايير ومواصفات لأنسب الطرائق والبيئات والمصادر التعليمية التي تحقق النتاجات التعليمية المرغوب فيها وفق شروط معينة لدى عينة من الطلاب بما يتفق وخصائصهم الادراكية (المعرفية) مع ترجمة هذه الطرق في صورة مخططات وأدلة يُسترشد بها لتنفيذ عملية التعليم لأحداث التعلم المنشودة ".

وفي ضوء العرض السابق فتنطوي عملية التصميم التعليمي على مجموعة من العمليات الفرعية تلى عملية التحليل وتسبق عليه التطوير ويمكن توضيح ذلك من خلال الشكل رقم (٢).

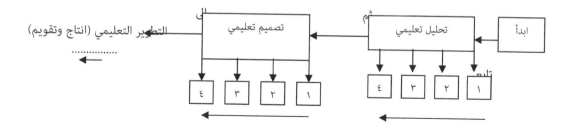

شكل (٢) موقع التصميم التعليمي

رابعاً : التصميم والتطوير التعليمي   Instructional Design & Development

لقد عرفت لجنة جمعية الاتصالات التربوية والتكنولوجية (AECT) التطوير التعليمي على أنه "
اسلوب ومنهج نظم (تصميم نظم system تعليمية) متكاملة وانتاجها واستخدامها " ويشمل ذلك جميع
المكونات المناسبة وأنماط الادارة لاستخدامها . ويتبين من ذلك أن (جاستفسون ، برانش) .

١- التطوير التعليمي اشمل وأعم من التصميم التعليمي الذي يمثل مرحلة واحدة فقط مـن التطـوير
التعليمي .

٢- التطوير التعليمي مرحلة تالية للتصميم التعليمي .

٣- يركز التصميم التعليمي على صياغة المواصفات التعليمية وتحديـدها أمـا التطـوير التعليمـي يركـز
على ترجمة هذه المواصفات الى منظومات انتاجية صالحة للاستخدام (محمد خمـيس ، ٢٠٠٣ : ٨)
.

٤- يتمتع التصميم التعليمي بالطبيعة التخطيطية الجرافيكية المرسومة (كروكيات) المستندة إلى أسـس
نظرية تربوية وسيكولوجية ، بينما يتمتع التطوير بطبيعة تنفيذية انتاجية تقويمية .

وعلى أية حال فالتصميم والتطوير التعليمي يمثلان العمليات الاكثر بـروزاً في منظومـة تكنولوجيا التعليم المعاصرة . انظر الشكل (٣) .

عمليات
تصميم
تعليمي

تطوير تعليمي

العمليات الاساسية لتكنولوجيا التعليم

شكل   (٣)
يوضح العلاقة بين التطوير التعليمي والتصميم التعليمي داخل اطار منظومة
تكنولوجيا التعليم .

والجدير بالذكر في هذا المقام ان هناك نماذج ارشادية تخطيطية تتبـع التصـميم التعليمـي – سـيرد ذكرهـا فيما بعد – ونماذج تتبع التطوير التعليمي مثل النماذج التي توظف تطوير المنتجات كنموذج " فان بـاتن Van patten ونمـوذج ليشـن وبولـوك ورايجلـوث " leshin & Pollock & Reigeluth ونمـوذج بـيرجمان ومور Bergman & Moor Model وغيرها .

خامساً : الأسس النظرية والسيكولوجيا للتصميم التعليمي .

لقد استمد التصميم التعليمي أصوله ومبادؤه من عدة مجالات نظرية ومدارس سيكولوجية حيث أنه تأثر بموجهاتها التربوية وبصفة علامة فقد تأثر التصميم التعليمي بمجموعة العوامل والمتغيرات منها :

١- مدخل النظم system Approach ونظرية النظم العامة .

٢- نظريات التعليم والتعلم * Learning & Instructional theories .

٣- نظرية الاتصال ومجالاته Communication Theory .

أ- التصميم التعليمي ومنحى النظم

System Approach & Instructional Designing

مقدمة

يتضمن الموقف التعليمي من المنظور التقليدي : المعلم ، المتعلمين ، الكتب المدرسية فالمحتوى المطلوب تعلمه موجود في متن الكتاب المدرسي ، وتنحصر مسئولية المعلم في أن يعلم ذلك المحتوى إلى المتعلمين، ومن خلال هذا المنظور يمكن تفسير عملية التدريس على أنه نقل المعلومات من متن الكتاب المدرسي وحشوها في ذاكرة المتعلمين بطريقة تمكنهم من استعادتها عند اختبارهم فيها .

ووفقاً لهذا المنظور فتحسين العملية التعليمية تتمركز في تحسين المعلم وزيادة كفاءته وحثه على ان يكتب معرفة اكثر لنقلها إلى المتعلمين .

وعلى الرغم من سيادة المنظور التقليدي من معظم مؤسساتنا التربوية في الوقت الراهن؛ إلا أن هناك نظرة اكثر حداثة لعملية التعليم تتمثل في انها عملية منظمة يكون فيها كل مكون من مكوناتها [المعلم ، المتعلمين ، مصادر التعلم) بيئة (سياق) التعلم]

ضرورياً وحيوياً لإحداث التعلم المنشود . ويشار إلى وجهة النظر هذه بنظرة النظم Systematic view ، هذه النظرة تشكل لدى مؤيديها مرتكزاً اساسياً يقوم عليها التصميم التعليمي .

* تشترك الغالبية العظمى من نظريات التعلم في محاولة تفسير كيفية حدوث التعلم Learning لدى الفرد ومن أبرز روادها : ثورنديك ، بافلوف ، سكيز ، كراودر وغيرهم .
اما الغالبية العظمى من نظريات التعليم فتشترك في البحث عن كيفية مساعدة الأفراد على إحداث التعلم ؟ ومن أبرز روادها : برونر ، أوزوبل ، نورمان ، ... الخ وسوف نتناول بالتفصيل في سياق هذا الاصدار نظرية " ديفيد أوزوبل في التعلم ذو المعنى .

وفي هذا الشأن يؤكد (ديك وكارى ١٩٩٦ Dick & Kary) على أن استخدام منحى النظم في التصميم التعليمي يهدف الى إبراز الدور المهم لجميع مكونات العملية التعليمية كنظام، حيث يجب أن تتفاعل جميع المكونات لتحقيق الأهداف المرجوة .

وبناءاً على ذلك يتضح أهمية مراجعة العملية التعليمية بكل مكوناتها ، وألا تقتصر على النظرة التقليدية الضيقة لعملية التعليم المتمثلة في قيام المعلم بنقل المعرفة إلى المتعليم مع قيامهم بالانصات والحفظ والاستظهار .

ان هذه النظرة القاصرة لم تعد صالحة في ظل ما يشهده هذا العصر من انفجار معرفي وتكنولوجي والاقبال المتزايد من الطلاب على التعليم في مراحله المختلفة، ولذلك ظهرت توجهات معاصرة تنادى بضرورة ان يكون التعليم مخططاً ومصمماً وفق اسس علمية منطقية وسيكولوجية سليمة، ويقوم على احتياجات الطلاب ويتلاءم مع قدراتهم واستعداداتهم ، ويؤكد هذا المعنى على أن التعليم : عملية مقصودة لترتيب الأحداث التعليمية Instructional Eventes . وتنظيمها وإدارتها بصورة منهجية نظامية لاحداث تعلم افضل (تغير مرغوب في سلوك الطلاب) ، كما يؤكد هذا المعنى على ضرورة ان يكون المعلم مُصمِماً للتعليم Instructional Designer ومتقناً لمهارات التصميم التعليمي ولا يقتصر دوره على نقل المعلومات وتلقينها بطريقة آلية صماء .

وفي هذا الشأن يشير " علي عبد المنعم ١٩٩٨" إلى أن تصميم التعليم يرتكز على التفاعل الوظيفي بين مكونات الموقف التعليمي والتأثير المتبادل لهذه المكونات على اساس أن كلية الموقف أكبر من مجموع الأجزاء المكونة له، وهو يستبعد تماماً العفوية والإرتجالية ؛ فالتصميم التعليمي له منهجيته المرتبطة بالنظرية العامة للنظم، وتستند هذه المنهجية - تصميم التعليم - عند أي مستوى من المستويات على مجموعة من المفاهيم والأسس المستمدة من فلسفة النظم ومدخله، وتسمى عملية

تصميم منظومات التعليم وفق مدخل النظم بعدة مسميات منها: التصميم المنظومي / المنهجي للتعلم أو تصميم النظم التعليمية وأحياناً يطلق عليها تطوير النظم التعليمية .

الفصل الأول

نشأة مدخل النظم

إن الفكرة الأساسية لمدخل النظم هي العمل بالكل ، وقد طرح هذه الفكرة قديماً الفلاسفة من أمثال : سقراط ، وأفلاطون ، ووايتهد ، وليبينز ، وهيجل ، كما طرحها المفكر العربي ابن خلدون عندما درس تاريخ النظم وأنشأ علم الاجتماع ، كما دعا إليه (كومينوس)عندما نادى بنظام التكامل في التعليم كما هو في الطبيعة وذلك في كتابة التعلم الأكبر بيد أن البداية الحقيقية لنظرية مدخل النظم لم تظهر إلا عندما أشار إليه (كوهلر Kohler) في فيزيائيته الجشطالتية عام ١٩٢٤م، ثم عرض (لوتكا Lotka عام ١٩٢٥م) في كلاسيكيته مفاهيم أساسية لنظرية النظم ولكن لكونه عالم إحصاء كانت اهتماماته تدور حول المشكلات السكانية .

ثم ظهرت القواعد الأساسية للنظرية العامة للمنظومات في منتصف الثلاثينات على يد العالم البيولوجي لويودونج. برتلانفي Bertalnffy Ludwing V. ، حيث أكد علي ضرورة اعتبار الكائن الحي متكاملاً أو منظومة كلية تتكون من منظومات فرعية .

وقد ساعد علي إبراز الملامح الأساسية للنظرية العامة للنظم ظهور بعض العلوم والنظريات مثل : *

١. ظهور نظرية الألعاب لكل من نيومان ومورجنيسترن Neuman & Morgenstern عام ١٩٤٧م.
٢. تطوير علم السيبرناتيكيا Cybernetics علي يد Wiener عام ١٩٤٨م.
٣. نشأة نظرية المعلومات علي يد شانون وويفر Cashannon & Weaver عام ١٩٤٩م .

ويمكن القول أن مدخل النظم بدأ استخدامه فعلياً في مجال التعليم مع بداية الستينات بهدف تطوير الممارسات التعلمية على أسس علمية .

* عادل سرايا (٢٠٠٤) مقدمة في تقنيات التعليم والمعلومات، مذكرة غير منشورة ، كلية المعلمين بالرياض ص ٢٣ .

يعد مدخل (أسلوب) النظم من المفاهيم التي بها صلة بالنظم وتختلف عنها فيعرف كل من " كوريجان وكوفمان " (Corrigan and Kaufman) مدخل النظم على " أنه أسلوب طريقة تحليلية ونظامية تمكننا من التقديم نحو تحقيق الأهداف التي حددتها مهمة النظام، وذلك بواسطة عمل منضبط ومرتب للأجزاء التي يتألف منها النظام كله، وتتكامل تلك الأجزاء وفقا لوظائفها التي تقوم بها في النظام الكلي الذي يحقق الأهداف التي تحددت للمهمة ".

ولقد وصفت استراتيجية تطوير التربية العربية مدخل النظم على أنه في جوهرة أسلوب في التفكير ومعالجة المشكلات حيث كان الهدف في معالجتها إدراك ما بين الظواهر من علاقات متبادلة ، أي أن مفهوم مدخل (اسلوب) النظم، ما هو إلا نمط تفكير ، وأسلوب معالجة، وله خطوات أو مراحل عمل، وتختلف هذه الخطوات باختلاف وجهات نظر من يستخدمونها.

ماهية النظام :

يعرف النظام بأنه مجموعة من العناصر (المكونات) التي تتجمع معاً في كل او كيان واحد، ويتصل بعضها ببعض في علاقات تفاعلية متبادلة شبكية بغرض تحقيق وظائف أو أهداف محددة .

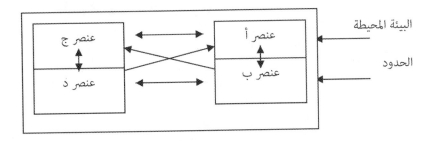

شكل (٤) الشكل العام للنظام

33ويعرفه " مرعي ، ١٩٩٨) بأنه الكل المركب من مجموعة من العناصر التي لها وظائف محددة وبينها علاقات تبادلية متشابكة ضمن قوانين ، وبذلك يؤدي الكل المركب في مجموعة نشاطات هادفة وتكون له سمات مميزة وعلاقات تبادلية مع النظم الأخرى ، ويوجد في بعدين مكاني وأخر زماني ، ويكون مفتوحاً يسمح بتبادل المعرفة ، ويكون ضمن حدود وبيئة وله مدخلات ومخرجات ".
وفي ضوء التعريفات السابقة يمكن استخلاص مجموعة من السمات المميزة للنظام على النحو التالي :

أولاً :- السمات الخاصة للنظام :

يتكون أي نظام من عدة عناصر أو مكونات وهي :

أ- المدخلات (Inputs)، والمدخلات هي مصادر النظام ، ومن عناصر البيئة، ويمكن ضبطها ، وتساعد على استمرار التفاعلات فيه، وذلك لتحقيق أهدافه، وتكون المدخلات بأشكال مختلفة، ومن أهم اشكالها: الطاقة، والموارد، والمعلومات . ولولا المدخلات لأصابت النظام ظاهرة الاضمحلال او الموت (Entropy) ، ويزيد أثر المدخلات كلما ازداد النظام تنظيما وكان مكتمل الشروط. ومن ذلك يتبين ان مدخلات النظم المغلقة تكون مرة واحدة مثل نظام المحرك الكهربي الذي يعمل بالبطارية الجافة (تيار مستمر) اما مدخلات النظم المفتوحة فتكون مستمرة ومتكررة في العادة مثل نظام المسجد والمدرسة .

ب- المخرجات (Outputs)، وهي أهداف النظام او نتاجه، وأهداف النظم الميكانيكية تكون سهلة التحديد، وملاحظة وسهلة القياس، بعكس اهداف النظم الانسانية، وان مخرجات نظام ما، تصلح مدخلات لنظام اخر وهكذا . ومن أجل ان يكون تطبيق النظام سليما ، فلا بد ان تكون المدخلات مساوية للمخرجات ، واذا كان ذلك يبدو صعبا للوهلة الاولى، إلا أن المعايير العلمية التي يستخدمها النظام هي التي تمكننا من القياس والتقويم، وتساعدنا في ضبط حساباتنا لكل من المدخلات والمخرجات والعمليات .

ج- العمليــات Processes وهــي عبــارة عــن محــولات، لان النظــام تــتم فيـه عمليـة تحويــل
(Transformation) المدخلات الى مخرجات عبر العمليات processes وتتوقف طبيعة المخرجـات
على نوعية المدخلات، وجودة العمليات ودقتها وبهذا تختلف النظم بعضها عـن بعـض . ويشبه
البعض عملية التحويل في النظام بما يتم في الصندوق الاسود (Black Box) فمثلا نغـذي النبـات
ونسقيه ونتعهده ولكن العديدين منا لا يدركون تماما عمليات التحويل التي تـتم. فقـد لا يتـوافر
الوقت لمعرفة ما يتم او قد لا تتوافر القدرة على معرفة ذلك ، وهذا يجعلنا نكتفي بمعرفة ضرورة
تزويد النبتة بالماء والسماد " كمدخل " لنحصل على " المخرج " وهو نمو النبتة، بينما نعامل عمليـة
نمو النبتة ذاتها معاملتنا لشيء يتم ضمن صندوق أسود .

د- التغذية المرتدة Feed back وهي التي تعطي مؤشر عن مدى تحقيق الأهداف المرسومة للنظام مـع
ابراز نقاط القوة والضعف من كل جزء من مكونات النظام وبالتالي يمكن ارجـاع مخرجـات النظـام
اليه مره أخرى على هيئة مدخلات جديدة تؤثر وتتحكم من مخرجاته التالية .

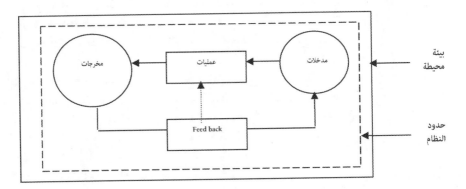

شكل (٥)
يوضح العناصر المكونة للنظام كمفهوم عا م

هـ- للنظام حدود (Boundary of the System) تميزه عن البيئة المحيطة به، ولا يؤخذ النظام الا ضمن هذه الحدود التي تحوى عناصر النظام والعلاقات بينها وتعرف حدود النظام اجرائيا على النحو التالي: " الخط الذي يكون دائرة مغلقة حول عناصر النظام التي تحدث بينها العمليات والتغيرات، وتتحول فيها المدخلات الى مخرجات ".

و- للنظام بيئة تحيط به، وتكون خارج حدوده، وتشمل كل ما يؤثر على النظام، وكل ما يتأثر بالنظام، إن خاصية البيئة هذه ، هي التي تسهم في جعل النظام في حركة ديناميكية مستمرة، وتجعل من الصعب تحديد حدود النظام، وتسهم في جعل النظام في حالة توازن، ويتم هذا في النظام المفتوح. اما في النظام المغلق فيعزل نفسه عن البيئة وتأثيراتها .

٢- تتميز العناصر التي يتكون منها النظام بعضها عن بعض بالوظائف التي يقوم بها كل عنصر، بالرغم من وجود علاقات تبادلية شبكية فيما بينها ، وتختلف عناصر النظام في عددها ومدى تطورها بحسب تقدم النظام وتطوره .

٣- تترابط عناصر النظام وتتكامل ، ولذا لا تدرس العناصر في النظام المفتوح الا في اطار الكل المركب الذي تنتمي اليه، ولا يجوز ان يدرس كل عنصر بمعزلة عن العناصر الأخرى، نظرا لأن هناك اعتمادا متبادلا بين العناصر، وهي مترابطة مع بعضها ومتداخلة ، ولا يمكن ادخال تعديل على عنصر دون تأثير على بقية العناصر، لان كلية النظام أكبر من مجموع كل أجزائه، أما العناصر في النظام المغلق فتكون آلية، وبعضها لم تتحدد وظيفته، كما تكون علاقاته عير منتظمة وعشوائية .

٤- ليست العلاقات المتبادلة بين عناصر النظام عشوائية، بل أنها تخضع لقوانين منطقية أو رياضية ويمكن ان تستقرأ، وتجدد في ضوء تكوين النظام الداخلي، ونوعية مدخلاته وخرجاته.[٢٩]

٥- تكون النظم مغلقة أو مفتوحة ويكون النظام المفتوح في حركة ديناميكية مستمرة مع البيئة، وذلك نتيجة العلاقات التبادلية الشبكية بين عناصرها من جهة، وبينه وبين بقية النظم: النظم الأم، والنظم الفرعية، والنظم الموازية، من جهة اخرى. تأخذ العلاقات التبادلية أشكالاً مختلفة فقد يكون عمليات، او تفاعلات، أو انشطة. وتتباين العلاقات التبادلية من نظام الى آخر حتى ولو اتحدت هذه النظم بالهدف أو الأهداف .

ثانياً : السمات العامة للنظام

١- كل نظام في الكون هو عنصر في نظام أم (Supra System) أكبر منه، ويشكل كل عنصر- فيه نظاما فرعيا. فالتربية نظام، وهي إحدى عناصر نظام الثقافة الذي يمكن اعتباره نظام أم، وتتكون التربية كنظام من عدد من العناصر وكل عنصر هو نظام فرعي مثل: نظام تطوير المناهج ونظام التعليم ونظام اعداد المعلمين وغيرها.

٢- تتصف الانظمة الأم، او الانظمة المركبة بالهرمية (Hierarchy) وهي النسق الذي يضم النظم الفرعية التي تتكون منها .

٣- يتصف النظام بالمرونة (Flexibility) والقابلة للمراجعة والتعديل، بمعنى أنه يمكن تخفيف المعوقات التي تقف في وجه تحقيق الهدف أو الأهداف، ويمكن حساب البدائل وأخذها بعين الاعتبار في ضوء الاهداف والمعوقات كما تعني المرونة قدرة النظام على استيراد الطاقة او تعويضها .

٥- تصيب ظاهرة الاضمحلال او الفناء (Entropy) النظم المغلقة ، وتحدث عندما تنعدم المدخلات او تضعف الى درجة كبيرة، وعندما تكون عناصر النظام او الشروط المحيطة به في فوضى قصوى، وبالنسبة للكائنات الحية عندما تموت، وبالنسبة للنظم التنظيمية عندما يحدث نقص كبير في المعلومات الضرورية اللازمة لتحريك النظام واستمراره.

٥- يكون النظام المفتوح في حالة توازن (Equilibrium)، ويقصد بحالة التوازن هذه، عدم وجود تناقضات بين العناصر ووظائفها وعلاقاتها، ثم تكيف النظام مع بيئته. ولهذا تتميز النظم المفتوحة بوجود بعض الأجزاء الداخلية فيها تختص باستشعار الاختلال في التوازن وتحذير النظام كله لكي يتخذ من الإجراءات ما يكفل تجنب هذا الاختلال قبل حدوثه، أو إستعادة التوازن مرة اخرى إذا وقع الاختلال فعلا.

٦- تحافظ الانظمة المفتوحة على توازنها من خلال عمليات التغذية الراجعة (Feedback) بعكس الأنظمة المغلقة التي تتجاهلها، وتعود التغذية الراجعة إلى المخرجات في النظام لترى الى أي مدى تحققت في ضوء المدخلات.

٧- يحتاج كل نظام إلى ادارة (Management)، وتشمل ادارة النظام على تخطيطه (Planning)، وضبطه (Controlling) ومراقبته. ويقصد بالتخطيط، تحديد اهداف النظام، ووظيفة كل عنصر، والعلاقات التبادلية بين العناصر، وبيئة النظام وحدوده. ويقصد بضبط النظام ومراقبته، اختبار ومتابعة تنفيذ خطته، ومراجعة التنفيذ بين الحين والآخر، وبين مرحلة وأخرى وذلك في ضوء تحقيق الأهداف والشروط.[٤٢]

مفهوم النظام التعليمي

وهو مجموعة من العناصر والمكونات المرتبطة بالعملية التعليمية ينظر اليها كوحدة واحدة بينهما علاقات تفاعلية تبادلية لتحقيق هدف تعليمي معين.

ويتكون النظام التعليمي من مجموعة أنظمة فرعية أخرى، مثل :

المنهج الدراسي ، الادارة المدرسية ، المباني المدرسية، الفلسفة التربوية وكل نظام يتكون من مجموعة من الأنظمة الأصغر شكل (٦)

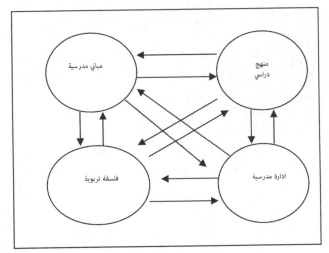

شكل (٦) يوضح مكونات النظام التعليمي (ناجح حسن، ١٩٩٧)

دواعي توظيف منحى النظم في مجال التصميم التعليمي

لقد ظهرت مجموعة من العوامل التي مهدت الى توظيف منحى / مدخل النظم في مجال التصميم التعليمي من أهمها :

* نتائج ابحاث " سكنير " ودراساته فيما يتصل بالسلوك والتعلم الانساني .
* ظهور حركة الأهداف السلوكية الاجرائية في مجال التعليم .
* تزايد الاهتمام بظاهرة الفروق الفردية بين المتعلمين، وما تفرضه من ضروف تبنى معالجات تعليمية تتناسب مع خصائص كل متعلم وحاجاته .
* التقدم الهائل في مجال تصميم المواد التعليمية وانتاجها . software
* التقدم الهائل في مجال صناعة الأجهزة التعليمية . Hardware

مميزات توظيف مدخل (منحى) النظم من التصميم التعليمي

الفصل الأول

ان اتباع مدخل / منحى النظم في تصميم منظومات التعليم يمكن أن يزود المعلم ومصمم المناهج بخرائط للتخطيط تساعد في تحديد مشكلة تعليمية معينة من جميع جوانبها ، مع تحديد الامكانات المتاحة واستخدامها من أجل التغلب على هذه المشكلة ونعرض فيما يلي بايجاز لبعض مميزات توظيف مدخل / منحى النظم في التصميم التعليمي .

- خضوع النظام التعليمي بنوع من الضبط والتوجيه والمراجعة ، الأمر الذي يترتب عليه تحسين هذا النظام وتنقيحه باستمرار وصولاً لأفضل النتائج المتوقعة .
- التركيز على المتعلم بالدرجة الأولى ، حيث يعطي هذا المنحى في الغالب لخصائص المتعلم أهمية قصوى .
- تنظيم كافة عمليات التصميم التعليمي ومهاراته في صورة نسقية ، تعمل سوياً على نحو متوافق ومتناغم ومتفاعل لتحقيق أهداف منظومة التعليم .
- مساعدة المعلم وأداء أدواره بفاعلية وكفاءة لانه يُسهم في تصميم مواقف وأنشطة تعليمية ترتبط مباشراً بالأهداف التعليمية .
- مساعدة المعلم في اختيار المواد التعليمية وتصميمها وإنتاجها بما يتناسب مع خصائص المتعلمين .
- مساعدة المعلم في تحديد أفضل أدوات التقويم وأساليبه المناسبة لقياس مخرجات التعليم لدى الطلاب .

ب- التصميم التعليمي ونظريات التعلم والتعليم

إن المتتبع لتطور علم التصميم التعليمي سيجد أنه قد تأثر بميدان علم النفس ونظرياته ومدارسه* على إختلاف مسمياتها ويمكن حصر هذه المدارس على النحو التالي :

* لكل مدرسة في الواقع إيجابياتها وسلبياتها وتحديد نوع المدرسة (النظرية السيكولوجية) التي يتم التصميم التعليمي في ضوئها يتوقف على نمط التعليم أو المهارات والخبرات المطلوب تعلمها أو إكسابها للمتعلمين . =

= - فإذا كان الهدف هو تعلم الحقائق والمفاهيم وبعض الإجراءات الأساسية والبسيطة فإن النموذج السلوكي المعتمد على موجهات النظرية السلوكية هو الأنسب حيث يتم التركيز على الأحداث الخارجية للتعليم مع إهمال العمليات العقلية التي يمارسها المتعلمون أثنا عملية التعلم بأنفسهم

- واذا كان الهدف هو التركيز على تحديد طبيعة العمليات العقلية المعرفية الادراكية داخل دماغ المتعلم فان النموذج المعرفي الإدراكي هو الأنسب لأنه يساعد المصمم التعليمي في التعرف على كيفية هندسة وتنظيم محتوى المادة التعليمية بطريقة تتفق مع خصائص المتعلم الادراكية وبشكل يساعده في خزن المعلومات في بينته المعرفية ثم مساعدته في كيفية استعادتها بسهولة ويسر .

- وإذا كان الهدف هو تعلم مهارات التفكير العليا وجعل المهارات هادفة ومرتبطة بخبرات المتعلمين من خلال تقديم المفاهيم ومهام التعلم في مواقف واقعية حقيقية تعتمد على التفاعل النشط والعمل التعاوني، مع إتاحة الفرصة للمتعلم لبناء معرفته عن العالم بصورة نشطة وغرضية التوجه من خلال تقديم المفاهيم في صيغة مشكلات وعلى المتعلم صياغة سؤال وإستكشاف الاجابات المحتملة فإن النموذج البنائي المعتمد على موجهات النظرية البنائية هو الأنسب حيث يتخذ التعلم طابعاً يتسم بالتتابع التعليمي، ومن أهم مبادىء تصميم التعليمي وفقاً للمدرسة البنائية (توفر خبرة لعملية بناء المعرفة – جعل التعلم في سياق واقعي – التشجيع على الوعي الذاتي بعملية بناء امعرفة ... الخ). ولمزيد من التفصيل : يمكن للقارىء الكريم الرجوع للكتب المتخصصة في هذا المجال . (بدر الصالح ، ١٤٢٣/ ٢٤) .

١- المدرسة السلوكية والتصميم التعليمي

Instructional Design & Behaviorism

لقد تأثر التصميم التعليمي في نشأته الأولى بالآراء النظرية والدراسات التجريبية ويعتبر " سكينر Skinner ١٩٥٤ " ، " وكراودر Crowder, 1960 " وغيرهم أصحاب الارهاصات الأولى لهذا العلم ، حيث أسهموا في إمكانية تطويع التعليم وهندسته وجعله أكثر قابليةً وتحكم. حيث يتم التركيز على الأحداث الخارجية للتعليم، وإهمال العمليات العقلية التي يمارسها المتعلمون أثناء عملية التعليم بأنفسهم، مع تطبيق نموذج المثير – الإستجابة. وبناءً على ذلك فيمكن القول : أن العلوم السلوكية هي التي ساعدت تصميم التعليم كعلم في كيفية هندسة البيئة وتنظيمها بطريقة تساعد المتعلمين على إظهار الاستجابات المرغوبة والتي تعبر في مجموعها عن عملية التعليم .

ويتشكل تصميم التعليم وفقاً لموجهات هذه المدرسة في صورة تتابعات تُطبق لتحقيق أهداف تعليمية محددة سلفاً إذ تتخذ عادةً شكل أهداف سلوكية إجرائية

وفق ما هو شائع في معظم نماذج التصميم التعليمي التي تنطلق من فكر هذه المدرسة ومبادؤها .

وفي هذا الشأن فقد افترض (لاموس Lamos , 1984) أن بداية حركة تصميم التعليم قد ركزت على فرضية التعليم المبرمج لسكينر الذي يقوم على ثلاث ركائز هي : التحليل ، التصميم ، التقويم باعتبار أن السلوك الكامن يتغير بشكل كبير تبعاً لسلوك المتعلم الحالي ، الذي يشكل في النهاية السلوك الجديد .

وحدد بولوك (Bullock, 1982) عدداً من الركائز التي اعتمدها نظام التصميم التعليمي السلوكي في :

- الموضوعية Objectivity التي تشير إلى أن وحدة تحليل السلوك الإنساني قائمة على ملاحظة الاحداث الخارجية .

- البيئة* Environmentalism والتي تشير الى أن البيئة هي أحد العناصر المهمة التي تحدد سلوك الانسان وتؤثر في أداءه .

- التعزيز Reinforcement الذي يشير الى أن احتمال زيادة ظهور سلوك تعلمي ما يتوقف عادة على نتائجه إذ أن السلوك محكوم بنتائجه (قطامي وآخرون ٢٠٠٠) .

وفيما يلي عرضاً موجزاً لأهم اسهامات رواد المدرسة السلوكية في عملية الربط بين هذه المدرسة بمضامينها والتصميم التعليمي (افنان دروزة، ١٩٨٦) :

١- يعتبر سكينر (Skinner, 1954) أول من طبق مبادىء علم النفس في مجال التعليم من خلال دراساته التي نشرها حول استراتيجية التعليم المبرمج (أول تقنية للتعليم) ومن هذه المبادىء (افنان دروزة، ١٩٨٦ : ٤٢) :

أ- ضرورة تحديد التعليم في خطوات أو مثيرات جزائية قابلة للملاحظة (Stimulus)

---

* تلعب البيئات التعليمية أدواراً مؤثرة في مستوى حدوث عليه التعلم لدى الأفراد بما تتضمنه من عناصر ومكونات فيزيقية واجتماعية وسيكولوجية .

ب- يجب أن يتطلب التعلم إستجابة (Response) يمكن ملاحظتها من قبل المتعلم .
جـ- يجب أن يوفر التعليم تعزيزاً فورياً لاستجابة المتعلم .
د- يجب ان ترافق استجابة المتعلم تغذية راجعة فورية توضح له مدى صحة استجابته .
هـ- يجب أن لا يؤدي التعليم بالمتعلم الى ارتكاب الاخطاء الكثيرة .
و- يجب ان يعتمد التعليم على سرعة المتعلم في التعلم (خطوه الذاتي Self pacing) .

سكينر: أبرز رواد المدرسة السلوكية

هذه المبادىء التعليمية شكلت الخطوات الاجرائية لعلم تصميم التعليم . وبنمو التعليم المبرمج، فقد طور كراودر (Crowder, 1960) ما يسمى بالتعليم المبرمج المتشعب، وفيه يتفرع التعليم المبرمج الى قنوات تزود المتعلم بالمعرفة الصحيحة لاجابته الخاطئة اثناء عملية التعلم. وقد أدت هذه الخطوة إلى إكساب التعليم المبرمج صفة المرونة في الإستعمال ، والخصوبة في المعرفة ، والتفريد في التعلم .. أي اعتماد المتعلم على نفسه أثناء عملية التعلم.

٢- قام العالم جيلبرت (Gilbert, 1962) بتطوير طريقة تعليمية تعرف باسم السلسلة الرجعية (Backword Chaining) حيث تبدأ بتعليم النتائج النهائية للمادة التعليمية أولا، ثم تتقدم تدريجيا الى تعليم المقدمة. كأن يبدأ المعلم : أ) بتدريس النتيجة النهائية للمادة المراد تعليمها ؛ بحيث يستنتج منها جوهر الموضوع المراد تعلمه ، وبيان أهميته (المرحلة الاستنتاجية) ، ب) ثم ينتقل الى تدريس المتطلبات السابقة للموضوع المراد تعلمه (المرحلة التمهيدية)، جـ) وبعدها ينتقل الى تدريس الأفكار العامة الرئيسة (المرحلة النظرية) ، د) ومنها الى تعليم المهارات التمييزية التي تساعد المتعلم لأن يفرق بين مفهوم وآخر (المرحلة المهارية)، هـ) وأخيراً مساعدة المتعلم على تطبيق المهارات المطلوبة

بشكل مناسب (المرحلة التطبيقية). هذا بالاضافة الى ابتكاره للسلسلة التقدمية التي تبدأ بأسهل خطوة الى أعقدها .

٣- طور ايفانز وهوم وجليسر (Evans, Homme, & Glasser, 1962) طريقة تعليمية ساهمت في علم تصميم التعليم واستند عليها حديثا المصمم التعليمي الأمريكي ميرل (& Merrill, 1983, Merrill Tennyson 1977) في بناء نظريته حول العناصر التعليمية فطريقتهم تجلت في تدريس الأفكار العامة أولا ثم الأمثلة التي توضحها او العكس.

٤- ساهم العالم الأمريكي جروبر (Gropper, 1974) في بناء علم تصميم التعليم مباشرة ، بما ألفه ونشره عن استراتيجيات التعليم ، منها ما يتعلق بطريقة التعليم التي **توافق خصائص** المحتوى التعليمي للمادة الدراسية المراد تعلمها، ومنها ما يتعلق بالمتعلم وسلوكياته المختلفة. وباختصار فهي تركز على أهمية التسلسل في تعلم المادة الدراسية ؛ بحيث تبدأ من البسيط الى المعقد .

٥- قام العالم جانييه (Gagne, 1965, 1977) بانجازات سيكولوجية وتربوية هائلة، وقد كان اتجاه جانييه في بادىء الأمر سلوكيا عندما ابتكر نظريته الهرمية في التعلم. ولكنه في الفترة الأخيرة تحول اتجاهه الى المدرسة الإدراكية المعرفية، انظر جانييه وبرجز (Gagne & Briggs, 1979) أما مساهمته في علم تصميم التعليم، فتأتي ضمن اطار تطبيقه لمبادىء نظريته التعليمية الهرمية في المجال التربوي ، لقد قال جانييه أن الإنسان لديه قدرات بشرية هائلة مبنية ومرتبة فوق بعضها البعض بطريقة هرمية، وبناء على هذا المبدأ، قال بأن التعلم يجب أن يتم بطريقة هرمية ، كذلك عملية التعليم يجب أن تتم بطريقة تتفق وعملية التعلم. فالمهمات البسيطة يجب تعليمها قبل المهمات المعقدة، ومن هنا جاءت فكرة المتطلبات السابقة في التعلم ، وبناء على ذلك كله ، فقد نوه جانييه بأهمية تصميم البيئة التعليمية بطريقة يتم فيها تحديد الأهداف التعليمية المراد تحقيقها أولا ، يليها تحديد العناصر التعليمية التي تتكون منها هذه الأهداف ثانيا ، ثم ترتيب وتنظيم هذه العناصر بطريقة هرمية ثالثا .

وحدد جانييه (Gagne, 1977) الأهداف التعليمية بأنماط ثمانية هي : التعلم الاشاري ، وتعلم الرابطة بين المثير والاستجابة ، والتسلسل الحركي ، والتداعي

اللفظي ، وتعلم المهارات التمييزية ، وتعلم المفاهيم بكلا نوعيها المادية والمجردة ، وتعلم المبادىء والقوانين ، وأخيرا تعلم أسلوب حل المشكلات ، والذي يعتبر من أصعب المراحل التي يصل اليها المتعلم ، لأنه يتطلب منه تطبيق قوانين سابقة متعلمة ، أو اشتقاق قوانين جديدة ؛ من جراء القيام بعملية الربط ، وإدراك العلاقة بين القوانين السابقة المتعلمة بعضها مع بعض .

لقد ركز جانييه أيضا على أهمية التحقق من تعلم المتطلبات السابقة للمادة التعليمية الجديدة . وقدم جانييه لعلم تصميم التعليم توصيات تتعلق بأخذ المتطلبات السابقة ، والشروط الداخلية والخارجية لعملية التعليم بعين الاعتبار . فالشروط الداخلية هي التي تتعلق بالعمليات التي يجب أن يقوم بها المتعلم لضمان حدوث عملية التعلم ، في حين تتعلق الشروط الخارجية بالعمليات اللازمة لتصميم البيئة التعليمية ؛ لضمان حدوث عملية التعلم. وقد حدد جانيه النتائج التعليمية التي يمكن الحصول عليها نتيجة عملية التعليم في خمس فئات هي : ١) المهارات العقلية. ٢) استراتيجيات الإدراك . ٣) المهارات الحركية . ٤) المهارات اللفظية. ٥) الاتجاهات . اما المهارات العقلية ؛ فقد حددها بقدرة المتعلم على تعلم المهارات التمييزية ، وتعلم المفاهيم المادية المحسوسة ، وتعلم المفاهيم المجردة ، ثم تعلم القوانين واشتقاق قوانين عليها ؛ من أجل الوصول الى مرحلة حل المشكلات .

أما العناصر التعليمية (Instructional events) التي يجب ان يلم بها المعلم في غرفة الصف فهي على التوالي : ١) جذب الانتباه . ٢) إخبار المتعلم بالأهداف العامة للمادة المراد تعلمها. ٣) استثارة الخبرات السابقة لدى المتعلمين والتي تشكل المتطلب السابق لعملية التعلم . ٤) عرض المادة التعليمية . ٥) تزويد المتعلم بالارشادات اللازمة لعملية التعلم . ٦) استمرار التغذية الراجعة لاستجاباتهم. ٨) تقويم استجابات المتعلمين . ٩) وأخيرا توفير المواقف التطبيقية لتطبيق ما تعلموه من معلومات نظرية .

٦- من العلماء الذين ساهموا أيضا في بناء علم تصميم التعليم وفقاً لمبادىء المدرسة السلوكية كل من ماركل وتيمان (Markle & Tiemann, 1970) فقد قدما طريقة تعليمية لتدريس المفاهيم. تتكون هذه الطريقة من الخطوات الاجرائية التالية : أ)

عرض المفهوم كفكرة عامة، ب) ثم عرض الأمثلة التي توضح الخصائص الحرجة (Critical attributes) لهذا المفهوم ، جـ) وأخيرا عرض الأمثلة المضادة التي لا تتمثل فيها الخصائص الحرجة لهذا المفهوم . وقد ركز ماركل على أهمية تساوى عدد الأمثلة المستعملة والأمثلة المضادة (non-examples) بحيث يوضح المثل الخاصية الحرجة التي يشتمل عليها، والمثل المضاد، الخاصية الحرجة التي إفتقر اليها. وبتنوع هذه المثلة والأمثلة المضادة يمكن تعليم جميع الخصائص الحرجة للمفهوم . من هذه الطريقة جاءت فكرة أهمية تعليم جميع العناصر الأساسية للفكرة (الرسالة) المراد تبليغها أثناء عملية التعليم .

٧- وقام كلاوزماير ورفاقه (Klausmeier et al. 1974) بابتكار طريقة أخرى لتعليم المفاهيم تتكون من أربع مراحل هي : أ) عرض المفاهيم بشكل مادي ومحسوس، ب) تسمية المفاهيم المعروضة ، جـ) تعريف المفاهيم المعروضة لفظاً أو كتابة ضمن اطار الخصائص الحرجة التي تشتمل عليها ، د) وأخيرا تصنيف مجموعة الأمثلة المعروضة الى قسمين أحدهما ينطبق عليه المفهوم والآخر لا ينطبق عليه المفهوم (الأمثلة والأمثلة المضادة). وقد طور كلاوزماير ايضا مبادىء مختلفة لتعليم أنماط تعليمية مختلفة. وبتعبير آخر فقد صاغ مجموعة من المبادىء النظرية التعليمية تقابلها مبادىء اجرائية تعليمية ، على المعلم القيام بها ، وذلك عند تعليمه للحقائق ، او المفاهيم ، او اسلوب حل المشكلات والابداع ، او المهارات النفس حركية. انظر (Klausmeier and Goodwin, 1975) .

٨- قام هورن (Horn, 1976) بوضع مجموعة من الإجراءات التعليمية تستعمل كخطوط ارشادية لدى القيام بعملية تصميم المواد التعليمية . هذه الخطوط تعرف باسم خارطة المعلومات (Information Mapping) . وتتكون خارطة المعلومات هذه من نظام متكامل من المبادىء والإجراءات لتصنيف المهمات التعليمية وتبويبها وربطها وترتيبها وعرضها بطريقة تصويرية . لقد حاول هورن تصنيف جمل وأشكال المهمات التعليمية ، واعادة صياغتها في وحدة تعليمية ، تتكون من مجموعة من المعلومات ، هذه المعلومات قد تصور المهمات التعلمية في تعريفات لفظية وأشكال وأجزاء ، وأمثلة ، وأمثلة

مضادة، واجراءات ، الخ . وقد صور هورن ثمانية وثلاثين نمطا من هذه المعلومات بحيث يعتبر كل نمط بناءً مختلفا عن الاخر ، من ناحية الجوهر وطريقة التعليم، حيث وضع هورن خارطة لتدريس مفاهيم المادة التعليمية المراد تدريسها ، وأخرى لتدريس مضمون هذه المادة ، وثالثة لتدريس الإجراءات الحركية التي تتطلبها ، ورابعة لتدريس عمليات التصنيف وخامسة لتدريس الحقائق التي تشتملها ، كما وضح أيضا للمعلم كيفية تشكيل كل خارطة لهذه المعلومات .

مما تقدم نرى ان المدرسة السلوكية ساهمت بطريقة او بأخرى في انشاء ونمو علم تصميم التعليم ، بما قدمته من استراتيجيات تعليمية ، شكلت نموذجا للمصمم التعليمي ، لكي يقتدي به أثناء عملية التصميم. وتبعا لذلك فقد صور المصمم أشكالا لتعليم المحتوى التعليمي الذي هو مفاهيم في طبيعته او مبادىء في طبيعته ، او اجراءات في طبيعته ، او حقائق ومعلومات كل هذا كان بطريقة يتم فيها هندسة وتنظيم المثيرات الخارجية في البيئة التعليمية بشكل يساعد المتعلم على التعلم .

ونوجز فيما يلي أبرز ملامح النموذج السلوكي لعملية التصميم التعلمي :

١- عملية تتابعية بالأهداف.

٢- التخطيط المنظومي فيها من أعلى الى اسفل .

٣- يتم اشتقاق الأهداف مسبقاً.

٤- التتابع المنظم وتدريس المهارات الفرعية من الأمور المهمة .

٥- التقويم الختامي له دور فعال.

٦- التحقق من تنفيذ الأهداف .

٢- التصميم التعليمي والمدرسة المعرفية Instructional Design Cognitivism

تعتمد المدرسة المعرفية على الإفتراض التالي: يستطيع المتعلم أن يجعل التعليم ذو معنى، إذ ما قام بالإنتباه للخبرات الجديدة، ورمزها، وربطها بالخبرات القديمة الموجودة لديه، بهدف جعلها ذات معنى، وتخزينها في ذاكرته أو بنيته المعرفية، واستدعائها من خلال استخدام معينات مناسبة للتذكر، ونقلها لمواقف جديدة .

ويلاحظ ان هذه المدرسة / النظرية تعطي وزناً أكبر للعمليا العقلية التي يقوم بها المتعلم أثناء عملية التعليم بإعتباره فرداً حيوياً نشطاً ومنظماً للمعرفة ومُرمِزاً لها، ومدمجاً إياها في بنيته المعرفية المتوفرة لديه، بهدف استدعائها ونقلها الى المواقف الجديدة . كما تركز هذه النظرية على إستخدام التغذية الراجعة المرتبطة بمعرفة نتائج المتعلم لأدائه وتنظيماته التي يجريها على ابنيته المعرفية من أجل دعم وتوجيه الروابط الذهنية. كما تنظر هذه النظرية في تحديد درجة استعداد المتعلم القبلي من خلال الخبرات السابقة بالأبنية المعرفية Cognitive Structures التي توفر استعداداً عقلياً للتفاعل مع الخبرات الجديدة ، بهدف تعديل أبنيته المعرفية أو توسيعها أو إثرائها.

ويلاحظ ان هناك تحولاً في الاهتمام بمبادىء النظرية السلوكية الى الاهتمام بمبادىء النظرية المعرفية الادراكية ولعل العالم الأمريكي روبرت جانييه (Gange " هو أول من قام بدراسة العلاقة بين عملية التعليم كمتغيرات والنتائج التعليمية كاستجابات (مدرسة سلوكية) وقام كذلك بدراسة " عملية التعليم وذاكرة المتعلم والنتائج التعليمية " وهي أبرز عمليات التعلم من وجهة نظر المدرسة الإدراكية Gange & Briggs (1979:156 .

ومن ابرز رواد المدرسة الادراكية* برونر " Bruner ١٩٦٠ " وديفيد أوزوبل .Ausubel, 1960 وسكندورا " Scandura ، 1973 " ولاندا " Landa 1974 " ونورمان " Norman 1976 "ونستون " Winston 1978 " وجوناسون " Jonassen,1978

* لمزيد من التفاصيل حول هؤلاء العلماء واسهاماتهم يمكن الرجوع الى :

١- افنان نظير دروزة (١٩٨٦) اجراءات في تصميم المناهج ، جامعة النجاح الوطنية ، بنابلس ، مركز التوثيق والابحاث .

٢- يوسف قطامي ، ماجد أبو جابر نادية قطامي (٢٠٠٠) تصميم التدريس ، عمان ، دار الفكر للنشر والطباعة والتوزيع .

٣- حسن زيتون (١٩٩٩) تصميم التدريس، القاهرة ، عالم الكتب .

٤- حافظ سلامة (٢٠٠٣) تصميم التدريس ، الرياض ، الخريجي .

" واندرسون " Anderson , 1979 "
وريجني " Rigney , 1978 "
وميرل " Merrill , 1983 "
وايجلوث " 1983 Reigluth "
جوين " Gowin 1984 "
نوفاك " Novak 1984"

برونر: أبرز رواد المدرسة الإدراكية
المعرفية

وفيما يلي عرضاً موجزاً لأبرز اسهامات رواد هذه المدرسة وعلاقتها بتصميم التعليم .

١- يُعد جيروم برونر " Bruner, J. 1960 " من أوائل علماء المدرسة الادراكية المعرفية الذين درسوا الشروط المصاحبة لعملية تعلم المفاهيم واكتسابها وكذلك حل المشكلات ومحاولة تحسين وضع المناهج الدراسية من خلال تطبيق استراتيجية المنهج الحلزوني Spiral Carriculum، فقد أشار إلى أن عملية التعليم يجب أن تبدأ بالافكار البسيطة أولاً ثم تُفصل تدريجياً بشرط أن تتم عملية الربط بين التعلم الجديد والتعلم القديم في كل مرحلة تعليمية جديدة.

وذكر برونر " Bruner , 1966 " أن هناك مجموعة من الإجراءات والمبادىء التي يجب أن تتضمنها نظرية التعليم وهي :

أ) الخبرة في مجال التعليم ، ب) طريقة تنظيم المادة التعليمية بما يتناسب وقدرات المتعلمين، جـ) طريقة تعليم المادة التعليمية بشكل منظم ، د) طريقة استعمال العقاب والتعزيز أثناء عملية التعليم بشكل فعال وبحيث يحفز المتعلم الى التعلم بدافع من نفسه (Intrinsic Motivation) بدلا من التطلع الى الحوافز الخارجية (Extrinsic Motivation) .

٢- اسهم ديفيد أوزوبل 1968-1960 . Ausubel , D. " بالعديد من الاسهامات التي تأثير بها التصميم التعليمي واجراءاته ومهاراته ، وسوف نعرض لهذه الاسهامات تفصيلاً في الفصول القادمة لانها المحور الرئيس لفكرة هذا الكتاب.

٣- يعتبر العالم سكندورا (Scandura, 1973) من المساهمين في تطوير علم تصميم التعليم وتطوير علم التعليم بشكل عام ، وذلك بما قدمه في طريقته المتكاملة حول تحليل العمليات الادراكية المعرفية بشكل اجرائي (Path Analyses) . فقد افترض سكندورا أن نظرية التعلم يمكن تطبيقها في مجال التعليم. لقد رفض سكندورا الفكرة القائلة بأن السلوك الانساني ينتج عن وجود مثيرات معينة، ولكنه افترض ان السلوك الانساني يظهر نتيجة لتطبيق الانسان مبادىء وقوانين معينة. أي أن المبادىء والوقانين هي بمثابة المثيرات التي تسبب السلوك. فالمبادىء من وجهة نظره هي عبارة عن فرضيات علمية لها نقطة بداية ونهاية ، انها تبدأ باجراءات عملية ، تطبق فيها القوانين وتتخذ القرارات، ثم تنتهي الى النتيجة المرغوب فيها ، كعملية الطرح على سبيل المثال. كما ان القوانين الكلية تتكون من قوانين جزئية ، وأن طريقة إستعمالها تتم بخطوات إجرائية ، بحيث أن كل خطوة تؤدي الى الاخرى. لذا فإن الأساس الذي يجب ان يقوم عليه علم تصميم التعليم من وجهة نظر سكندورا، هو أن يعتمد على فكرة تحليل العمليات الإدراكية المعرفية إلى خطوات اجرائية تتسلسل من البسيط إلى المعقد.

٤- يعتبر العالم السوفيتي لاندا (Landa, 1974) من مؤسسي- علم تصميم التعليم، بما قدمه من نظام التعليم الاجرائي المبني على التحكم والضبط . ينظر " لاندا " الى عملية التعليم على أنها عملية تعلم ذاتي يتحكم فيها المتعلم بالمثيرات الخارجية ويضبطها بطريقة تكفل له تحقيق الأهداف التعليمية، المرغوب فيها ، بعكس التعليم العشوائي فسوف يؤدي الى الفشل في تحقيق هذه الأهداف ، وان حقق بعضها فلا يتم ذلك الا بطريقة عشوائية . ويقول " لاندا " أ٨ع٢سلان الهدف الرئيسي- والكلي لعلمية التعليم هو الوصول بالمتعلم الى مرحلة الضبط الذاتي . فالمتعلم من وجهة نظر لاندا هو الشخص الذي لديه المقدرة على توجيه سلوكه وعملياته العقلية نحو الهدف التعليمي من تلقاء

نفسه . وأضاف لاندا أن هناك طريقتين يقوم بهما المتعلم أثناء عملية التعليم هما : أ) طريقة الاجراءات (Algorithms) وفيها يقوم المتعلم بتطبيق طريقة معينة من شانها أن تؤدي به الى الهدف المرغوب فيه . ٢) طريقة الاكتشاف (Heuristics) وفيها يقوم المتعلم بممارسات خاصة تؤدى به إلى الهدف المرغوب فيه . فالطريقة الخيرة لا تضمن النتائج ولكنها تُزود المتعلم باستراتيجيات مفيدة ، ربما تؤدي به الى الحل الصحيح .

حاول " لاندا " أن يطبق نظريته في تعليم اللغات الاجنبية ، وعلم الهندسة، وقواعد اللغة الروسية ، ولكنه اعترف في نفس الوقت أنه ليس بالامكان استعمال هذه النظرية في تعليم جميع انواع الموضوعات الدراسية .

٥- قدم العالم نورمان (Norman, 1976) طريقة التعليم الخطي (Liner Teaching) والتعليم النسجي (Web Teaching). ففي طريقة التعليم الخطي تعرض الأفكار العامة الرئيسية اولا ، ثم يسير المعلم بخط مستقيم الى عرض الجزئيات والأمثلة. أما طريقة التعليم النسجي ففيها تعرض الخطوط العريضة لجميع المادة المراد تعلمها ، ثم تراجع جميع هذه المادة بطريقة اكثر تفصيلا يتبعها تفصيل أدق لجميع الأجزاء وهكذا، الى أن تتم عملية التعلم بشكل كلي .

لقد راعى نورمان في كلتا الطريقتين خصائص البناء المعرفي للمتعلم ، وبين أن معرفة خصائص هذا البناء سوف تساعد المعلم على تنظيم المادة المتعلمة بشكل مبدئي، وبتقدم عملية التعليم واستمرارها ، يستطيع المعلم ان يعرف خصائص البناء المعرفي بشكل أوضح ، وبالتالي سوف ترشده هذه المعرفة الى تنظيم المادة التعليمية بشكل أكثر تقدما ، ومن ثم سوف يستعمل الطرق التعليمية التي تناسب البناء المعرفي للمتعلم وكفاءاته .

٦- يعتبر العالم ونستون (Weinstein, 1978) من المساهمين في علم تصميم التعليم بما أورده عن أهمية استعمال المهارات الادراكية المعرفية (Elaboration Cognitive skills) في تسهيل عملية التعلم. لقد أجرى ونستون دراسة عن اهمية استعمال القصة ، والأسئلة التعليمية ، وتوضيح العلاقة بين الافكار واستعمال القصة ، والأسئلة التعليمية، وتوضيح العلاقة بين الافكار واستعمال اسلوب التخيل في تسهيل عملية التذكر

والاستيعاب. وقد توصل إلى أن استعمال مثل هذه الوسائل الادراكية المعرفية ، يزيد في امكانية المتعلم على التعلم بطريقة اسهل وأسرع .

٧- قام أندرسون (Anderson, 1979) بتصميم طريقة تعليمية ارشادية ترشد الطالب الى كيفية الدراسة واجتياز الامتحان المعد لها. هذه الطريقة تتكون من ثلاثة مراحل هي :
أ) النشاطات التي يقوم بها المتعلم قبل قراءة الموضوع ، ب) النشاطات التي يقوم بها المتعلم خلال قراءة الموضوع ، جـ) ثم النشاطات التي يقوم بها المتعلم بعد قراءة الموضوع. كما طور أندرسون مجموعة من الخرائط الهرمية والتي من شأنها ان تساعد المتعلمين في معرفة وتمييز العناصر الرئيسية الموجودة في المادة التعليمية والعلاقات الداخلية التي تربطها بعضها مع بعض . هذه الخرائط تأخذ أشكالا مختلفة تبعا لاختلاف نوع المحتوى التعليمي المراد دراسته ، فهناك خارطة تساعد المتعلم على اجابة الاسئلة المتعلقة بادراك المفاهيم ، وأمثلتها ، وخصائصها ، والأمثلة المضادة التي لا تمثلها ، وتعريفاتها أيضا ، والعلاقات التي تربط فيما بينها .

٨- ومن المساهمين أيضا في علم تصميم التعليم العالم ريجني (Rigney, 1978) فقد تكلم عن أهمية الاستراتيجيات الادراكية المعرفية من حيث طريقة ضبطها وقال بأن هناك استراتيجيتين لتصميم التعليم هما : أ) الاستراتيجية الادراكية التي يتحكم بها المعلم (Embedded strategy) بحيث يكون هو المسؤول عن اختيار الوسائل الادراكية المعرفية للطالب واعدادها ، كاختبار القصة ، او الأسئلة ، او ايجاد العلاقة ، او عقد مقارنة الخ . وفي هذه الحالة ، يقوم المعلم بصياغة الاسئلة التعليمية – على سبيل أمثال – التي تساعد المتعلم على التعلم . ب) أما الاستراتيجية الإدراكية الثانية فهي التي يتحكم بها المتعلم (Detached strategy) بحيث يكون الطالب فيها هو المسؤول عن ابتكار الوسائل الادراكية المعرفية واعدادها. بناء على تعليمات المعلم فقط . وفي هذه الحالة يقوم المتعلم بصياغة هذه الاسئلة التعليميمة – على سبيل المثال – التي تساعده على التعلم. حول معالجة الأسئلة التعليمية كاستراتيجية ادراكية متضمنة وكاستراتيجية ادراكية منفصلة . (دروزة (Darwazeh, 1982) .

٩- أما جوناسين (Jonassen, 1978) * فيعتبر من أصحاب المدرسة البنائية المعرفية (Structuralism) التي ساهمت أيضا في علم تصميم التعليم ، تلك المدرسة التي تؤكد على ترابط المعلومات في البناء المعرفي للمتعلم في كل متكامل ومترابط . هذا النسق المعرفي يعتبر أساسا لتصميم نظام التعليم . وقد طور جوناسين ايضا نموذجا في التعليم يركز على أهمية معالجة المادة الدراسية في اطار الخصائص المعرفية لذاكرة المتعلم ، وكيفية استخدامها وتوظيفها في مجالات أخرى عملية (Aptitude Treatment Interaction (ATI)

١٠- يُعد كل من (ميرل ١٩٨٣، Merrill) ، (رايجلوث ١٩٨٣، Reigeluth) وجوين ونوفاك (Gowin Novak 1984) من علماء المدرسة الادراكية المعرفية الذين اسهموا بتقديم نظريات للتصميم التعليمي (نظرية العناصر التعليمية) و (النظرية التوسعية لرايجلوث) وقدم جوين ونوفاك خرائط تخطيطية مفاهيمية معرفية تسمى بـ (خرائط المفاهيم - خريطة الشكل (Vee) وبالرغم من عدم نشأة الشكل (V) ضمن سياق النظرية البنائية إلا أن بعض مناصري المدرسة البنائية استخدموا الشكل (V) في عملية التدريس البنائي برغم أن الشكل (V) ينتمي فكرياً لنظرية ديفيد أوزوبل من التعليم ذو المعنى. وسيأتي عرض هذه الخرائط تفصيلياً في بعض فصول هذا الكتاب .

* يعتبر ما قدمه " جوناسين " وما طرحه " جوين Gowin " ونوفاك Novak " بمثابة الجسر- الذي يربط مبادىء المدرسة الإدراكية بمبادىء المدرسة البنائية والتي أسسها " بياجيه Piageat ". فجميعهم من انصار المدرسة الادراكية المعرفية ومن اتباع نظرية التعلم ذى المعنى وذلك لاقتناعهم أن بناء المعرفة الجديدة ما هو إلا صورة من صور التعلم ذى المعنى . ويُطلق البعض على الربط بين بناء المعرفة الجديدة ، والتعلم ذو المعنى مصطلح البنائية الانسانية Human Constructivism والتي تؤكد على أن العمليات المعرفية التي يوظفها المحترفون الذين ينتجون أعمالاً معقدة هي نفسها التي يوظفها المبتدئون الذين ليس لهم خبرة واسعة في المجال . ففي كلتا الحالتين يلجأ الفرد الى بناء المعنى عن طريق تكوين علاقات بين المفاهيم الجديدة والمفاهيم الأخرى ، التي هي جزء من الاطار القائم للمعرفة السابقة فهي عملية دينامية لصناعة المعنى (حسن شحاته ، زينب النجار ، ٢٠٠٣ ، ٨٢) .

٣- التصميم التعليمي والمدرسة البنائية

Constructivism & Instructional Design :

وتنظر هذه المدرسة للتعلم على أنه عملية بنائية يبنى من خلالها المتعلم معارفه عن العالم بصورة نشطة وغرضية التوجه، وذلك عندما يواجه بمشكلة أو مهمة حقيقية، بعيد خلالها بناء معرفته والتفاوض الاجتماعي مع الآخرين ، ومحدثاً تكيفاً يتواءم والضغوط المعرفية الممارسة على خبرته.

ويعتبر الفكر البنائي هو تطور منطقي لمبادىء الفكر الادراكي المعرفي لان البنائيين يؤكدون على التعلم القائم على المعنى أى القائم على الفهم ، فالتلميذ يستخدم معلوماته في بناء المعرفة الجديدة التي يقتنع بها. وذلك يجب تشجيع التلاميذ على بناء معارفهم بأنفسهم وعلى المعلم مساعدتهم على أن يجعلوا أفكارهم الخاصة واضحة ويقدم لهم أحداثاً تتحدى هذه الأفكار في مواقف متعددة، (Louden, et. Al., 1994, 650) كما يجب تشجيع التلاميذ على القيام بالأنشطة حتى يحدث التعلم ذو المعنى لديهم (Saunders, 1992, 138). ولا يقتصر دور المعلم على نقل المعرفة، ولكن يجب ان يعمل على تنشيطها واستنباطها وتسهيل وتوجيه عملية التعلم (عبد السلام مصطفى، ١٩٩٨، ١١٩) فالمعلم في المنظور البنائي ميسر ومساعد لبناء المعرفة (Huibregtse et. al., 1994, 540) لأنه يخطط وينظم بيئة التعلم ويوجه تلاميذه لبناء تعلم ذى معنى لديهم (Carin, 1997, 53) .

وبوجه عام إن الانتقال من التدريس وفقاً للطريقة التقليدية إلى التدريس وفقاً للطريقة البنائية يتطلب إحداث تغيير في مكونات نظام التربية العلمية وتشمل التغيرات التالية (Schult, 1996, 26).*

* منى عبد الصبور ، أمينة الجندي (١٩٩٩) تصحيح التصورات البديلة لبعض المفاهيم العلمية باستخدام نموذجي التعلم البنائي والشكل " V" لطلاب الصف الأول الثانوي من مادة الفيزياء واتجاههم نحوها، الجمعية المصرية للتربية العلمية، المؤتمر العلمي الثالث، مناهج العلوم للقرن الحادي والعشرين: رؤية مستقبلية ، ابو سلطان ١٩٩٩/٧/٢٨/٢٥ .

الطريقة التقليدية Traditional	الطريقة البنائية Constructivist
- المعرفة توجد خارج التلميذ	- المعرفة توجد بداخل التلميذ نفسه
- محورها المعلم	- محورها التلميذ
- التلميذ سلبي من ناحية تلقي المعلومات	- التلميذ إيجابي ونشط وفعال
- أنشطة فردية	- أنشطة تفاعلية
- تعلم تنافسي	- تعلم تعاوني
- يبحث عن الإجابة الصحيحة	- يتقبل آراء كل تلميذ " لا توجد إجابة صحيحة أو خاطئة "
- تذكر المعرفة	- تغير مفاهيم
- الاعتماد على الكتاب المدرسي	- التلميذ يبنى معارفه من مصادر تعلم متعددة
- اختبارات تحريرية تقوم على الورقة والقلم (اختبارات ذاكرة)	- توجد بدائل مختلفة لتقويم التلاميذ (تقويم بديل)

وينطلق تصور البنائية حول مشكلة المعرفة من افتراضين :

الافتراض الأول: يبني الفرد الواعى اعتماداً على خبرته ولا يستقبلها بصورة سلبية من الآخرين ، فالمتعلم يكون نشطاً وفعالاً أثناء عملية التعلم (Trumper, 1991, 10) . وهذا الافتراض يتضح من خلال بعض المضامين المتصلة بقضية اكتساب المعرفة وهي :

أ- يبنى المتعلم المعنى ذاتياً من خلال جهازه المعرفي، وذلك لأن المعرفة تكون متجذرة في عقل المتعلم ولا تنقل إليه من المعلم أو من الطبيعة، فالمعنى يتشكل داخل عقل المتعلم نتيجة لتفاعل حواسه مع العالم الخارجي، ولا يمكن أن يتشكل هذا المعنى أو الفهم عنده إذا قام المعلم بسرد المعلومات له، ويتأثر المعنى المتشكل (المفهوم) بخبراته السابقة وبالسياق الذي يحصل منه التعلم الجديد. ويستدعي ذلك تزويد المتعلم بالخبرات التي تمكنه من ربط المعلومات الجديدة بما لديه وبما يتفق والمعنى السليم الذي يتفق عليه العلماء (خليل يوسف وآخرون، ١٩٩٦ ، ٤٣٦) .

ب- إن المفاهيم والأفكار وغيرها من بنية المعرفة لا تنتقل من فرد إلى آخر بنفس معناها، بل تثير معاني مختلفة لدى كل فرد (Johnson & Gott, 1996, 564) (Wheatly, 1991, 10) .

الافتراض الثاني : وظيفة العملية المعرفية : التكيف مع تنظيم العالم التجريبي وخدمته، وليس اكتشاف الحقيقة الوجودية المطلقة. فالنقطة الرئيسية في النظرية البنائية هي الأفكار المسبقة التي يمكن أن يستخدمها المتعلم في فهم الخبرات والمعلومات الجديدة (Appleton, 1997, 303) وبالتالي يحدث التعلم عندما يكون هناك تغيير في أفكار التلاميذ المسبقة وذلك عن طريق: إما تزويد المتعلم بمعلومات جديدة أو إعادة تنظيم ما يعرفه بالفعل، أي إعادة تشكيل بنائه المعرفي وبذلك يحدث التعلم ذو المعنى إذ يتغير البناء المعرفية السابق للمتعلم ويتخذ بناءً جديداً يستوعب معطيات الخبرة الحسية الجديدة، أي أن عقل المتعلم يتغير (خليل يوسف، ١٩٩٦ ، ٢٥٧). أي أن الطريقة الوحيدة التي يحدث من خلالها التعلم هي حدوث تغيرات في البنية المعرفية للمتعلم، فعندما تكون المعلومات الجديدة متناقضة مع ما يعرفه الفرد وعندما لا تتوافق هذه المعلومات، لا يمكن تداخلها مع البنية المعرفية وهنا يحدث التعارض ويمكن التخلص منه بإعادة تشكيل البنية المعرفية (Baker & Piburn, 1997, 110) فالمتعلم يقوم ببناء أو تكوين المعنى من المعلومات الجديدة والأحداث نتيجة التفاعل بين معرفته السابقة والخبرات وملاحظاته المستمرة (Gunston & Northfield 1994, 524).

وبصفة عامة فان مبادىء التصميم التعليمي وفقاً لوجهات المدرسة البنائية يمكن أن تتضمن :

- توفير خبرة لعملية بناء المعرفة .
- توفير خبرة من منظورات متعددة القيمة .
- جعل التعلم في سياق واقعي .
- التشجيع على التملك والتلفظ في عملية التعلم .
- جعل التعلم في خبرة مجتمعة أو سياق اجتماعي Social Context.

- التشجيع على استخدام أشكال مختلفة من التمثيل .
- التشجيع على الوعي الذاتي بعملية بناء المعرفة Self-awareness .

ومن أبرز رواد المدرسة البنائية " جان بياجيه " Piageat " اتنكنسون ، Attkinson ، كارين ، Carin, 1997 ، سكولت Schult, 1996 ، أبتلون Appleton 97 ، وغيرهم.

بياجيه : مؤسس الفكر البنائي

٤- التصميم التعليمي ونظرية الذكاءات المتعددة

Instructional Design & Multi-Intlegence

من النظريات الحديثة والمنتمية لمجال الذكاء ... نظرية الذكاءات المتعددة لجاردنر والتي كان لها تأثيراً ملموساً في العقد الأخير على مجال التصميم والتطوير التعليمي بعد أن شاع استخدام مضامينها وموجهاتها في مجال التعليم والتعلم ولا يتسع المفاهيم هنا لعرض هذه النظرية وعلاقتها بالتصميم التعليمي .

جـ- التصميم التعليمي ونظرية الاتصال

Instructional Design & Communication Theory

يؤكد (قطامي وآخرون، ٢٠٠٠) على ان هناك علاقة وثيقة بين الاتصال بنظرياته ونماذجه ويتضح ذلك من خلال اتخاذ القرارات وكتابة وانتاج البرامج . ولقد

وضعت معظم نظريات الاتصال للتنبؤ بالأحداث أو توضيحها من خلال تبادل المعلومات والرسائل التعليمية *.

لذا فإن على مصممي التعليم (التدريب) أخذ هذه النظرية بعين الاعتبار وحسب الأهداف التعليمية. وهناك أنموذج في نظرية الاتصال يوضح كيفية انتقال المعلومات من شخص لآخر (نموذج شرام (Schramm, 1959)) وهو النموذج الذي يوضح أن الاتصال لا يتم إلا إذا كان هناك رسالة من المرسل بالاضافة إلى رد المستقبل، كما يؤكد هذا النموذج على :

١- دور التغذية المرتدة . Feed back

٢- دور الانسان في ارسال الرسالة استقبالها .

٣- وجود عوامل تؤثر في ارسال الرسالة واستقبالها تعتمد على خبرات وتجارب المرسل والمستقبل في هذا المجال .

٤- طريقة المرسل في ارسال الرسالة وطريقة المستقبل في تفسيرها تتأثر بتجاربها وخلفيتهما السابقة .

٥- الرسالة قد تحرف أو تشوه (تشويش وازعاج) .

أما في التعليم / التدريس فقد تُحرف الرسالة التعليمية اذا كان هناك تنافس بين المثيرات أو اذا كانت الرسالة ضعيفة ولذلك فيجب ان تكون الرسالة التعليمية خاضعة لمجموعة من المواصفات والمعايير كأن تكون (صحيحة - نظيفة - دقيقة - مؤدبة - مفهومة .... الخ).

ويمكن إجمال العلاقة التأثيرية بين نظريات الاتصال والتصميم التعليمي في النقاط التالية :

أ- تحليل خصائص المتعلمين واستعداداتهم ، والتي تعد وسيلة للتعرف على تجارب المتعلمين وخلفياتهم السابقة واهتماماتهم والحوافز المتاحة لهم حتى يستطيع المرسل (مصمم التعليم أو المعلم) فهم تجارب المستقبلين (المتعلمين) .

* انظر: عادل سرايا (٢٠٠٦) الاتجاهات الحديثة في تكنولوجيا التعليم، الرياض، الدار الصولتية للتربية .

ب- الخبرة المتشابهة والمشتركة بين المرسل والمستقبل - فكلما زادت نطاقات التجارب بينهما اكثر كلما زاد فهم الرسالة . وهنا تثبت التغذية المرتدة الحاجة الى التفاعل مع المتعلمين ومعرفة ردود فعلهم خلال التعليم (التدريس) إذ أن ذلك يُمكن المعلم من التكيف مع مستوى فهم المتعلمين ناهيك عن ان التقويم البنائي (التكويي) Formative Evaluation يزودنا بالتغذية المرتدة عن فاعلية الرسالة التعليمية ويتيح للمصمم التعليمي فرصة مراجعات وتنقيح الرسالة التعليمية .

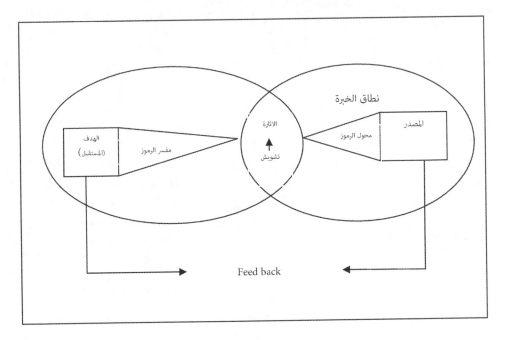

شكل (٧) نموذج شرام (Schramm 1954) للاتصال *

* المصدر : روبن ربنت (١٩٩١) الاتصال والسلوك الانساني ، ت: معهد الادارة العامة، الادارة العامة للبحوث . ص ٧٧ .

خامساً : مراحل تطور علم التصميم التعليمي :

لقد مر علم التصميم التعليم بعدة مراحل متسلسلة قبل أن يتبلور في نماذج متكاملة، هذه المراحل عكست أداء التربوين العاملين في مجال التعليم والمراحل التي مر بها تصميم التعليم ونماذجه هي :

المرحلة الأولى: وفيها ينظر لتصميم التعليم على أنه عملية إختيار وسائل تعليمية فحسب .

المرحلة الثانية: وفيها ينظر لعملية التصميم التعليمي بأنها عملية إنتاج وسائل تعليمية وجودة صناعتها.

المرحلة الثالثة: وفيها ينظر لعملية تصميم التعليم على أنها عملية تحتاج إلى عدة إجراءات ومهارات منها: وضع الأهداف التربوية العامة، وتحليل محتوى المادة الدراسية، وتحديد الأهداف الخاصة، وتطوير وسائل التقويم ، واختيار الوسيلة التعليمية وانتاجها.

المرحلة الرابعة: وفيها ينظر لعملية تصميم التعليم بأنها تتضمن عدة مهارات منها: تحديد الحاجات وتحليلها، ووضع الأهداف العامة وتحليل محتوى المادة الدراسية، وتحديد الأهداف السلوكية، وتصميم أدوات التقويم، واختيار الوسائل التعليمية وانتاجها، وتنفيذ التقويم التشخيصي والضمني والنهائي .

المرحلة الخامسة: وهي النظرة الشمولية لتصميم التعليم، وفي هذه المرحلة يتكون تصميم التعليم من ست مهارات رئيسية، وكل مهارة رئيسية تتكون من مجموعة من المهارات الفرعية... وهذه المهارات الست هي : التحليل والتصميم والتطوير والتنفيذ والإدارة والتقويم.

سادساً: تعريف موجز بمراحل تصميم التعليم ومهاراته :

تمر عملية تصميم التعليم بست مراحل اساسية وتضم كل مرحلة مجموعة من المهارات الرئيسية والفرعية التي يجب أن يتقنها المصمم التعليمي ، وكل من يشترك في عملية التصميم حتى تخرج هذه العملية على أكمل وجه، وتجدر الإشارة إلى ان هذه المراحل هي جوهر ما يسمى بنماذج تصميم التعليم :

١- مرحلة تحليل المهارات Instructional Analysis:

وتضم المهارات المتعلقة بتحليل البيئة التعليمية المحيطة بالبرنامج المراد تصميمه وتحديد المشكلة وتحليلها، وتحديد الإمكانات البشرية والمادية المتوفرة وغير المتوفرة، والمصادر والمواد التعليمية اللازمة، وكذلك تحديد الإحتياجات المراد تلبيتها عن طريق هذا البرنامج، كما ترتبط هذه المهارات أيضاً بتحديد الأهداف العامة والاجرائية، وتحليل المحتوى التعليمي، مع تحديد الخبرات والمتطلبات السابقة اللازمة لتعليمه، بالإضافة الى التعرف على خصائص المتعلمين وتحديد مستوى استعدادتهم، وقدراتهم ودافعيتهم واتجاهاتهم .

٢- مرحلة تصميم التعليم وتنظيمه

Organization and Design Instructional

وهي التي ترتبط بتحديد أفضل المعالجات التعليمية وإختيارها، وكذلك تنظيم أهداف العملية التعليمية، ومحتوى المادة الدراسية واختيار الوسائل التعليمية وأساليب تقويمها بالإضافة إلى وضع الخطط التعليمية على مدار اليوم أو الأسبوع أو الشهر أو الفصل الدراسي ويتم في هذه المراحلة تصميم للبيئة بما تتضمنه من مواد وأجهزة تعليمية ثم إعدادها وتنظيمها بطريقة تساعد المتعلم على السير وفقاً لتحقيق الأهداف المحددة .

٣- مرحلة التطوير والإنتاج Development and Production:

وتتم في هذه المرحلة ترجمة تصميم التعليم إلى مواد تعليمية حقيقية واستراتيجيات تعليمية ووسائل تعليمية ويجب أن تخضع المادة التعليمية عند إنتاجها لعمليات التقويم، لتحديد مدى فاعليتها ومناسبتها للمتعلمين قبل التطبيق الفعلي، ويمكن التجريب المبدئي على عينات صغيرة من الطلاب .

٤- مرحلة تنفيذ التعليم Instructional Implementation :

وفيها يتم التنفيذ الفعلي للبرنامج وبدء التدريس بإستخدام المواد التعليمية التي تم تصميمها، ويتم وضع كافة الكوادر البشرية والمصادر التعليمية ، والمعالجات التعليمية بما فيها من طرائق تدريس ، واستخدام الوسائل الإدراكية المعرفية لتدعيم

التعلم وعمليات التعزيز وإثارة الدافعية والملاحظة وجذب الإنتباه وغير ذلك موضع التنفيذ .

٥- مرحلة إدارة التعليم Instructional Management

وترتبط بالتأكد من سير العملية التعليمية وفق قوانين المؤسسة التعليمية بما يكفل تحقيق الأهداف التعليمية، وضبط المواقف التعليمية داخل وخارج البيئة التعليمية، وكذلك مراقبة النظام وضبط وتعديل السلوك المشاغب، وتأمين كافة الوسائل والأدوات التعليمية .

٦- مرحلة تقويم التعليم Instructional Evaluation

وترتبط بالحكم على مدى تعلم الطالب وتحقيقه للأهداف التعليمية في مجالاتها الثلاثة (المعرفية – المهارية – الوجدانية) وتقويم عناصر ومكونات العملية التعليمية ككل ، ويرتبط ذلك ايضاً بتصميم وتنفيذ أنماط مختلفة من الاختبارات والمقاييس في اوقاتها المناسبة، وتحديد الصعوبات التي واجهت العملية التعليمية، ومحاولة التغلب عليها وعلاجها، ثم تطوير النموذج المستخدم وفق التغذية الراجعة الإثرائية والعلاجية .

ثامناً: العناصر المشاركة في التصميم التعليمي :

يشترك في عملية تصميم التعليم / التدريس كلاً من (قطامي وآخرون، ٢٠٠٠، ١٦٢) :

١- المصمم التعليمي Instructional Designer :

هو الشخص الذي يقوم بتنفيذ وتنسيق خطة العمل ، وهو يمتلك القدرة على إدارة كل أوجه عملية تصميم التعليم من خلال رسم الطرق الإجرائية التعليمية وتصويرها في خرائط Maps تفصيلية.

٢- المعلم Instructor:

هو الشخص الذي من أجله ومعه وضعت خطة التعليم أو التدريس، وهو الذي لديه الإحاطة الكاملة عن المتعلم، ولديه معرفة بأنشطة وإجراءات التعليم، ومتطلبات

برنامج التدريس بالتعاون مع المصمم التعليمي ليكون قادراً على تنفيذ التفاصيل لعدد كبير من عناصر التخطيط، وقادراً على تجريب خطة التدريس المطوره.*

٣- اختصاصي الموضوع Subject Specialist

هو الشخص المؤهل الذي يستطيع تقديم المعلومات والمصادر المتعلقة بالموضوعات المتخصصة والمجالات المتعلقة التي سيصمم لها التعليم، وهو المسئول عن دقة المحتوى المتضمن في الأنشطة والمواد والاختبارات المرتبطة به .

٤- المقوم Evaluator:

هو الشخص المؤهل لمساعدة أعضاء هيئة التدريس في تطوير أدوات تقويم مناسبة لإجراء اختبارات قبلية ، وتقويم تعلم الطلبة " اختبارت بعدية "، وهو المسئول عن عملية جمع البيانات وتفسيرها خلال تجريب البرنامج البرنامج لتقدير مدى فاعليته وكفاءته عندما ينفذ بالكامل وفق الظروف العادية. إضافة إلى أنه يقوم البرامج والتصاميم التدريسية ويحكم على جودتها وفعاليتها .

تاسعاً: أهمية علم التصميم التعليمي في العملية التعليمية (التدريبية) :

تتضح أهمية علم التصميم التعليمي وضرورة دراسته والإستفادة منه في محاولته الربط بين العلوم النظرية والعلوم التطبيقية حيث أننا بحاجة إلى التعليم على مستوى التطبيق وليس الإهتمام بالحفظ والتذكر والإستظهار فقط دون الممارسة في الموقف التعليمي وتنمية الطالب عقلياً، واجتماعياً، ونفسياً، وجسمياً وتأهيله للمهنة التي تناسبه .

وتظهر اهمية التصميم التعليمي فيما يلي :

١- مواجهة التغير السريع الذي يشهده عالمنا المعاصر والتطور التكنولوجي الذي شمل جميع جوانب الحياة، لذا يجب البحث عن أفضل الطرائق والاستراتيجيات

---

* يمكن للمعلم أن يقوم بكل الأدوار والمهام التي تؤديها العناصر المشاركة في عملية التصميم التعليمي وخاصة إذا تم إعداده وتدريبه في ضوء هذه المهام والأدوار ويعد ذلك من الاتجاهات الحديثة في إعداد المعلمين وتأهيلهم في القرن ٢١ .

التعليمية التي تؤدي إلى تحقيق الأهداف التعليمية المنشودة في أقصر وقت وجهد ممكنين، فعلم التصميم التعليمي هو الذي يذودنا بهذه الطرق والاستراتيجيات في صورة أشكال وخرائط مقننة "نماذج".

٢- يزود التصميم التعليمي المعلم بعدة نماذج إرشادية تعليمية يهتدى بها في تخطيط دروسه أو وحداته التعليمية على اسس علمية سليمة.

٣- يقدم التصميم التعليمي للمعلم افضل طرائق التعليم / التدريس فاعلية وكفاءة مما يتاح له القيام بادواره التدريبية والأكاديمية الأخرى .

٤- يقلل علم التصميم التعليمي ايضاً التخبط والعشوائية لدى المعلم حيث يزود المعلم بصوراً وأشكال وخرائط ترشده إلى كيفية العمل داخل الفصل الدراسي .

٥- يوجه علم تصميم التعليم الإنتباه إلى الإهتمام بغرضية التدريس أي الاهتمام بالأهداف العامة للمادة الدراسية وبالأهداف السلوكية (الاجرائية) لكل موضوع من موضوعاتها وما يرتبط بذلك من نواتج التعليم ومخرجاته .

٦- يركز التصميم التعليمي على دور المتعلم في المقام الأول، وضرورة تفاعله وإشتراكه في تحقيق أقصى- درجة من إتقان التعلم .

٧- يساعد التصميم التعليمي في توضيح دور المعلم على أنه مُصمِم ومنظم للظروف البيئية ومنفذ ومخرج ومقوم للمواقف التعليمية التي تسهل حدوث عملية التعلم .

٨- دعم تطوير عرض النظم التعليمية المختلفة .

٩- إحداث الانسجام والاتساق بين الأهداف والانشطة والتقييم .

(2)

الفصل الثاني

نماذج التصميم التعليمي

الفصل الثاني

الفصل الثاني
نماذج التصميم التعليمي

مقدمة :

يُعرَف النموذج Model وفقاً لطبيعة هذا المجال وخصائصة بأنه "تمثيل تخطيطي تُسكَن به الأحداث والعمليات والإجراءات بصورة منطقية قابلة للفهم والتفسير " .

وفي المجال التعليمي يفترض جويس وويل " Joyce & Weil, 1986 " أن الأنموذج (النموذج) خطة يمكن توظيفها في تنظيم عمل المعلم ومهامة من مواد وخبرات تعليمية وتدريسية .

وعلية فالنموذج التعليمي تمثيل بسيط لمجال تعليمي معين للخروج بعدد من الاستنباطات والأستنتاجات ، متضمناً مجموعة من العلاقات بين عدة عناصر يتألف منها المجال (يوسف قطامى وأخرون ٢٠٠٠ : ١٧١) .

ويقترح خميس (٢٠٠٣ :٥٨) تعريفاً لنموذج التصميم التعليمي بأنه "تصور عقلي مجرد لوصف الإجراءات والعمليات الخاصة بتصميم التعليم وتطويره والعلاقات المتفاعلة المتبادلة بينها وتمثيلها إما كما هي أو كما ينبغي أن تكون وذلك بصورة بسيطة في شكل رسم خطي مصحوب بوصف لفظي يزودنا بأطار عمل توجيهاً لهذه العمليات والعلاقات وفهمها وتنظيمها وتفسيرها وتعديلها واكتشاف علاقات ومعلومات جديدة فيها والتنبؤ بنتائجها ".

في ضوء التعريف السابق يمكن استنتاج مجموعة من الوظائف التي تقدمها نماذج التصميم التعليمي كما يوضحها الشكل رقم (٨) :

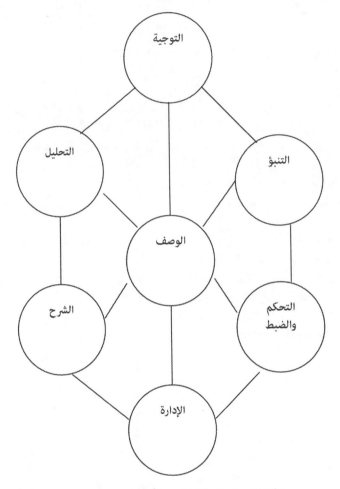

شكل (٨) يوضح الوظائف السبع الأساسية لنماذج التصميم التعليمي

- خصائص نموذج التصميم التعليمي الجيد (قطامي، ٢٠٠٠ ، خميس ٢٠٠٣)
من أهم خصائص نموذج التصميم التعليمي الجيد:
١.   الاختزال والإقتصاد في عرض العلاقات والعمليات التعليمية قدر الأمكان .
٢.   القابلية للتطبيق تحقيق فائدة ونفع منها .

٣. التمثيل الصادق للواقع .
٤. البساطة في تمثيل الواقع وشرح العمليات ليسهل فهمها وتفسيرها .
٥. عرض المكونات والعناصر بطريقة منظومية بارزة .
٦. الاتساق بين جميع مكوناته وأنسجامها معاً دون تناقض .
٧. التركيز والتحديد الواضح (حدود واضحة)
٨. إستناده لأصول نظرية محددة من مجال التعليم والتعلم .
٩. تعميم عمليات كل نموذج على مجالات أخرى .
١٠. التجريد، فبرغم أنه تمثيل للواقع إلا أنه يكون مجرداً ويشتمل على مفاهيم ومبادئ نظرية ورموز مجردة .

أما عن أهم نماذج التصميم التعليمي فيمكن عرضها في الصفحات التالية :
مع العلم بأنه توجد نماذج بعضها مركب والآخرى بسيط وجميعها تستند إلى أسلوب النظم System Approach وتصنف إلى نماذج :

أ. المستوى المركب وهي المستخدمة عند التعامل مع المناهج .
ب. المستوى البسيط وهي المستخدمة عند التعامل مع الدروس والوحدات النقية .
ج. المستوى المركب أو البسيط وهي التي يمكن أستخدامها في الحالتين .

كما يصنفهامحمد خميس إلى (نماذج توجيهية - ونماذج وصفية - ونماذج إجرائية) (محمد خميس، ٢٠٠٣) .

أولاً : النماذج الأجنبية

١- نموذج " ونج ورولسون (١٩٧٤) Wong & Raulerson : [٣١]

ويركز على ضرورة تحديد الأهداف التعليمية وذلك في ضوء الأهداف المستقاة من المنهج والمستقاة من السياسة المدرسية وكذلك في ضوء قياس السلوك القبلي للمتعلمين ، ثم تأتي خطوة تحليل مهام التعلم في ضوء الأهداف التي تم تحديدها ، فيتم تحليل المهمة إلى مكوناتها البسيطة والمعقدة ويتم ترتيبها لتبدأ من المهام البسيطة وتنتهي بالمهام المعقدة ، ويتم تحديد الظروف التي يتم فيها تعلم كل مُهمة حسب

طبيعتها ، كما يتم تحديد طرق التدريس المناسبة وكذلك اختيار الوسائل التعليمية لتسهل تعلم المهام بمكوناتها المختلفة ويتم تجميع كل المكونات السابقة في خطة التدريس ، ويتم تقدير مدى تقدم المتعلم في كل مهمة ، والأهتمام بالتغذية الراجعة في ضوء النتائج لتعديل وتطوير كل مكونات النموذج في ضوئها .

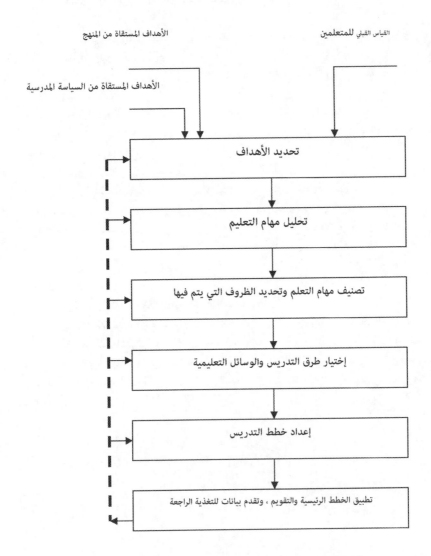

الأهداف المستقاة من المنهج   القياس القبلي للمتعلمين

الأهداف المستقاة من السياسة المدرسية

تحديد الأهداف

تحليل مهام التعليم

تصنيف مهام التعلم وتحديد الظروف التي يتم فيها

إختيار طرق التدريس والوسائل التعليمية

إعداد خطط التدريس

تطبيق الخطط الرئيسية والتقويم ، وتقدم بيانات للتغذية الراجعة

شكل (٩) نموذج " ونج ورولسون " Wong & Raulerson

٢- نموذج " جيرلاك ، وإيلي " (١٩٨٠) Gerlach & Ely : [٢٣]

ينظر " جيرلاك، وإيلي " إلى العملية التعليمية على أنها نظام يتكون من عشر مكونات ، كما يتضح في الشكل رقم (١٠) :

١. تحديد المحتوى التعليمي المراد تدريسه والذي يصف المعارف والمهارات المراد إكسابها للمتعلم .
٢. تحديد الأهداف التعليمية العامة والسلوكية " الإجرائية " ويتم صياغة الأهداف بإسلوب سلوكي وفق مدخل النظم حتى يظهر النتاج التعليمية .
٣. تقييم السلوك المدخلي للمتعلم أي تحديد المتطلبات السابقة التي يجب أن يكتسبها المتعلم قبل البدء بتعليم المحتوى .
٤. تحديد الإستراتيجية : يركز هذا النموذج على تحديد إستراتيجية التعليم التي تتناسب مع مستوى تحصيل المتعلمين وقدراتهم العقلية وإهماماتهم ،وهناك أساليب تعليمية متعددة منها المحاضرة، والندوات ،والمناقشة ،ولعب الأدوار، والمحاكاة ،وكذلك طريقة الشرح أو طريقة الاستكشاف .
٥. تنظيم الطلبة في مجموعات : يمكن تنظيم وترتيب الطلاب بطرق مختلفة سواء عن طريق التعلم الذاتي أو في مجموعة صغيرة أو في مجموعات كبيرة وذلك لتحقيق الأهداف التعليمية بشكل مناسب .
٦. تحديد الوقت : وينظر للوقت على أنه ثابت ويقسم بين الاستراتيجيات المتعددة .
٧. تحديد المكان الذي سيتم فيه التعلم: كالفصل الدراسي أو خارجه أو المعمل أو الدراسة الذاتية أو المعارض والمتاحف التعليمية .
٨. إختيار مصادر التعلم : يحدد المعلم المواد والأجهزة التعليمية المناسبة والمتوافرة في البيئة .
٩. تقويم الأداء : وهذا دور المعلم للتأكد من تحصيل الطلاب وتقدمهم بالإضافة إلى أتجاهاتهم نحو المحتوى والتدريس ، ويتم التقويم أثناء التعلم أو في نهايته وينصب على الأهداف السلوكية من أجل تحسين أداء المعلم والطلاب .

١٠.   التغذية الراجعة : وهي عملية مستمرة للتأكد من مدى فاعلية التعلم وبناءً عليها يمكن إجراء
التعديل والتغيير في أي خطوة سابقة من خطوات النموذج .

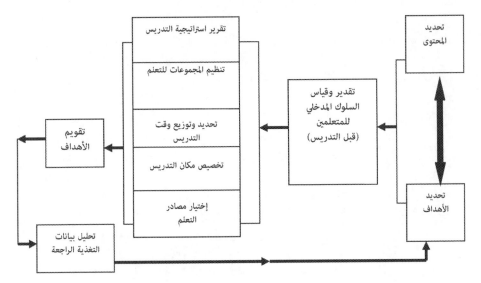

شكل (١٠) نموذج " جيرلاك وإيلي " Gerlach & Ely

٣- نموذج برجز للتصميم التعليمي :

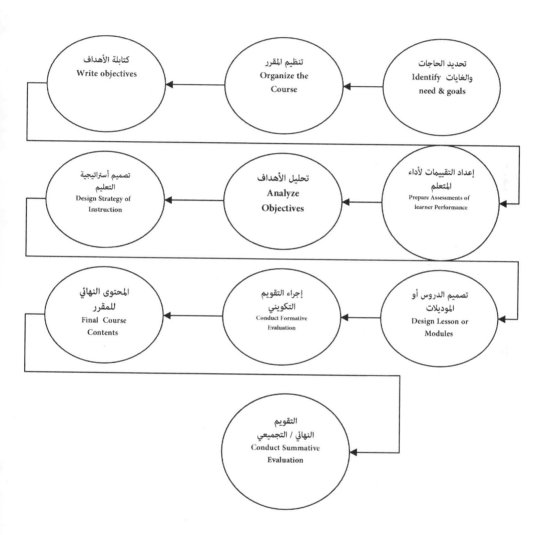

شكل (١١) نموذج برجز لتصميم برنامج تعليمي

٤- نموذج تيجي وبرانس للتصميم التعليمي :

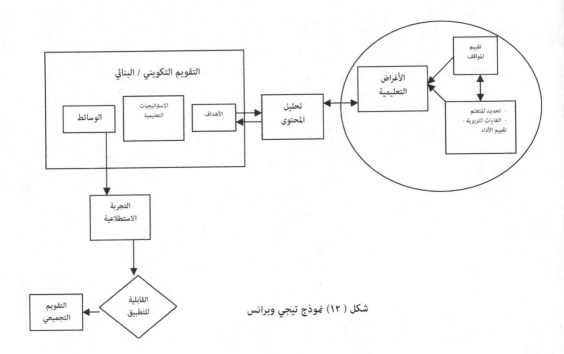

شكل (١٢) نموذج تيجي وبرانس

٥- نموذج ميريل للتصميم التعليمي

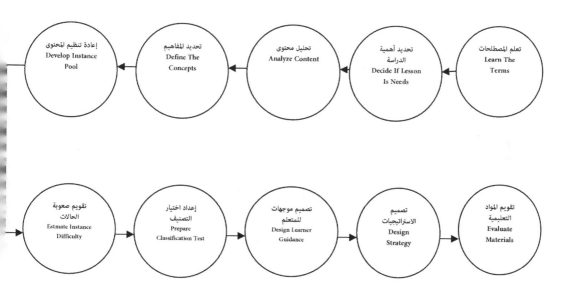

شكل (١٣) نموذج ميريل للتصميم التعليمي

٦- نموذج " كارفيل " للتصميم التعليمي (تصميم البرامج)

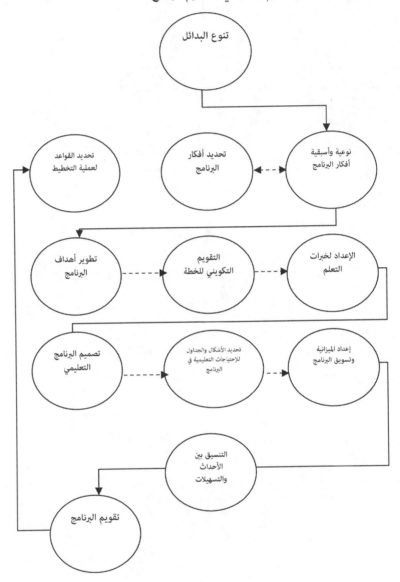

شكل (١٤) نموذج " كافاريل " لتصميم برنامج تعليمي

٧- نموذج " كلارك وستار " (١٩٨١) Clark & Star [٢٤] :

يتضمن هذا النموذج خمس مراحل كما هو موضح بالشكل رقم (١٥) :

١. تشخيص الموقف التعليمي : وذلك للكشف عن مواطن القوة والضعف وحاجات التلاميذ وقدراتهم واستعداداتهم لاختيار الخبرات التي تناسبهم .

٢. الإعداد للموقف التعليمي: ويرتبط بإعداد بيئة طبيعية تدعو التلاميذ من خلالها للتعلم ، ويتم الإعداد من خلال الإجابة عن السؤالين : ماذا يجب أن يُقدم لهم ؟ وما هي الاستراتيجية المناسبة لتنفيذ ذلك ؟

٣. أنشطة توجيهية : وفيها تقدم مجموعة من الأنشطة للتلاميذ، ويكون دور المعلم مساعدتهم على تحقيق الأهداف من خلال تشجيع العمل الجيد ، وطرح الأسئلة وأستخدام الوسائل التعليمية ، وضرب الأمثلة ...

٤. تقييم تعلم التلاميذ : يقيس المعلم مقدار ما تم تعلمه ومدى تقدم التلاميذ، والتقييم من أهم الإجراءات التي يجب أن تستخدم لتشخيص طبيعة الموقف التعليمي ومتابعته .

٥. المتابعة : وتأخذ الخطوة الأخيرة في النموذج أشكالاً عديدة منها إيجاد مواقف جديدة ، عمل مخلص ، التركيز على مواطن الضعف لتصحيح الخطأ .

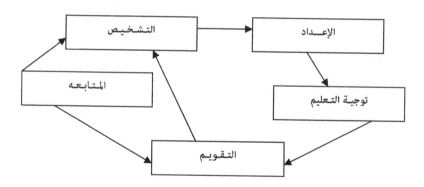

شكل (١٥) نموذج " كلارك وستار " Clark & Star

٨- نموذج كمب (١٩٨٥) " Kemp " : [٢٥]

يحدد " كمب " ثمانية عناصر يمكن استخدامها في التصميم التعليمي كما في الشكل رقم (١٦) وهي :

١. الموضوعات والأهداف العامة : يتم تحديد الأهداف العامة ثم إعداد قائمة بالموضوعات الرئيسية التي تشكل المقرر ، وتحديد الأهداف العامة والخاصة لتعليم كل موضوع .

٢. تحديد خصائص المتعلمين : فتحديد خصائص المتعلمين سوف يؤثر على إختيار الأهداف والموضوعات والأنشطة التعليمية والتي يجب التخطيط له ولذلك يجب الأخذ في الأعتبار : مستوى النضج ، فترة الأنتباه ، الظروف الاجتماعية والأقتصادية ، درجة الذكاء ، مستوى القراءة ، درجة المقدرة على الدراسة أو العمل بمفردة ، الخلفية في الموضوع ، والدافعية لدراسته .

٣. تحديد أهداف التعليم : يجب أن تصاغ في عبارات تمثيل النشاطات التي ستؤدي إلى تعلم الطالب . ويشير " كمب " إلى إستخدام تصنيف " بلوم " للأهداف التعليمية .

٤. تحديد محتوى المادة التعليمية: يتم تحديد المادة التعليمية التي تشتمل على المعرفة "الحقائق والمعلومات "والمهارات" العمليات/ الطرائق، الظروف والمتطلبات " وعوامل الميول والإتجاهات لكل مبحث .

٥. التقدير المبدئي للسلوك أو الفحص الأولي لتحديد هل يتوفر لدي كل طالب الأستعداد لدراسة هذا المبحث وهل حقق الطلاب سلفاً بعض الأهداف المطروحة . كذلك يمكن أن تثير أسئلة الاختبار القبلي الرغبة لدى الطلاب لدراسة هذا المبحث .

٦. تصميم نشاطات التعلم والتعليم : ويمثل هذا العنصر الركيزة الأساسية لعملية التعلم حيث يتم اختيار المصادر والوسائل التعليمية التي تساعد في تحقيق الأهداف . وهناك نماذج ثلاثة : العرض ، الدراسة الحرة ، والتفاعل بين المعلم والطالب ، وكل نشاط تعليمي سواء كان مختاراً لإستعمال المعلم أو الطالب

هو مرتبط بأحد تلك النماذج مثل (المحاضرة ، الأفلام ، استخدام المكتبة، الشفافيات ، التسجيلات ، الشرائح الشفافة .

٧. تحديد خدمات الدعم أو المساندة : وتشمل الميزانية ، والتسهيلات والتجهيزات والأفراد العاملين ، وجدول الدراسة ، والأجهزة .

٨. تقويم تعلم الطلبة والنظام نفسه : لقياس درجة تمكن كل طالب من الأهداف ومعرفة نقاط الضعف في لحظة التربوية لتحسينها وتعديلها .

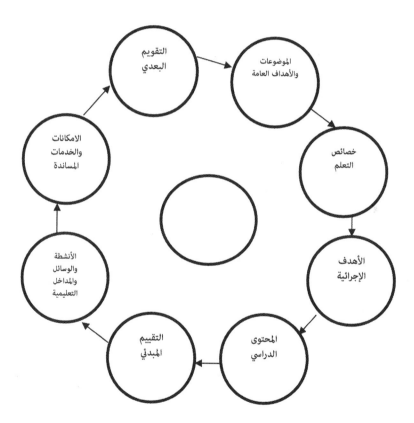

شكل (١٦) نموذج " كمب (١٩٨٥) " Kemp "

٩- نموذج سيرس ولوينثال (تصميم برنامج تعليمي)

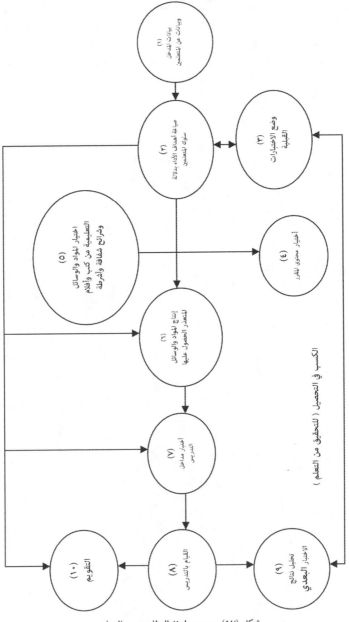

شكل (١٧) سيرس ولونشيال للتصميم التعليمي

١٠- نموذج يلون وبريج (لتصميم برنامج تعليمي) [1]

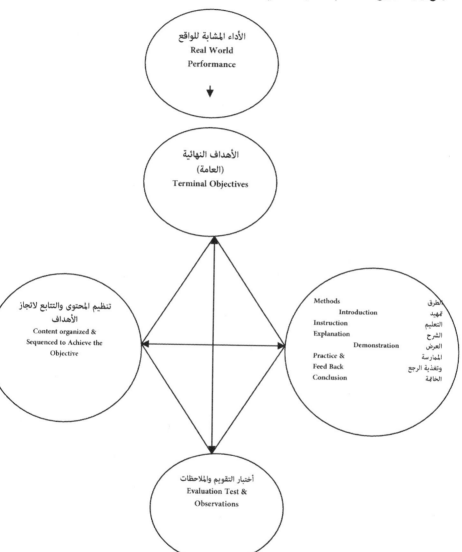

الأداء المشابة للواقع
Real World
Performance

الأهداف النهائية
(العامة)
Terminal Objectives

تنظيم المحتوى والتتابع لاتجاز الأهداف
Content organized &
Sequenced to Achieve the
Objective

Methods	الطرق
Introduction	تمهيد
Instruction	التعليم
Explanation	الشرح
Demonstration	العرض
Practice &	المارسة
Feed Back	وتغذية الرجع
Conclusion	الخاتمة

أختبار التقويم والملاحظات
Evaluation Test &
Observations

شكل (١٨) نموذج يلون وبريج لتصميم برنامج تعليمي

(١) المصدر (زينب أمين ، ٢٠٠٠)

١١- نموذج " ديك وكاري " (١٩٩٦) " Dick & Carey "

يتكون هذا النموذج المعدل من عدة خطوات كما في الشكل رقم (١٩) وهي :

١. تحديد الحاجات بهدف تحديد الأهداف التدريسية .

٢. تحليل المهمات التعليمية الجزئية أي تحليل المادة التعليمية لتحديد أوجه التعلم : معرفية ، أو وجدانية ، أو مهارية .

٣. تحليل وتحديد المتطلبات السلوكية السابقة ، وخصائص المتعلمين والسياقات حتى يتم صياغة الأهداف السلوكية .

٤. بناء إختبار تقويمي أدائي المرجع ، أو محكي المرجع وتطويرة وذلك لتقويم كل متعلم على حده على مدى ما يحققه من أهداف .

٥. تطوير استراتيجيات التعلم التي تسهم في وصول كل متعلم إلى إتقان التعلم بمفرده وبالمستوى الذي تحدده عبارات كل هدف .

٦. إختيار المادة التعليمية وتطويرها .

٧. تصميم التقويم التكويني أو البنائي .

٨. مراجعة البرنامج التعليمي بناء على نتائج التقويم البنائي وكذلك عمليات التقويم النهائي .

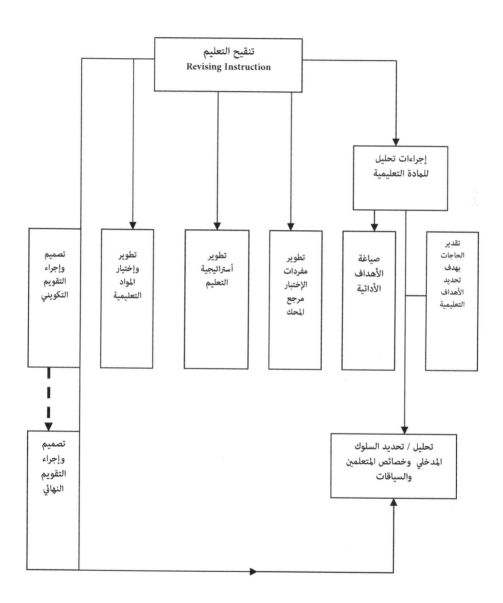

شكل (١٩) نموذج " ديك وكاري " بعد تعديله (١٩٩٦)

١٢- نموذج هاميروس للتصميم التعليمي

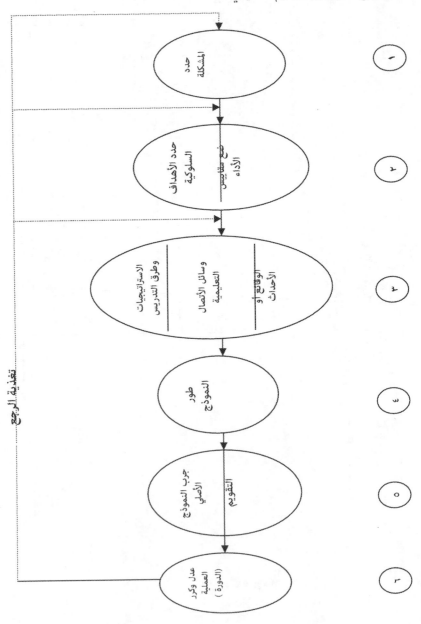

شكل (٢٠) نموذج هاميروس المصغر لتطوير الأنظمة التعليمية

ثانياً : النماذج العربية

١. نموذج تصميم التعليم للمشيقح " : (١٩٨٩) : ^(٢٦)

ويتكون من خمس مراحل كما في الشكل رقم (٢١) :

أولاً مرحلة التحليل :

١- تحليل الإحتياج

٢- تحليل الأهداف

٣- تحليل المادة العلمية

٤- تحليل المتعلمين

٥- تحليل البيئة التعليمية

ثانياً : مرحلة الإعداد :

١- إعداد أسلوب التدريس

٢- إعداد الوسائل التعلمية

٣- إعداد الامكانات الطبيعية

٤- إعداد أدوات التقويم

ثالثاً : مرحلة التجريب (الاستخدام)

١- التجريب الإفرادي والتنقيح

٢- التجريب مع مجموعات صغيرة

٣- التجريب في مكان الاستخدام والتنقيح

رابعاً : الأستخدام :

١- اسلوب العرض للمجموعات الكبيرة

٢- أسلوب الدراسات الحرة المستقلة

٣- أسلوب التفاعل في المجموعات الصغيرة

خامساً : مرحلة التقويم

١- تقويم تحصيل المتعلم

٢- تقويم الخطة التعليمية

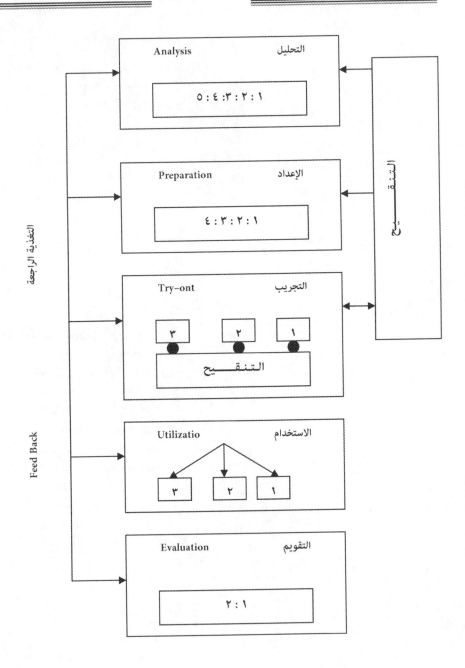

شكل (٢١) نموذج المشيقح

٢- نموذج حسين الطوبجي للتصميم التعليمي (١٩٨٥)

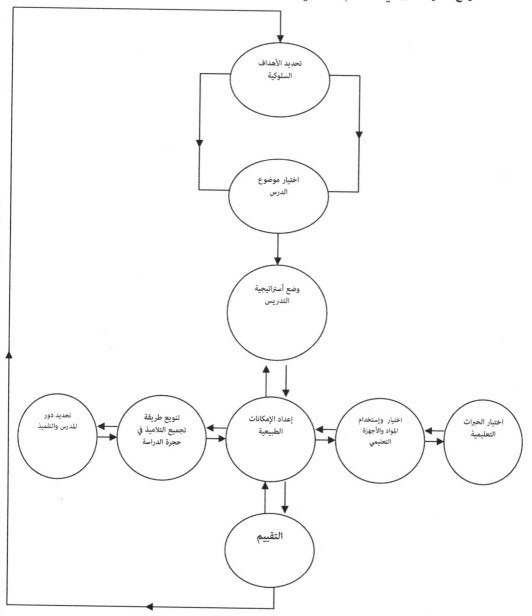

شكل (٢٢) نموذج حسين الطوبجي للتصميم التعليمي

٣- نموذج حسن زيتون (١٩٩٩)

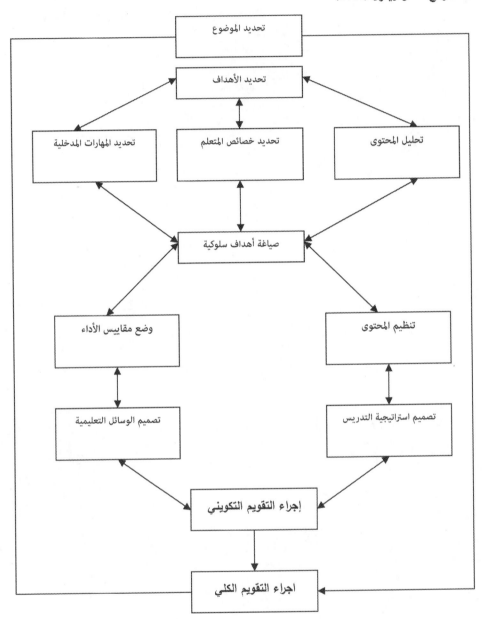

شكل ٢٣ (نموذج حسن زيتون)

٤- نموذج علي عبد المنعم (١٩٩٨)

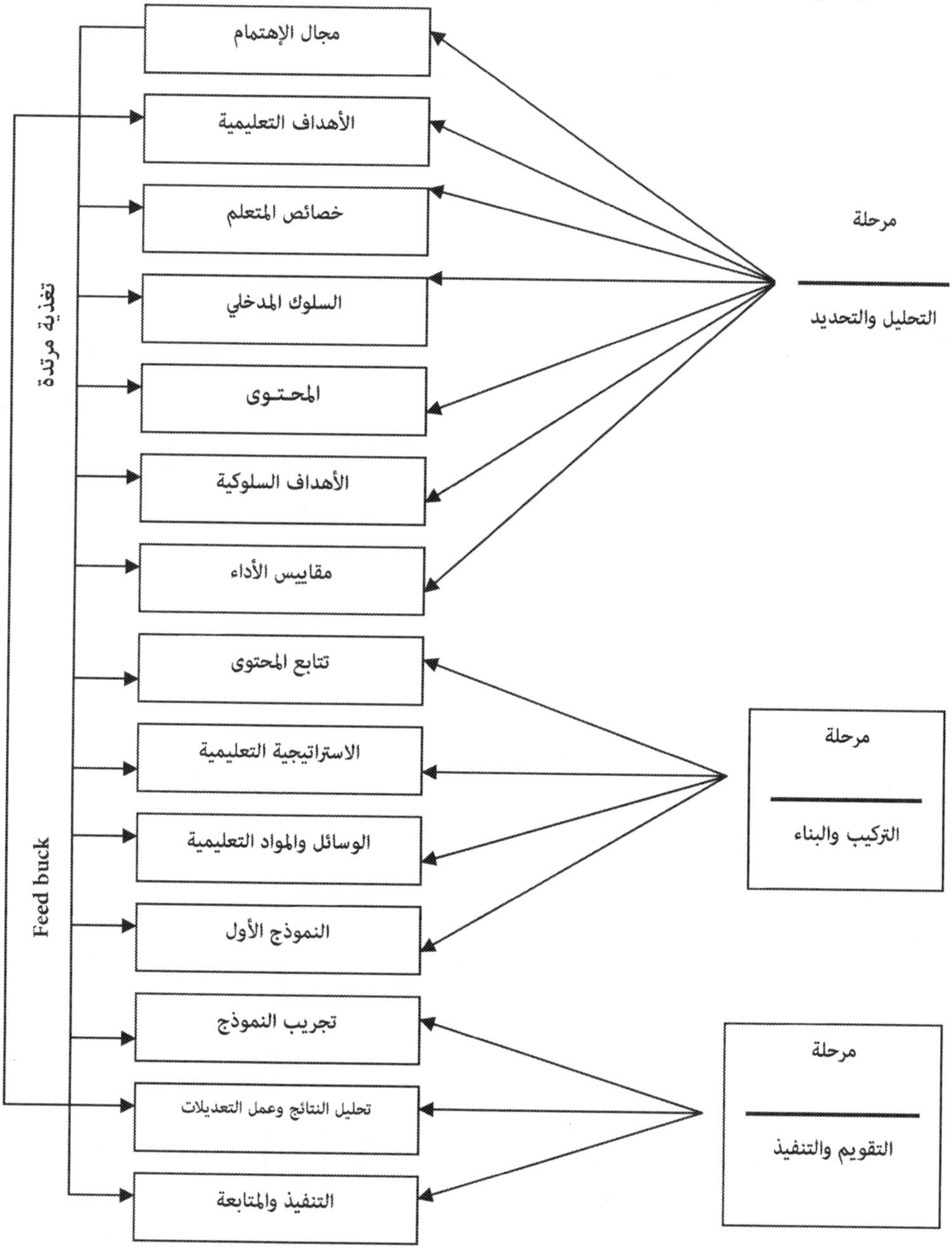

| | | مرحلة |
| التحليل والتحديد |

- مجال الإهتمام
- الأهداف التعليمية
- خصائص المتعلم
- السلوك المدخلي
- المحتوى
- الأهداف السلوكية
- مقاييس الأداء

| مرحلة |
| التركيب والبناء |

- تتابع المحتوى
- الاستراتيجية التعليمية
- الوسائل والمواد التعليمية
- النموذج الأول

| مرحلة |
| التقويم والتنفيذ |

- تجريب النموذج
- تحليل النتائج وعمل التعديلات
- التنفيذ والمتابعة

تغذية مرتدة

Feed buck

شكل (٢٤) نموذج التصميم المنهجي على المستوى المصغر لعلي عبد المنعم

٤- نموذج الجزار (١٩٩٢) :

شكل (٢٥) نموذج الجزار

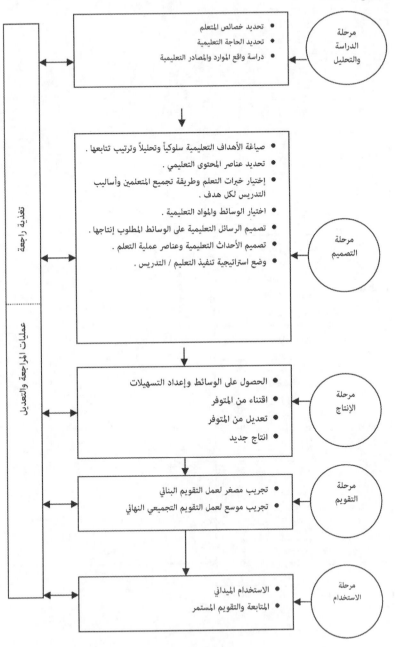

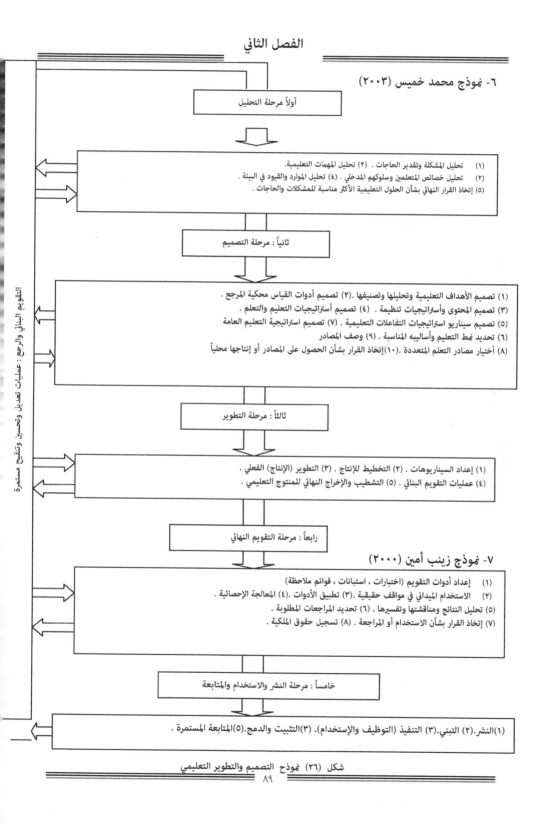

٦- نموذج محمد خميس (٢٠٠٣)

أولاً مرحلة التحليل

(١) تحليل المشكلة وتقدير الحاجات . (٢) تحليل المهمات التعليمية.
(٢) تحليل خصائص المتعلمين وسلوكهم المدخلي . (٤) تحليل الموارد والقيود في البيئة .
(٥) إتخاذ القرار النهائي بشأن الحلول التعليمية الأكثر مناسبة للمشكلات والحاجات .

ثانياً : مرحلة التصميم

(١) تصميم الأهداف التعليمية وتحليلها وتصنيفها .(٢) تصميم أدوات القياس محكية المرجع .
(٣) تصميم المحتوى وأستراتيجيات تنظيمة . (٤) تصميم أستراتيجيات التعليم والتعلم .
(٥) تصميم سيناريو استراتيجيات التفاعلات التعليمية . (٧) تصميم استراتيجية التعليم العامة
(٦) تحديد نمط التعليم وأساليبه المناسبة . (٩) وصف المصادر
(٨) أختيار مصادر التعلم المتعددة .(١٠)إتخاذ القرار بشأن الحصول على المصادر أو إنتاجها محلياً

ثالثاً : مرحلة التطوير

(١) إعداد السيناريوهات . (٢) التخطيط للإنتاج . (٣) التطوير (الإنتاج) الفعلي .
(٤) عمليات التقويم البنائي . (٥) التشطيب والإخراج النهائي للمنتوج التعليمي .

رابعاً : مرحلة التقويم النهائي

٧- نموذج زينب أمين (٢٠٠٠)

(١) إعداد أدوات التقويم (اختبارات ، استبانات ، قوائم ملاحظة)
(٢) الاستخدام الميداني في مواقف حقيقية .(٣) تطبيق الأدوات .(٤) المعالجة الإحصائية .
(٥) تحليل النتائج ومناقشتها وتفسيرها . (٦) تحديد المراجعات المطلوبة .
(٧) إتخاذ القرار بشأن الاستخدام أو المراجعة . (٨) تسجيل حقوق الملكية .

خامساً : مرحلة النشر والاستخدام والمتابعة

(١)النشر.(٢) التبني.(٣) التنفيذ (التوظيف والإستخدام). (٤)التثبيت والدمج.(٥)المتابعة المستمرة .

التقويم البنائي والرجع : عمليات تعديل وتحسين وتنقيح مستمرة

شكل (٢٦) نموذج التصميم والتطوير التعليمي

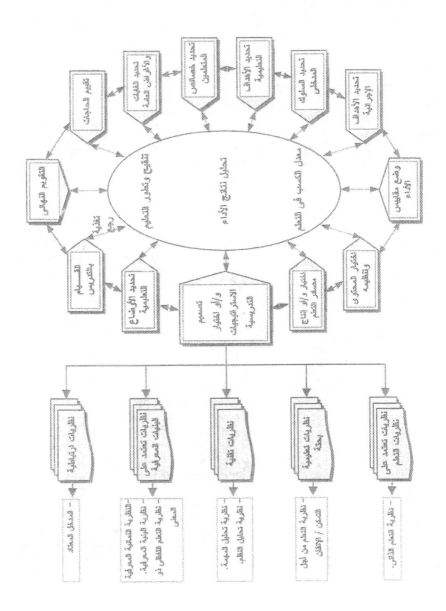

شكل (٢٧) نموذج زينب أمين لتصميم برنامج تعليمي

(3)

الفصل الثالث

نظرية التعلم ذو المعنى
أساس ابستمولوجي (معرفي)
للتصميم التعليمي

الفصل الثالث
نظرية التعلم ذو المعنى
أساس معرفي (ابستمولوجي) للتصميم التعليمي

مقدمة

تعتبر نظرية "ديفيد أوزوبل" Dusubel D. 1962 في التعلم ذو المعنى (Meaningful Learning) من أبرز النظريات الادراكية المعرفية "الابستمولوجية" التي شكلت أساساً مهماً لعلم تصميم التعليم وتطبيقاته في عملية التعليم والتدريس، وسوف نتناول بالتفصيل في هذا الفصل هذه النظرية وجذورها التاريخية مع عرض لأهم المفاهيم والمرتكزات التي قامت عليها.

أولاً: الأصول التاريخية لنظرية التعلم ذو المعنى ودواعي ظهورها :

لقد ساد التعليم الأمريكي خلال النصف الأول من القرن السابق مجموعة من الحركات التربوية كان أهمها على الإطلاق الحركة التقدمية (Progessive Movement) والحركة الجوهرية الأكاديمية وبينما ركزت الأولى على نشاطات الطفل ورغباته الطبيعية في التعلم، أكدت الثانية على أهمية المحتوى في نشاطات الطفل ورغباته الطبيعية في التعلم؛ كما اكدت على أهمية المحتوى الدراسي والمادة الاكاديمية عموماً في نمو الفرد وتطوير قيمه وقدراته الاجتماعية والحركية والمعرفية والفكرية. وبقيت هاتان الحركتان في نزاع متواصل حتى منتصف القرن السابق، حيث اشتد الهجوم على الحركة التقدمية متهمين إياها باللين والتقصير في اعداد وتربية الناشئة، الأمر الذي أدي في النهاية مع وفاة "ديوى" (١٩٥١) إلى ضعف موقف التربوين التقدمين أمام منافسيهما الجوهرين الأكاديميين التقليديين، وانحلال منظمتهم رسمياً عام (١٩٥٥).

وكان السبب الحقيقي وراء هجوم الجوهريين الأكاديميين في الحقيقة، هو تخوفهم من التفوق الروسي علمياً وتقنياً على الولايات المتحدة، حيث تأكد ذلك بإطلاق الاتحاد السوفيتي "سابقاً" لأول قمر صناعي يدور حول الأرض عام(١٩٥٧).

وكان من أبرز المنتقدين لفلسفة وممارسات الحركة التقدمية في التربية المربي "وليام باجلي" "Baglew" والعالم "جيمس كونانت "Konant.G" الأمريكيان تلاهما "جيروم برونر" "Bruner" ومنافسه "ديفيد أوزوبل" "Ausubel, D." .

وقدم أوزوبل نظرية أطلق عليها نظرية "التعلم ذو المعنى" من بداية الستينات أستهدف منها تحسين التعليم وزيادة فاعليته وكفاءته ولذلك فتنتمي هذه النظرية الى نظريات التعليم Instructional Theory لانها تسعى لتوجيه وتوصيف Prescriptive الاجراءات والانشطة والأحداث التعليمية الرامية إلى تفعيل عملية التعليم بهدف تحقيق الأهداف المنشودة.

ويتفق "أوزوبل" مع "جانييه " على تأكيد أهمية الغرض الموجه المنظم من عملية التعلم، ويعتمد ذلك في جوهره على التتابع الدقيق للخبرات التعليمية بحيث ان الوحدة التي يتم تعلمها ترتبط ارتباطاً واضحاً بما يسبقها، وهذا الاتصال بين "البنية المعرفية الراهنة لدى المتعلم من ناحية والمادة الجديدة التي سيتم تعليمها من ناحية أخرى هو ما يجعل هذه المادة الجديدة ذا معنى "Meaningfull" .

ثانياً: الأسس النظرية لنظرية "أوزوبل" في التعلم ذو المعنى :

لقد اعتمد "أوزوبل" كعالم في مجال علم النفس في بناء وابتكار استراتيجية التدريسية على عدد من النظريات النفسية المفيدة في تفسير عملية التعلم الإنساني، فهناك مثلاً ارتباط كبير بين فلسفة المنظمات المتقدمة التربوية ومفاهيم نظرية "جان بياجيه" Piaget في النمو العقلي (Mental Development) ومنها مفهوم الاستيعاب "المماثلة" فيرى "بياجيه" Piaget أن التلميذ عندما يستقبل المعلومات الجديدة يحاول في نفس الوقت ملائمتها لبنائه الفكري، حيث يحدث عند ملاءمتها عمليات الدمج والتسكين والاستيعاب في هذا البناء، أما في حالة كون هذه المعلومات غير ملاءمة

تماماً للبناء الفكري للتلميذ نوعاً وكماً، فإن موازنة إدراكية تجري في عقل التلميذ محدثة تعديلاً، وتوسيعاً في قدراته، فيسطيع بالتالي التزود بالمعرفة أو المعلومات الجديدة ودمجها أو استيعابها في بنائه الفكري، مما يؤدي إلى زيادة ما اسماه "بياجيه" بالسعة المعرفية (٣) (Cognitive Copacity) وهذا - كما يبدو- يوازي ما يقترحه "أوزوبل" في تفسير عملية التعلم الانساني باستخدام معالجاته التدريسية "المنظمات المتقدمة".

وبرغم اتفاق "أوزوبل" و "بياجيه" على فكرة النمو المعرفي بأنها عملية بناء ديناميكية، وأن البناء الفكري للتلميذ ينمو ويتكون من خلال الخبرة المضافة إليه، إلا أن "أوزوبل" وضع أسس نظريته في التعليم ذي المعنى كرد فعل لنظرية "بياجيه" Piaget حيث الحركة الجوهرية في التربية والتعليم، حيث يؤيد بشدة دور الأكاديميات والتعليم المباشر في بناء إدراك التلميذ وتطوير قدراته الفكرية والمعرفية.

ومهما يكن من ارتباط بين نظرية "أوزوبل" في التعلم ذي المعنى أو استراتيجية "المنظمات المتقدمة" ونظريات "بياجيه" Piaget و "كانت" Kant و "ثوراندايك" Thorandik وغيرهم، فإن جُلَّ ما قصده "أوزوبل" في الواقع هو تبرير استخدام استراتيجية المنظمات المتقدمة كمعالجة تدريسية (Treatment) لتساعد التلاميذ على تعلم واكتساب المعلومات والمفاهيم واستيعابها ثم استدعائها وتذكرها بسهولة فيما بعد من الذاكرة .

ثالثاً: أنماط التعلم في نظرية التعلم ذو المعنى:

لقد استطاع "أوزوبل" وزملاءه من خلال عدد من التجارب الميدانية في مجال التعليم المدرسي أن يجيب عن عدد من الأسئلة منها:

- كيف يعمل المخ البشري ؟
- كيف يتعلم الفرد المعلومات الجديدة ؟
- ماذا يحدث للمعلومات الجديدة عند دخولها للذاكرة وكيفية تخزينها؟
- ما هو دور المعلومات المختزنة داخل البناء المعرفي للمتعلم في عملية التعلم؟

- ما هي أسباب ظاهرة النسيان ؟

وقد ركز "أوزوبل" Ausubel في نظريته على التعلم ذي المعنى الذي يؤدي إلى حدوث تعديل في بعض خلايا المخ المختزن بها المعلومات السابقة في البنية المعرفية للمتعلم مما يزيد من درجة دمج وترابط المعلومات مع بعضها، ويساعد على استمرارية التعلم لكثير من المعلومات. وتقوم نظرية "أوزوبل" أساساً على التعلم بالاستقبال القائم على المعنى، وقد قام "أوزوبل" و "روبنسون" Ausubel & Rebinson بتطوير هذه النظرية بحيث تتضمن نوعين من التعلم هما :

١- التعليم باستقبال المعنى Meaning Reception Learning .

٢- التعلم باكتشاف المعنى Meainingful Discovery Learning .

كما حاول "أوزوبل" وزملاؤه بعد مزيد من ادخال التطورات على نظريته أن يصل إلى أن عملية التعلم ترتبط ببعدين أساسيين هما: (٦)

البعد الأول: ويرتبط بأسلوبين من أساليب تعلم الفرد والمعرفة هما:

١- أسلوب التعلم بالاستقبال Reception Learning Style .

٢- أسلوب التعلم بالاكتشاف Disovery Learning Style .

البعد الثاني: ويرتبط بالمعالجات التدريسية التي بواسطتها أن يضيف المعلم المعلومات الجديدة إلى البنية المعرفية للفرد المتعلم، وهذه المعالجات هي:

١- المعالجات القائمة على المعنى Menningful Treatment .

٢- المعالجات القائمة على الحفظ "الاستظهار" Rote Treatments .

وقد ذكر "أوزوبل" أن كل من البعدين مستقل عن الآخر إلى حد ما، ومما سبق يتضح لنا أن هناك أربعة أنماط للتعلم يمكن اجمالها في الآتي : (شكل ٢٨)

١- التعلم الاستقبالي ذو المعنى : Meaningful Reception Learning

وفي هذا النمط تأخذ المادة الجديدة شكلها النهائي عن طريق ربط المتعلم لهذه المادة التي حصل عليها بشكل منطقي مع ما لديه من معلومات وخبرات سابقة في بنيته المعرفية ويكون هذا النوع من التعلم أسهل للمتعلم ويمكن استبقاؤه مدة أطول ويكون أسهل في استرجاعه واستدعائه .

٢- التعلم الاستقبالي الاستظهاري Rote Recption Learning :

وفي هذا النمط من التعلم تأخذ المادة المتعلمة الجديدة شكلها النهائي في ذاكرة المتعلم فقط دون ربطها مع ما لديه من معلومات وخبرات مختزنة في بنيته المعرفية.

٣- التعلم الاكتشافي ذو المعني Meaning Discovery Learning

وفي هذا النوع من التعلم يصل المتعلم إلى المعلومات والمعارف بشكل مستقل عما يقدم إليه من معلومات، أي أن ادراكه للعلاقات بين الموضوعات والعناصر يعتبر إضافة جديدة عما هو موجود في الموقف التعليمي، ثم يقوم بربط هذه المعلومات التي وصل اليها بشكل مستقل مع ما لديه من معلومات مختزنة في بنيته المعرفية.

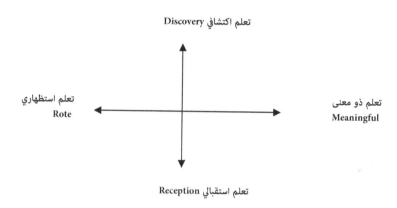

شكل (٢٨) انماط التعلم في نظرية "أوزوبل"

٤- التعلم الاكتشافي الاستظهاري Rote Discovery Learning

وفي هذا النمط من التعلم يصل المتعلم إلى المعلومات والمعارف بشكل مستقل عما يقدم إليه أو يعرض عليه، ولكنه يحتفظ بها في ذاكرته كما هي دون احداث عملية ربط أو دمج مع المعلومات المختزنة في بنيته المعرفية.

ويهتم "أوزوبل" بالتعلم الاستقبالي ذي المعنى دون غيره من أنواع التعلم الأخرى، إذ يرى أن أغلب ما يتم تعليمه داخل المدرسة وخارجها خلال عملية الاستقبال وليس من خلال عملية الاكتشاف.

رابعاً: المفاهيم التي ترتكز عليها نظرية "أوزوبل" :

في ضوء العرض السابق للجذور التاريخية ونظرية "أوزوبل" تلاحظ أنها ترتكز على مجموعة من المفاهيم الرئيسية هي:

١- التعلم ذو المعنى Meaningful Learning :

ويعتبر من المفاهيم الرئيسية لنظرية: أوزوبل ويعد بمثابة الميكانيزم الاساسي في تعلم المفاهيم والمعلومات في أي مجال من مجالات المعرفة، كما يمثل إطاراً عاماً وهدفا إستراتيجيا لعمليات التصميم التعليمي في أوسع معانيه.

وفي العادة فإن عملية التعلم تحدث نتيجة دخول معلومات جديدة من البيئة الخارجية إلى الذاكرة حيث يكون لها صلة بالمعلومات المختزنة في البنية المعرفية للمتعلم، ويؤكد "أوزوبل" على ضرورة اندماج وإرتباط المعلومات الجديدة بوعي وإدراك من المتعلم مع ما يمثلها من مفاهيم ومعلومات مختزنة في بنيته المعرفية، وبذلك يتم التعلم ذو المعنى، وأثناء حدوث التعلم ذي المعنى فإن هناك تعديلاً يتم في مفاهيم البنية المعرفية Modified Concept Cognitive Structure نتيجة حدوث تغيير في خلايا المخ مما يعطي للمفاهيم الناتجة معاني وأبعاد جديدة وقد أطلق "أوزوبل" على المفاهيم المختزنة في البنية المعرفية التي سبق تعلمها "المفاهيم المصنفة Subsuming Concepts وقد أكد "نوفاك" Novak على ما أشار إليه "أوزوبل" بأن نتيجة تفاعل وتسكين المعلومات والمفاهيم الجديدة المقدمة للمتعلم مع ما لدى المتعلم من معلومات ومفاهيم سابقة في بنائه المعرفي، تكوين مفاهيم ومعلومات جديدة تماماً وبذلك يتحقق تعلماً ذا معنى. ويوضح الشكل (٢٩) كيفية حدوث التعلم ذي المعنى داخل المخ البشري.

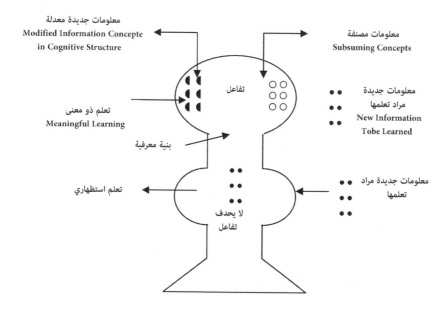

شكل (٢٩) يوضح كيفية حدوث التعلم ذو المعنى والتعلم الاستظهاري

ويمتاز التعلم ذو المعنى بعدة مزايا منها:

١- يساعد على الاحتفاظ بمعظم المعلومات والمفاهيم التي اكتسبها المتعلم لمدة طويلة.

٢- يزيد من كفاءة المتعلم في استيعاب معلومات جديدة وبقدرة عالية.

٣- يزيد من عملية التمايز المعرفي Cognitive Differentiation لتعلم تال بشكل أكثر سهولة بسبب وجود معلومات مصنفة من خلال خريطة للمفاهيم والمعلومات.

٤- قد يساعد التعلم ذو المعنى في زيادة ميول واتجاهات المتعلمين نحو المادة الدراسية بشكل أكثر فاعلية.

الفصل الثالث

المتطلبات الواجب توافرها لتحقيق معنوية المادة التعليمية "الأكاديمية" (١٢)

يقصد بالمعنوية الخاصة بالمادة التعليمية أن ترتبط هذه المادة بالبنية المعرفية للمتعلم بطريقـة منتظمة وغير عشوائية أو قسرية، ولكي تكون المادة التعليمية ذات معنوية كامنة لابد مـن تـوافر هـذه المتطلبات:

١- المعنى المنطقي للمادة : Logical Meaning

وهو الذي يتعلق بطبيعة المادة التعليمية نفسها، حيـث يمكـن للـمادة التعليميـة أن تـدمج في البنية المعرفية للمتعلم بصورة أكثر ثباتاً كلما كانت قابلة للإحتواء والتصنيف مـن الأفكـار الموجودة ذات العلاقة فانها تصبح في هذه الحالة ذات معنوية كامنة، ويحدد المعنى المنطقي لمفهوم ما بمجموعة مـن العلاقات التي يرتبط هذا المفهوم مع غيره من المفاهيم التي يـدخل معهـا في بنيـة منطقيـة واحـدة. فـإذا كانت المادة التعليمية مؤلفة من مقاطع عديمة المعنى فإنها ترتبط معاً بطريقة عشوائية وبـذلك لا تكـون ذات معنوية كامنة، وتقترب المادة من قطب اللامعنى عندما:

-   تفقد المعنى المنطقي.
-   يفقد المتعلم الأفكار المرتبطة بهذه المادة في بنيته المعرفية.
-   يفقد المتعلم الاستعداد للتعلم ذي المعنى.

وعند ظهور أحد الشروط السابقة أو شرطين منها قد يؤدي إلى تعلم آلى عديم المعنى أو ما يسمى بـالتعلم الاستظهاري Rote .

٢- المعنى السيكولوجي Psychological Meaning :

ويختص بطبيعة البنية المعرفية للمتعلم حيـث ترجـع متغـيرات البنيـة المعرفيـة إلى الخصـائص الجوهرية والتنظيمية لمعارف المتعلم الراهنة عن مادة تعليمية معينة في مجال معين. فعند دخول المـادة التعليمية ذات المعنى الضمني Rotentially Meaningfull Material إلى البنية المعرفية للفـرد وتتفاعـل بشكل ملائم تحت نظام مفاهيمي مـرتبط Conceptual System وأكثر شـمولاً في غـير تعسـف Non Orbitrary وبطريقة جوهرية. ويتحقق المعنى السيكولوجي عن طريق الترتيب السيكولوجي للمعلومات الجديدة،

بحيث تكون نقطة البداية في تعلمها هي خبرات المتعلمين السابقة والمرتبطة بالموضوع الجديد المراد تعلمه أو ما يطلق عليه السلوك المدخلي .

هذا بالإضافة إلى أن التعلم ذي المعنى عملية نشطة تتطلب قدراً مناسباً من الاستعداد أو الدافع لدى المتعلم مع توافر بعض الخبرات والمفاهيم التي تساهم في دمج المعلومات المراد تعلمها مع ما لديه من معلومات في بنيته المعرفية.

ومن ناحية أخرى فقد أشار "بل" Bell إلى أن هناك عوامل تعوق حدوث التعلم ذي المعنى ومنها:

- عدم امتلاك المتعلمين للمستوى العقلي المناسب لحدوث هذا النوع من التعلم.

- عدم ادراك التلاميذ لأهمية التعلم ذي المعنى .

- تفكك المحتوى الدراسي وبناءه بصورة عشوائية غير مرتبطة.

أما عن العوامل التي تؤثر في التعلم ذي المعنى بنوعيه الاستقبالي والاكتشافي فيرى "أوزوبل" أن أهمها:

أ- التعلم السابق Prior Learning :

وهو من أهم العوامل التي تؤثر في التعلم والاحتفاظ، إذ يمكن تعلم مادة دراسية جديدة عن طريق ربطها أو دمجها بالمعلومات السابقة بصورة جوهرية وغير عشوائية، أو قسرية لدى المتعلم، وبذلك يتم اكتساب المفاهيم الجديدة بسهولة أكثر كلما توافرت الافكار المرتبطة بهذه المفاهيم في البناء المعرفي للمتعلم.

ب- وضوح الأفكار الرابطة في البنية المعرفية وثباتها :

Clarity and stability of the anchoring ideas

ويمكن أن يؤثر هذا العامل بشكل جوهري في التعلم ذي المعنى والاحتفاظ عندما تكون الافكار الرابطة وثيقة الصلة بموضوع التعلم الجديد، وعندما تكون الافكار، في مستوى مناسب من التجريد والعمومية والشمول في البنية المعرفية للمتعلم.

جـ- القدرة على التمييز : Discriminability

إن قدرة المتعلم على تمييز أي مادة دراسية جديدة يتم تعلمها عن المادة السابق تعلمها – والتي عادة ما تكون واضحة وثابتة في البنية المعرفية للمتعلم- يتمثل متغير اساسي في التعلم ذي المعنى والاحتفاظ، وأن عدم قدرة المتعلم على التمييز بين المعلومات الجديدة والمعلومات المتعلمة قد يفسر- بعض الانتقال السلبي غير الفعال في التعلم المدرسي. ويحدث هذا الوضع غالباً عندما تكون المعلومات الجديدة والسابقة متشابهة بشكل مربك للمتعلم.

وإذا كان التعلم ذو المعنى يتطلب – كما سبق إيضاحه- جهداً واعياً من المتعلم فإن التعلم الآلي او التعلم الاستظهاري Rote Learning يحدث عندما لا يوجد في البناء المعرفي للمتعلم معلومات ومفاهيم مختزنة وليس لها صلة بالمعلومات والمفاهيم المراد تعلمها وعندما يكون هدف عملية التعلم منصباً على الاستدعاء الحرفي للمعرفة المكتسبة.

وفي هذه الحالة فإن المتعلم يكون مُجبراً لحفظ معلومات جديدة كلية مثل جدولو الضرب أو أبيات من الشعر ويكون استرجاع هذه المعلومات بنفس الصورة التي وردت بها للذاكرة.

ويشير "أوزوبل" Ausubel إلى أن استدعاء الفرد للمعلومات على مستوى التعلم ذي المعنى بصورة أيسر من استدعائها على مستوى التعلم الاستظهاري، لأن المعلومات المكتسبة آلياً لا تندمج مع ما لدى الفرد من معلومات سابقة في بنيته المعرفية وبذلك تكون اكثر عرضة للنسيان والفقد السريع وتفقد خاصية الاستبقاء والانتقال Retention & Transfer داخل البنية المعرفية، مما يجعل العملية التعليمية أداءاً باهظاً وبدون جدوى.

ومع ذلك فليس كل التعلم الاستظهاري جهداً ضائعاً، فبعض الأشياء يتم تعلمها بالاستظهار بشكل فعال وتبقى جزءاً من معرفة كل فرد، إلى أن يتم تقديم موقف تصبح فيه هذه المعرفة سياقاً Context مناسباً، وذات صلة بذلك الموقف التعليمي، فعلى سبيل المثال، في دراسة تصنيف الكائنات الحية يحدث في بداية الأمر

عملية حفظ واستظهار لترتيب وتتابع مصطلحات: المملكة، الشعبة، الطائفة، الرتبة، العائلة، الجنس، النوع. وقد يتم ابتكار معينات للذاكرة، تكمن فائدتها في حفظ وترتيب فئات التصنيف، وعندما يتعلم الطالب شيئاً عن اتجاه التطور من البسيط الى المعقد، وعن العلاقات الجماعية، وعن التشابه في تركيب ووظيفة المجموعات التصنيفية فإن مصطلحات التصنيف السابقة تصبح سياقاً مناسباً وذات معنى.

٢- البنية المعرفية   Cognitive Structure :

وهي من المفاهيم التي أولاها "أوزوبل" اهتماماً كبيراً وتختلف البنية المعرفية من فرد لآخر حيث أن لكل متعلم مجموعة مترابطة من المفاهيم والخبرات والمعلومات تشكل نسيجاً معرفياً متميزاً له خصائصه المنفردة.

ويعتقد "أوزوبل" أن التنبؤ بالنجاح الأكاديمي للمتعلم يستند في المقام الأول على ما لدى الفرد من بنية معرفية.

والبناء المعرفي للفرد عبارة عن إطار يتضمن مجموعة من الحقائق والمفاهيم والمعلومات والتعليمات والنظريات التي تتنوع حسب طبيعة المادة الاكاديمية التي تمثلها بمعنى أنها تنقسم إلى فئات تختص كل منها بحفظ وتنظيم أساسيات وحقائق علم محدود دون غيره، كما يتولى عند الحاجة تسهيل عملية التعلم وإغنائها ويتسم مستودع الفكر الانساني "البنية المعرفية" بالتنظيم الهرمي فتحتل المفاهيم العامة المجردة والأكثر شمولاً قمة هذا التنظيم ثم تندرج تحتها المفاهيم الأقل شمولية حتى تصل إلى المعلومات الدقيقة البسيطة عند قاعدة هذا التنظيم.

والشكل (٣٠) يوضح هذا التنظيم

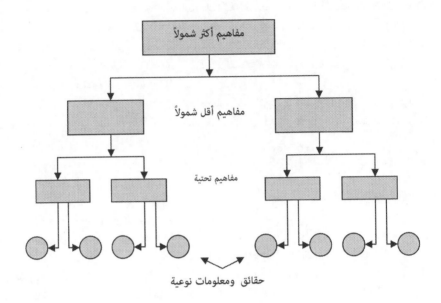

شكل (٣٠) التنظيم الهرمي للمفاهيم في البنية المعرفية للمتعلم

٣- التعلم الفوقي Superadinate Learning :

ويحدث عندما يستطيع المتعلم إدراك الخصائص والعلاقات الموجودة بين المفاهيم الفرعية فإنه بذلك يكون مفهوماً عاماً أكثر شمولية وعلى درجة عالية من التمايز والفهم فيمثل هذا المفهوم العام تعلماً فوقيا Superadinate Learning وعلى سبيل المثال: إذا تعلم التلميذ أن النحاس والحديد والألمونيوم جميعها عناصر فلزية، فيمثل مفهوم العناصر الفلزية تعلماً فوقياً للمفاهيم، وفي المثال السابق يستطيع التلميذ أن يدرك الخصائص الموجودة بين التصنيفات الفرعية للوصول للمفهوم الأكثر شمولية وهو العناصر الفلزية. وبتطور مفهوم الفلزات نجد أن مثل هذه المفاهيم تأخذ علاقة فوقية Superadinate relationship كذلك يحدث التعلم الفوقي نتيجة حدوث تمايز تدريجي للبنية المعرفية حيث تكتسب المفاهيم الفوقية معاني جديدة شكل (٣١):

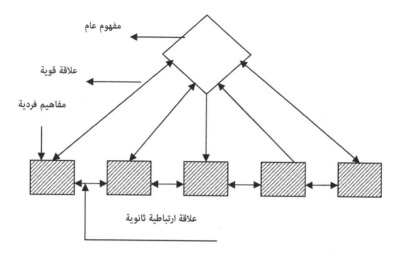

مفهوم عام
علاقة قوية
مفاهيم فردية
علاقة ارتباطية ثانوية

شكل (٣١) يوضح التعلم الفوقي

ومن الشكل السابق نجد أن المفهوم العام قد تكون نتيجة تجمع المفاهيم الفرعية من مفهوم واحد أكثر شمولية رغم وجود علاقات ثانوية بين كل مفهوم فرعي وآخر.

٤- البناء الثانوي Subsumption :

ويعنى استيعاب مفهوم أقل شمولية بواسطة مفهوم أكثر شمولية وعمومية في معناه، فعملية ارتباط المفاهيم الجديدة المراد تعلمها بالمفاهيم المصنفة في البنية المعرفية للفرد تتم عن طريق رابطة (Link) التي تربطها بالمفهوم الجديد. وقد أطلق "أوزوبل" Ausubel على المفهوم الرابط (Anchoring Concept) اسم المصنف Asubsumer وقد أكد "أوزوبل" على أن نتيجة عملية الارتباط السابقة تغيير وتعديل في شكل المعلومات التي تم استيعابها كذلك تعديل في المصنف "المفهوم الرابط" . وبصفة عامة فإن الفرد يكتسب معرفة ما في أي مجال من مجالات المعرفة المتعددة فإنه يكون بناءً ثانوياً معرفياً يرتبط بهذا المجال.

٥- التمييز المتوالي "التدريجي" Progressive Differentiation

وهو عملية تبسيط أو تحليل للمفاهيم والأفكار العامة الأكثر شمولاً ثم الانتقال تدريجياً حتى نصل للمفاهيم الأولية. وبعبارة اخرى، الانتقال من العام للخاص ومن المجرد إلى المحسوس في عملية التعلم.

ويمكن توضيح عملية النمو المعرفي للمتعلم من خلال مفهوم التمييز المتوالي، وهي العملية التي يتم فيها تكوين بُنى معرفية تتزايد في التعقيد عند إعطاء الطالب مفاهيم فرعية أكثر تعقيداً والغرض الأساسي من مفهوم التمييز المتوالي هو مساعدة التلميذ على تمييز المادة التعليمية الجديدة عن المادة التعليمية السابقة.

٦- التوفيق التكاملي   Integrative Reconciliation :

وينتج عندما يحدث تعلم فوقي، فالمفاهيم التي كان ينظر إليها على أنها متميزة وواضحة او حتى متضاربة يمكن أن تتكامل في مستوى أعلى جديد، والغرض الأساسي من عملية التوفيق التكاملي هو التأكد من أن الأفكار الجديدة التي تعلمها الفرد جزء من كل متماسك ومترابط، وبذلك يتمكن المتعلم من إدراك المعنى الكلي للمادة التعليمية حيث يتم تقوية وتدعيم البناء المعرفي باستخدام هذه العملية.
وتنقسم هذه العملية إلى مرحلتين هما:

الأولى: مرحلة التوفيق Reconciliation : وهي عملية تنسيق بين ما قد يبدو ظاهرياً أنه احتلاف أو عدم إتساق بين المفاهيم .

الثانية: مرحلة التكامل Integration : وهي عملية إدراك للعلاقات الموجودة بين المفاهيم المتعلمة. ومن خلال هذه المرحلة يطلب المعلم من تلاميذه مقارنة تلك المفاهيم مع تحديد أوجه الشبه والاختلاف بينهما ومن الممكن قيام المعلم بهذه المهمة. وتهدف هذه المرحلة الى تسهيل عملية حفظ واستقباء المادة الجديدة وفهمها بشكل متكامل ودمجها مع مخزون المتعلم في نسق بنائه المعرفي.

وعندما يدرك المتعلم أن معلومات معينة أصبحت مناسبة وذات صلة بمفهوم ما، وتم تصنيفها تحت هذا المفهوم، فإن عملية التوفيق التكاملي قد حدثت بالفعل فالتوفيق التكاملي هو توحيد وإعادة تجميع عناصر موجودة من قبل.

وعلى سبيل المثال، مفهوم "الحيوان" يمكن أن يستخدمه الأطفال للاشارة إلى الكلاب والقطط والأسماك.. الخ وعندما يتقدمون في العمر ويدرسون علم الأحياء Biology فإنهم يتلقون معلومات عن الإنسان تشير إلى أنه يصنف تحت مفهوم "الحيوان" فإنهم في بادئ الأمر يستقبلون المفهوم بشيء من التردد والشك، ثم يستقبلونه دون فهم وإدراك ثم يتلقونه بفهم وإقتناع بأن "الانسان يقع في نطاق إطار تعريف مفهوم الحيوان" ونلاحظ أنه في البداية يكون هناك تنافر ولكن سرعان ما يختفي هذا التنافر عندما يتكامل فهم الأطفال لهذا المعنى الجديد للمفهوم وقد لا يزال الطلاب مقتنعين بأن الإنسان هو أرقى الكائنات الحية من الناحية العقلية، ولكنهم يدركون طبقاً للتعريف التصنيفي أن الإنسان يصنف تحت مفهوم "الحيوان" .

(٤)

الفصل الرابع
المنظمات المتقدمة
- مفهومها
- مميزاتها
- نظريات تفسيرها

الفصل الرابع
المنظمات المتقدمة
مفهومها - مميزاتها - نظريات تفسيرها

تُشكل المنظمات المتقدمة أهم المفاهيم التي ترتكز عليها نظرية "ديفيد أوزوبل" في التعلم ذي المعنى، ونظراً لهذه الأهمية فسوف نتعرض لبعض جوانبها المختلفة بشيء من التفصيل خلال النقاط الآتية :

- تعريفات المنظمات المتقدمة.
- طبيعة المنظمات المتقدمة ومميزاتها.
- نظريات تفسير المنظمات المتقدمة.
- تطوير المنظمات المتقدمة .

أولاً: تعريفات المنظمات المتقدمة ومسمياتها :

لقد سُميت "المنظمات المتقدمة" Advance Organizers باسماء مختلفة من قبل الدارسين والباحثين والتربويين العرب، فأطلق عليها "فؤاد ابو حطب، وآمال صادق" "المنظم التمهيدي" وسماها "أنور الشرقاوي" "منظمات مبدئية" وأطلق عليها البعض "أدواب ربط معرفية" أو منظم الخبرة المتقدمة.

وتسميها "أفنان دروزه" (٤) "مقدمة منظمة" لسببين الأول: لأنها تأتي في مقدمة الدرس أو قبل الشرح . الثاني: لأنها تقوم بتنظيم المعلومات بطريقة هرمية من العام إلى الأقل عمومية.

ويرى المؤلف – أن لفظ المنظمات المتقدمة- هو الأقرب للمعنى الذي يقصده "أوزوبل" في نظريته، وذلك لأن هذه المنظمات Organizers تختلف عن أي أساليب أخرى لا تتبع الخطوات التنظيمية في تقديمها للموضوع المراد شرحه، والمقدمة لأنها في الغالب ما تأتي في بداية الدراس قبل الشرح.

وتعرفها "أفنان دروزه" بأنها "عبارة عن منظومة من المعلومات مبنية بطريقة ما بحيث تتضمن أهم المفاهيم والمبادئ الرئيسية المجردة الشاملة للمحتوى التعليمي المراد تعلمه، وتترابط فيها المعلومات بطريقة هرمية ومنطقية.

وتقدم هذه المنظومة للمتعلم- بشكل تدريجي- "متتابع" حيث تأتي الأفكار العامة الشاملة أولاً ثم المفاهيم والأفكار الأقل شمولية فالأقل فالأقل حتى نصل بعد ذلك للجزء الذي يمثل المفاهيم الأولية النوعية.

ويقترح "أوزوبل Ausubel" أن تُعرض هذه المنظومة على المتعلم من بداية الدرس "عملية التعلم" وقبل الخوض في شرح أجزاء المحتوى التعليمي المراد تعلمه، وذلك لما لها من أثر إيجابي في مساعدة المتعلم على بناء روابط معرفية Congnitive Anchorage تصل بين المعلومات الجديدة المراد تعلمها من ناحية والمعلومات المختزنة في البنية المعرفية للمتعلم من ناحية أخرى، مما يؤدي بالمتعلم إلى الفهم والاستيعاب بطريقة هادفة ذات معنى.

ويرى "أوزوبل" أن هذه المنظومة من المعلومات إذا قدمت في بداية الدرس تكون بمثابة الشاطئ Ashore الذي ترسو عليه المعلومات الجزئية الجديدة المراد تعلمها أو بمثابة الجسر Bridge الذي يربط بين المعلومات القديمة والمعلومات الجديدة داخل البنية المعرفية للمتعلم.

ويؤكد "أوزوبل" أن المنظمات المتقدمة تتصف بالشمول والعمومية فهي أكثر شمولاً وأكثر تجريداً، وتساعد على حدوث الترابط المطلوب بين أكبر قدر ممكن من المعلومات المختزنة في البنية المعرفية للمتعلم والمعلومات المراد تعلمها وبذلك يصبح التعلم ذا معنى عند المتعلم.

ويشير "أنور الشرقاوى" إلى أن المنظمات المتقدمة عبارة عن "موجهات أولية" يعتمد عليها المتعلم في تكوين المفاهيم والأفكار حولها، والتي على أساسها يتم الارتباط بينها وبين المعلومات الجديدة المراد تعلمها، وبالتالي فإن هذه المنظمات "الموجهات" يجب أن تقدم للمتعلم قبل أن يستقبل المعلومات الجديدة.

ويرى "كلارك وستار" Clark, Star أن المنظمات المتقدمة ما هي إلا مقدمات تمهيدية للوحدة الدراسية أو المحتوى الدراسي.

ويعرف "أنتوستل" (٨) المنظم المتقدم "بأنه أداة يمكن أن تُشبه بالقناطر والجسور إذ يمكن عن طريقها عبور الفجوة بين المعلومات الحالية الموجودة في بنية المتعلم المعرفية وما يرغب في تعلمه إذا ما أريد أن يتعلم محتوىً دراسياً جديداً بنشاط وفعالية.

وتعتبر المنظمات المتقدمة أداة تعلم تتيح للمادة الجديدة المراد تعلمها التمثيل الناجح بسهولة داخل البنية المعرفية للمتعلم، وبالتالي فهو بمثابة النواة الرئيسية التي يتم حولها تنظيم وبناء المادة الدراسية.

ونظراً.. لأهمية المنظمات المتقدمة فقد أكد "أوزوبل" على أن استخدامها كأدوات أو معالجات تدريس تؤدي إلى تثبيت وتدعيم المعلومات الجديدة في البنية المعرفية للمتعلم.

ثانياً: أهمية المنظمات المتقدمة في تصميم التعليم :

إنطلاقاً من نظرية "أوزوبل" وفحواها فإن العملية التعليمية لا تحدث إلا عند استخدام أدوات ربط معرفية يكون من شأنها إحداث الترابط الهادف والتمثيل الناجح للمعلومات والمفاهيم الجديدة المراد تعلمها مع المعلومات المصنفة Subsumers في البنية المعرفية للمتعلم وهذه الأدوات ينظر إليها أوزوبل على أنها منظمات متقدمة Advance Organizers .

ويؤكد "أوزوبل" على أن استخدام المنظم المتقدم في بداية الموقف التعليمي يُسهِل من عملية التعلم بشرط أن يكون أكثر شمولية وعمومية وتجريداً من المعلومات المتقدمة، وأن يعتمد على المعلومات السابق تعلمها والمختزنة في البنية المعرفية للمتعلم.

ومن أبرز مميزات المنظمات المتقدمة في تصميم التعليم:

- تصنيف المفاهيم الجديدة بصورة يسهل دمجها مع المفاهيم المختزنة في البنية المعرفية.

- تسهيل تعلم المفاهيم العلمية واستيعابها من جانب التلاميذ لاستعمالها من قبلهم كمحاور ينظمون ويبنون على أساسها المعلومات والتفاصيل اللاحقة.
- تسهيل استرجاع وتذكر لأكثر المفاهيم والمعلومات فيما بعد، حيث يسُهل على الفكر الإنساني عادة تكرار المفاهيم المقدمة للتلاميذ على شكل منظمات متقدمة أكثر من التفاصيل ودقائق المعلومات المشتتة.
- تنظيم عملية التعلم وإغنائها: حيث أن سهولة تعلم المادة الدراسية والمفاهيم ومدى تذكرها فيما بعد يمثلان محوراً هاماً من محاور التربية الحديثة ونقطة اهتمام كبيرة يحاول التعلم في كل مكان وزمان تحقيقها.

- تعمل المنظمات المتقدمة على تقليل الفجوة بين الخبرات والمعلومات المختزنة في البنية المعرفية للمتعلم والمعلومات المراد تعلمها لكلي يصبح قادراً على تلقي واستقبال معلومات جديدة، حيث تقوم المنظمات المتقدمة بعمل جسور معرفية Cognitive Bridge بين المعلومات الجديدة والمعلومات السابق تعلمها مما يساعد على حدوث تعلم ذي معنى أي تمثيل ناجح للمعلومات داخل البنية المعرفية وتكوين معلومات ومفاهيم جديدة تماماً. ولذلك فإن درجة ثبات وإحتفاظ المعلومات والمفاهيم الجديدة تكون أعلى ما يمكن داخل الذاكرة البشرية. (انظر شكل ٣٢)

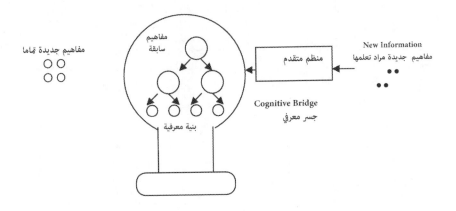

شكل (٣٢) يوضح دور المنظم المتقدم كجسر معرفي

- تقدم المنظمات المتقدمة ركيزة فكرية مناسبة تساعد على إمكانية التمييز بين المادة الجديدة عما لدى الفرد من معلومات قديمة.

- تُسهم المنظمات المتقدمة في إحداث التوفيق التكاملي الفعال عند مستوى التجريد والعمومية والشمولية للمادة الجديدة.

وفي الواقع فإن المنظم المتقدم لا يخلق المعنى داخل ذاكرة المتعلم ولكنه يمثل حاجزاً أو دافعاً للمتعلم على تكوين روابط تقوده حتماً إلى الفهم والاستيعاب بطريقة هادفة ذات معنى.

إن استعمال المنظمات المتقدمة في التدريس كمعالجات تدريس يساعد المعلم أولا: على إنتقاء ما يفيد من المعلومات وما يتعلق منها مباشرة بالموضوع المراد تدريسه تاركاً التفاصيل الدقيقة جانباً. ثانياً: تعينه على تنظيم تدريسه، بحيث لا ينتقل من فقرة إلى أخرى أو مرحلة إلا بعد أن يتأكد من استيفاء تلك المرحلة حقها من الشرح والاتقان والتوضيح. ثالثاً: تعينه على ملاءمة طرقه ووسائله التعليمية بما يتفق وطبيعة المعلومات المتمثلة في كل فقرة أو مرحلة تعليمية.

ثالثاً: النظريات التي تناولت تفسير أثر المنظمات المتقدمة على أداء المتعلمين:

لقد اقترح "ماير" Mayer أربع نظريات عامة لتفسير أثر المنظمات المتقدمة على أداء المتعلمين هي:

١- نظرية الاستقبال Reception Theory .

٢- نظرية الإضافة Addition Theory .

٣- نظرية التمثيل Assimilation Theory .

٤- نظرية الإستعادة Retrival Theory .

وسوف نتناول كل نظرية بشيء من التفصيل:

١- نظرية الإستقبال Reception Theory

وتفترض هذه النظرية أن أداء المتعلم في اختبار معين، يعتبر دالة لكمية المعلومات التي يتلقاها أو يستقبلها المتعلم.

وهي نموذج أحادي المرحلة A one-Stage Model لأنه يهتم بمعالجة عملية معرفية داخلية واحدة وهي: هل يتعلم المتعلم المعلومات؟ ويمكن توضيح هذا النموذج من خلال الشكل رقم (٣٣)

ومن خلال الشكل يتضح لنا أن كمية المعلومات ونوعيتها الموجودة في الذاكرة طويلة المدى Long-Term Momery تتوقف على كمية المعلومات الجديدة التي تنتقل من العالم الخارجي "مدخلات" إلى الذاكرة العاملة Working Memory أو "السعة العقلية" Mental Capacity كما يشير لذلك السهم (A)

وتدل كمية المعلومات الجديدة التي يتم استقبالها من العالم الخارجي إلى الذاكرة العاملة "السعة العقلية" على عوامل تعليمية خارجية مثل سرعة وطريقة تقديم المعلومات وكذلك كميتها، وعلى عوامل داخلية مثل دافعية المتعلم للتعلم.

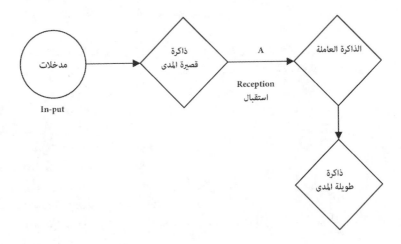

شكل (٣٣) نظرية الاستقبال لتفسير اثر المنظمات المتقدمة

وتتنبأ هذه النظرية - على سبيل المثال- بأنه إذا كان هناك اختبار يقيس محتوى دراسي من مادة تعليمية، وتم تقديم منظم سواء قبل عملية التعلم أو بعدها، أو لم يتم تقديمه على الإطلاق، فإن ذلك لا يؤثر على أداء المتعلم في هذا الاختبار.

٢- نظرية الاضافة Addition Theory

وتفترض هذه النظرية أن المتعلم يستطيع أن يتعلم بدرجة أكبر إذا توافر لديه عدد من المفاهيم المثبتة "الرابطة" المناسبة Anchoring Concepts في البنية المعرفية أو الذاكرة تعمل على إضافة المفاهيم الجديدة إلى الذاكرة طويلة المدى وهي نموذج ثنائي المرحلة A Two-stage Model .

وتطرح هذه النظرية هذا السؤال: هل لدى المتعلم معرفة مثبتة أساسية؟ ويمكن توضيح هذا النموذج من خلال شكل رقم (٣٤) :

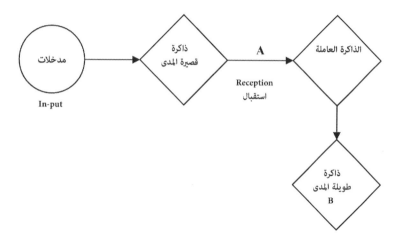

شكل (٣٤) نظرية الاضافة لتفسير أثر المنظمات المتقدمة

ومن خلاله نستطيع تمييز مرحلتين:

الأولى: وهي تشبه مثيلتها في النظرية الأولى كما يشير لذلك السهم (A) وتتمثل في استقبال المعلومات في الذاكرة العاملة W.M من العالم الخارجي.

الثانية: وتوضح أن المعلومات الموجودة لدى المتعلم في ذاكرته طويلة المدى ويشار إليها بالحرف (B) يمكن أن تؤثر كثيراً فيما يتم نقله من الذاكرة العاملة إلى الذاكرة طويلة المدى، وما يتم تعلمه وإضافته من معلومات جديدة إذا توافر عدد كبير من المفاهيم الثابتة Anchoring أو المفاهيم الرابطة في الذاكرة.

وبالإضافة إلى ما سبق فان هذه النظرية تفترض أن المفاهيم المكتسبة حديثاً تبقى متميزة عن تلك المفاهيم "المثبتة" في الذاكرة طويلة المدى وهذا يعني أنه لا يحدث تكامل بين المادة المتعلمة والمفاهيم الثابتة، وبذلك فإن كمية المعلومات التي تم استقبالها وإضافتها في الذاكرة طويلة المدى L.T.M. تمثل دالة للمرحلة الوحيدة في النظرية الأولى Reception Theory إضافة إلى ذلك وجود معرفة ومفاهيم راسخة كما هو مشار إليه بالحرف (B)

وتتنبأ هذه النظرية، بأن تقديم المنظم قبل عملية التعلم، سيؤدي إلى تعلم أكثر معنى عما إذا قدم المنظم بعد عملية التعلم أو عدم تقديمه على الإطلاق، وذلك لأن المنظم المتقدم يساهم في تزويد المتعلم بما يحتاجه من مفاهيم مثبتة Anchors عند تقديمه في بداية عملية التعلم.

٣- نظرية التمثيل Assimilation Theory :

وفي هذه النظرية تحدث عملية نشطة فعالة يتم من خلالها تكامل وتمثيل المعلومات الجديدة مع المعلومات السابقة في الذاكرة طويلة المدى للمتعلم تمثيلاً ناجحاً، وتتضمن هذه النظرية مخرجات لعملية التعلم المختلفة في سعتها فضلاً عما يتم الاحتفاظ به، ويمثل هذه النظرية نموذج ثلاثي المرحلة A three-Stage Model .

وتطرح هذه النظرية سؤالاً جديداً خاصاً بمعالجة المعلومات داخل الذاكرة وهو: هل يعمل المتعلم على تكامل المعلومات الجديدة مع المعرفة السابقة المختزنة من قبل في بنية الفرد المعرفية؟ ويمكن توضيح هذا النموذج من خلال الشكل رقم (٣٥)

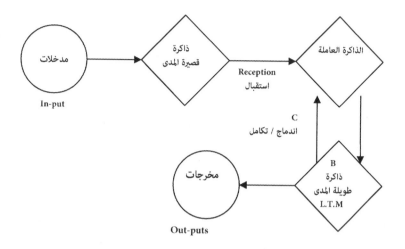

شكل (٣٥) نظرية التمثيل لتفسير أثر المنظمات المتقدمة

ومن خلاله نستطيع ملاحظة ما يلي:

- المرحلة (A) تشير إلى عملية استقبال المعلومات القادمة من العالم الخارجي "مدخلات" .
- المرحلة (B) تشير إلى وجود مفاهيم مثبتة مناسبة في الذاكرة طويلة المدى دون حدوث تكامل بين الذاكرة العاملة والذاكرة طويلة المدى.
- المرحلة (C) تشير إلى عملية اندماج وفعالية وتكامل وإنتقال المعرفة المثبتة في الذاكرة طويلة المدى والذاكرة العاملة (.W.M) مع المعلومات الجددية التي تم استقبالها أثناء حدوث عملية التعلم

وتتنبأ هذه النظرية بأن تقديم المنظم قبل عملية التعلم، يمكن أن يؤدي إلى تيسير عملية التعلم وبالتالي توسيع نطاق ناتج التعلم وكذلك يمكن أن يؤدي استخدام المنظم المتقدم كأداة تدريس قبل عملية التعلم في تسجيل حدوث العاملين (B,C)

٤- نظرية الاستعادة "الاسترجاع" Retrieval Theory

إذا كانت النظريات الثلاث السابقة- تفترض أن المنظمات المتقدمة تستخدم كأداة تعلم، فإن هذه النظرية تفترض أن المنظمات المتقدمة تعمل كأداة استعادة أو استرجاع Retrieval أو استدعاء Recall وعلى ذلك فإن تقديم المنظم قبل الاختبار فإنه سيؤدي إلى سهولة استعادة أو استدعاء ما تم عمله من قبل.

وتتنبأ هذه النظرية بعدم وجود فروق واضحة بين الأفراد الذين يتم استخدام المنظم المتقدم معهم قبل أو بعد عملية التعلم عند أدائهم للاختبار لأن كل من المجموعتين استخدمتا المنظم المتقدم كأداة أثناء أداء الاختبار.

ونلاحظ فيما سبق أن "ماير" Mayer لم يتطرق في نظرياته الأربع، إلى عملية معالجة المعلومات وتشغيلها داخل الذاكرة العاملة "السعة العقلية" واكتفى بعمليات الاستقبال والإضافة والاستيعاب في النظريات الثلاث الأولى، وقد أكدت الدراسات الحديثة أن السعة العقلية يتم فيها التمثيل الداخلي للمدخلات التي يتم استقبالها من العالم الخارجي. وأن هناك علاقة ارتباط من المعلومات المختزنة في الذاكرة طويلة المدى والسعة العقلية.

رابعاً: تطوير المنظمات المتقدمة :

في حقيقة الأمر لم يحدد "أوزوبل" طريقة معينة لبناء أو تطوير المنظمات المتقدمة ولكنه في نفس الوقت، وضع معايير خاصة لهذه الناقلات التدريسية "المنظمات المتقدمة" للإلتزام بها حتى تؤدي الغرض الذي طورت من أجله وتكون بالتالي منظمات متقدمة حقيقية ويلخص أوزوبل" هذه المعايير فيما يلي:

أ- بالنسبة لسمات المنظمات المتقدمة فينبغي أن تتسم بما يلي:

- الأصالة: ويقصد بها تمثيل المنظمات المتقدمة للمفاهيم والمبادئ والحقائق الاساسية للموضوع وأن تسمح باستنتاج العلاقات المنطقية التي يمكن أن تربط بينها.
- الوضوح وكمال المعنى: وتعود هذه المهمة للمعلم وعليه أن يراعيها لغوياً.
- الايجاز : ويعني أن يتكون المنظم من عبارات أو جمل قصيرة ومفيدة.

- الشمول: وهو اتصاف المنظمات المتقدمة بالقدرة على استيعاب واحتواء كافة الجزئيات والتفاصيل التي تتعلق بالمادة التي سيجري تدريسها.
- العمومية : وهو عدم احتواء المنظم على معلومات محددة أو مخصصة سيجرى تدريسها فيما بعد، بل يكون عاماً في معناه ولغته ومحتواه.
- التسلسل : ويعني أن تكون المنظمات متدرجة على أساس منطقى وأساس سيكولوجي.
- العرض المسبق: وهو تقديم المنظم للتلاميذ وتعلمهمم له قبل معرفتهم او تعلمهم لأية معلومات مفصلة خاصة بموضوعه.
- الفاعلية والتأثير : وهو إمتلاك المنظم لقوة تأثيرية على عملية تنظيم المعلومات في عقل الإنسان مما يسهل عملية التعلم.

ب- بالنسبة لمحتوى المادة المراد تعلمها فينبغي على المعلم :
- الإطلاع على المادة الدراسية وتحديد أنسب أنواع المنظمات المتقدمة لها.
- اختيار محتوى كل منظم من حيث نوعه، والمعلومات والحقائق الأساسية المتصلة به.

ج- بالنسبة للممارسات او المهارات التي ينبغي أن يراعيها المعلم في الموقف التعليمي القائم على المنظم المتقدم:
- تنظيم المنظمات المتقدمة بشكل منطقي يتناسب ووقت التعليم.
- تحديد أنسب الوسائل التعليمية اللازمة لتقديم هذه المنظمات وعرضها .
- تحقيق مبدأ الممارسة في التعلم القائم على المعنى لدورها في زيادة درجة ثبات واستقرار ووضوح المعاني في البنية المعرفية.

ويتضح مما سبق أن هناك ارتباط أو تشابه بين معظم المهارات المذكورة أيضاً وما يعرف بمهارات التصميم التعليمي بأوسع معانيه مما يؤكد أن هناك أسساً سيكولوجية لهذا المجال الذي يعتبر بمثابة العمود الفقري لتكنولوجيا التعليم كعلم تطبيقي مستقل.

وعلى العموم، فإذا بنيت المنظمات المتقدمة على أساس المعايير السابقة فإنها تستخدم حسب هدف "أوزوبل" كمراسٍ محوريةً للمعلومات والتفاصيل التي تحويها عملية التعلم، ولا يستطيع المعلم تحقيق هذا إلا إذا كان متمكناً من مادته ويعرف كل خباياها وتفاصيلها .

(٥)

الفصل الخامس

أنــــواع

المنظمات المتقدمة

الفصل الخامس
أنواع المنظمات المتقدمة

مقدمة

تأخذ المنظمات المتقدمة أشكالاً وأنواعاً متعددة ويمكن تقسيمها بصفة عامة إلى شكل (٣٦)

أنواع المنظمات المتقدمة
مقارنة
تشبيهية
شارحة استعراضية
تصويرية
(جرافيكية)

شكل (٣٦) يوضح انواع المنظمات المتقدمة

١- المنظمات المتقدمة المقارنة Comparative Organizers

ويستخدم هذا النوع من المنظمات عندما تكون المادة التعليمية الجديدة مألوفة نسبياً لدى المتعلم، فيعمل المنظم المقارن على دمج وتكامل الأفكار والمعلومات الجديدة مع المفاهيم الأساسية المشابهة لها في البناء المعرفي للمتعلم، كما يعمل على زيادة التمييز بين الأفكار الجديدة والأفكار الموجودة في البناء المعرفي للمتعلم، التي تختلف بشكل جوهري عنها في العادة ولكنها تبدو متشابهة بشكل قد يربك المتعلم، ويطلق "أوزوبل" "Ausubel" على المنظم المقارن اسم "منظمات التمثيل بالقياس أو التشبيه" Analogy حيث يراها "أوزوبل" أنها من اكثر المنظمات تأثيراً في عمليتي التعليم والتعلم، وتتوقف قيمة التشبيه العلمي على توافر شرطين أساسيين هما:

- أن يكون المشبه به مألوفاً لدى المتعلمين.

- أن يكون أوجه الشبه والتطابق كثيرة بين المُشبه والمُشبه به.

ومن أمثلة التشبيهات التي يمكن استخدامها كمنظم متقدم لتدريس موضوع: أهمية الأنهار في البيئة الطبيعية للإنسان، التشبيه الذي يتم فيه مقارنة نظام النهر بنظام الدورة الدموية للإنسان.

٢- المنظمات المتقدمة الشارحة العامة: Expository General Organizers:

ويستخدم هذا النوع من المنظمات عندما تكون المادة التعليمية جديدة تماما على التلاميذ، وهو إطار من المعلومات العامة المجردة والشاملة والتي تمثل أهم المفاهيم والمبادئ والأفكار المتضمنة في المحتوى الدراسي المراد تعلمه، ويطلق على هذا النوع أحياناً متطلبات إيضاحية تفسيرية. ويقوم هذا النمط من المنظمات بتزويد التلاميذ بركائز ودعائم أساسية يبنون عليها مفاهيم وحقائق الموضوع الجديد وقد يكون هذا النمط على شكل:

أ- تعريفات المفاهيم Concept Definition :

حيث يشتمل التعريف الجيد على جوهر المفهوم الأساسي والخصائص أو السمات الأساسية المميزة للمفهوم، فيسهم التعريف الأساسي للمفهوم في عملية الربط بين الأفكار والمعلومات الجديدة وما لدى الفرد من معلومات سابقة في بنائه المعرفي، أما السمات المميزة للمفهوم فتساعد على تمييز المفهوم الجديد عن المفاهيم الأخرى المرتبطة به. ويتضح من ذلك أن التعريفات يمكن أن تكون أكثر فائدة وتأثيراً عندما تتضمن عبارات بسيطة يألفها المتعلم تدخل في وصف المفهوم، وإذا لم يكن الأمر كذلك فإن المتعلم سيجد صعوبة كبرى في تعلم المفهوم الجديد، ويفضل أن يحتوي التعريف على خبرات حسية Concrete Experience حتى يحقق الغرض منه كمنظم متقدم شارح إيضاحي.

ب- تعميمات Generalization :

يمكن أن تستخدم التعميمات كمنظمات متقدمة جيدة، لأنها قادرة على تلخيص كمية كبيرة من المعلومات في عبارات قصيرة على سبيل المثال: هذا التعميم:

"كلما زادت أملاح بيكربونات الكالسيوم والماغنسيوم الذائية في الماء كلما زاد العسر- المؤقت للماء" (مثال من مادة العلوم للمرحلة المتوسطة أو الاعدادية) .

معايير جودة التعميمات كمنظمات متقدمة :

بصفة عامة فهناك عدة معايير يجب مراعاتها لكي تصبح التعميمات منظمات متقدمة أكثر فائدة وتتمثل فيما يلي:

أ- أن يتأكد المعلم من أن التلميذ قادر على فهم مضمون التعميم بسهولة.

ب- أن يحدد المعلم المفاهيم المتضمنة في التعميم مع مناقشتها مع تلاميذه.

ج- أن يدرك المعلم الحد الفاصل بين التعميم كمنظم متقدم وغيره من المقدمات Introductions ، التلخيصات Summaries ، المراجعات Preoverviews والتي يجدها المعلم في كثير من الكتب المدرسية الخارجية وغيرها من المطبوعات حيث أن هذه جميعها - وإن تضمنت أهم الأفكار العامة التي يشتمل عليها المحتوى التعليمي- فإنه لا يراعى في بنائها التدرج المنطقي للمعلومات والتسلسل الهرمي الذي تندرج فيه الأفكار الجزئية ضمن إطار من الأفكار العامة هذا من ناحية، ومن ناحية أخرى، فقد تتضمن هذه المقدمات والتلخيصات والمراجعات أفكاراً عامة غير مجردة وغير شاملة، وقد تتضمن أفكاراً جزئية أيضاً في حين لا يصبح ذلك في المنظمات المتقدمة.

٣- منظمات متقدمة تصويرية (مصورة) Graphical advance organizers

وفيها يتم تضمين المفاهيم والنصوص والمعلومات وما بينها من علاقات على هيئة أو هيئات أو اشكال ومن أنواعها (الشكل ٣٧)

أنواع المنظمات المتقدمة التصويرية

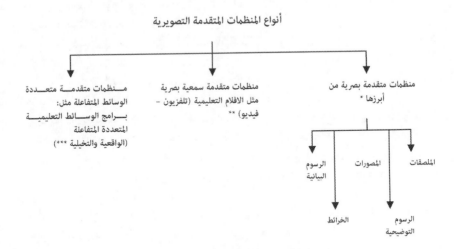

شكل (٣٧) أنواع المنظمات المتقدمة التصويرية

---

* سيشار اليها لاحقاً بشيء من التفصيل .

** وتشمل جميع الوسائط التعليمية التي تعتمد في الأساس على حاستي السمع والبصر ـ في صورتهما التقليدية كالبرامج السمعية البصرية التي تعرض عبر :

- التلفزيون

- الفيديو

*** وهي أحدث نمط للمنظمات المتقدمة في الوقت الراهن وتعتمد في تصميمها وانتاجها على توفير مجموعة عناصر مثل [النص المكتوب والمنطوق - الموسيقى والمؤثرات الصوتية - الرسوم المتحركة - الرسوم والصور الثابتة - الصور المتحركة (لقطات الفيديو) - الرسوم الخطية] وتختلف هذه الوسائط من حيث درجة واقعيتها فقد تقدم في بيئة واقعية (داخل الفصل الدراسي المعتاد) أو بيئة تخيلية اصطناعية (افتراضية).

النوع الأول: المنظمات المتقدمة البصرية   Visual A.O.

وهي تمثيل Representation بالأشكال والخطوط لمفهوم أو ظاهرة ما، ويعمل هـذا التمثيل على تجسيد ما يعبر عنه تجسيداً مرئياً يظهر العلاقات أو المكونات أو الأحداث أو العمليات بصورة تسهل عملية الإدراك العقلي البصري، ومن أنواع المنظمات المتقدمة البصرية.

أولاً: المصورات Charts :

وهي تلك المواد التعليمية التي تعبر عن بعض الظواهر أو الأفكار أو المفاهيم أو العلاقات في صورة مرئية "بصرية" ليسهل فهمها واستيعابها أفضل من عرضها شفوياً أو كتابة، ويدخل في تكوينها عـدة عناصر مثل: (صور فوتوغرافية- نماذج مجسمة- عينات- تعليق لفظي.. الخ)

معايير تصميم المصورات وإنتاجها :

١-   تحديد الهدف من تصميمها وإنتاجها بشرط أن يكون هدفاً وحيداً وواضحاً.

٢-   (تحديد/ تحليل) خصائص العينة المستهدفة بإنتاج المصور.

٣-   مراعاة فنيات تصميم المصورات وإنتاجها مثل:

●   إختيار العنوان وكتابته بخط كبير وواضح.

●   استخدام الألوان المختلفة ومراعاة التباين بينها لتأكيد عناصر الموضوع المراد توضيحه.

●   واقعية الألوان المستخدمة (مطابقتها للواقع).

●   ترتيب العناصر الرئيسية في المصور ترتيباً منطقياً وسيكولوجيا.

٤-   عدم إزدحام المصور بالمعلومات حتى لا يشتت المتعلمين.

أهداف استخدام المصورات في العملية التعليمية :

●   عرض موضوع أو فكرة جديدة وإثارة اهتمام المتعلمين به وقد يقتصر المصور على عرض بعض الصـور الهامة أو الكلمات التي تتصل بالفكرة أو الموضوع.

- إبراز عناصر الموضوع تفصيلياً، وذلك من خلال استخدام بعض الصور أو العينات أو الرسوم البيانية بهدف توضيح العلاقة بين هذه العناصر وترتيب أهميتها.

- تلخيص أحد الموضوعات بعد الإنتهاء من عرضه بحيث يبرز المصور النقاط الهامة في الموضوع والأسئلة الرئيسية التي تمت دراستها.

أنواع المصورات :

١- المصورات الزمنية Time Charts :

وهي التي تبرز العلاقة بين عدة أحداث واقعية أو تاريخية وزمن وقوعها ومن أمثلتها:

أ- مواعيد إقلاع الطائرات أسبوعياً.

ب- تواريخ تولى الملوك والحكام .

ج- تواريخ غزوات الرسول (صلى الله عليه وسلم)

٢- المصورات التتابعية Sequence Charts :

وهي التي توضح خطوات تشغيل جهاز ما، في تتابع محدد بداية من توصيل الكهرباء (On) ونهاية بقطع التيار الكهربائي مثلاً (Of) ومن أمثلتها كذلك خطوات مراحل تصنيع منتج معين.

ملحوظة :

١- أحياناً يمكن دمج المصورات الزمنية والتتابعية في وقت واحد وذلك مثل التتابع الزمني لفصول السنة الأربع (الصيف- الخريف- الشتاء - الربيع)

٢- يمكن عرض جميع خطوات المصورات الزمنية التتابعية على لوحة كبيرة (وبرية- جيوب) بحيث يقوم المعلوم بوضع قناع لتغطية الخطوات جميعاً، ثم يقوم بالكشف عن كل خطوة حسب تسلسل سير مفردات المحتوى التعليمي لموضوع الدرس.

٣- يمكن توضيح خطوات تشغيل الجهاز على سبيل المثال من خلال عرضها على أوراق الدفتر القلاب Flip Chart بحيث تتضمن كل ورقة خطوة مستقلة.

٣- مصورات التصنيف Classification Charts :

وتوضح هذه المصورات العلاقات التصنيفية لموضوع ما، وذلك من خلال تقديم وعرض العناصر الفرعية المنتمية للمكون الرأسي مع المكون الرئيسي. مثال:

١- تصنيف حالات المادة (شكل ٣٨)   ٢- تصنيف الكائنات الحية

ففي المثال المعروض نجد أن الحالة الغازية للمادة تختلف عن الحالة السائلة، تختلف عن الحالة الصلبة، وكلها تعتبر من حالات المادة .

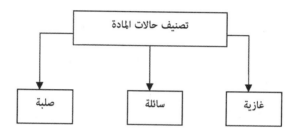

شكل (٣٨) تصنيف حالات المادة

٤- مصورات الفروع (الشجرية) Tree Charts :

وتوضح العلاقة بين الأصول والفروع لموضوع أو فكرة ما، مع إبراز العلاقات والتفريعات الوظيفية التي تتفرع إليها التنظيمات المختلفة وفي هذه المصورات يتفرع الأصل إلى أجزاء تشابه الأصل إلى خدمات وتتشابه هي أيضا فيما بينها :

مثال :   ١- تصنيف بنوك الراجحي في المملكة

٢- تصنيف فروع نهر النيل

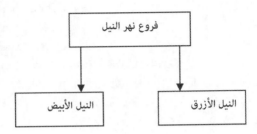

شكل (٣٩) فروع نهر النيل

فيلاحظ في المثال المعروض أن فرع النيل الأزرق والنيل الأبيض يتشابهان مـع بعضـهما البـعض في خصـائص عديدة .

٥- مصورات الأصول Stream Charts :

وهي نوع من المصورات تبدأ بإبراز الأجزاء الفرعيـة أولاً: للموضوع محـل التنظيم وكيـف تـرتبط هـذه الأجزاء وفيما بينها حتى نصل في النهاية للموضوع الكلي "الأصلي" وعلى ذلك فهـي عكـس مصور الفـروع وتتميز هذه المصورات بأن كل جزء يختلف عن الجزء الآخر، وأيضاً يختلـف عـن الأصـل ومجمـوع الأجـزاء تشكل معاً الأمثل.

مثال:

١- مصورات مكونات جسم الإنسان

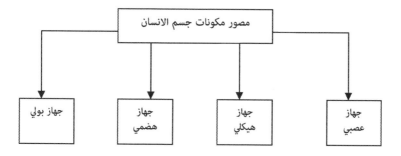

شكل (٤٠) مكونات جسم الانسان

٢- مصور مكونات الغذاء المتكامل :

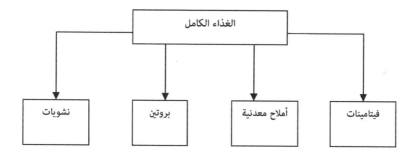

شكل (٤١) الغذاء الكامل

ونلاحظ في الأمثلة السابقة أن الجهاز العصبي والهيكلي والهضمي والبولي يختلفا عن بعضهما البعض ولكن بمجموعهما معاً يشكلان جسم الإنسان.

٦- المصورات التدفقية (مسارية- تسلسلية) Flow Charts :

ويطلق عليها أحياناً خرائط التدفق وهي من المصورات التي تستخدم الخطوط والأسهم والدوائر وبعض الأشكال الهندسية والرسوم لبيان تدفق أو مسار مراحل أو إجراءات موضوع أو شيء ما .

ومن أمثلة ذلك :

١- دورة حياة حيوان أو نبات .
٢- دورة حياة المياه في الطبيعة.
٣- الدورة الدموية الكبرى والصغرى.

ملحوظة :

هناك فرق بين المصور الزمني التتابعي والمصور التدفقي المساري في أن الأول لا تتأثر عناصره ببعضها البعض كما يحدث في تتابع فصول السنة الأربعة (فلا يؤثر الصيف مثلاً في الخريف" أما في المصور التدفقي المساري فتتأثر عناصره ببعضها البعض كمراحل خلق الإنسان أو دورة حياة المياه في الطبيعة مثلاً .

٧- مصورات الخبرة Experience Charts :

وتستخدم كمنظم متقدم Advance Organizer في التهيئة القبلية لأذهان المتعلمين حول بعض الموضوعات وقد تستخدم في :

أ- توضيح أحد المفاهيم المستمدة من موضوعات رئيسية كالنظام أو النظافة أو العادات الصحية.

مثال:

١- مصور النظافة من الإيمان
٢- مصور حزام الأمان

ب- عرض مسلسل لأحد القصص في شكل عرض مصورات متتابعة، ويكتب تحت كل مصور جملة محددة لتكون في النهاية صورة قصة كاملة وهي قريبة الشبه مع القصص المصورة Comics

ويمكن ان يشترك المتعلمين مع المعلم في كتابة وصياغة هذه الجمل للتدريب على ترتيب أحداث القصة.

ثانياً: الملصقات Posters :

وهي رسوم تعبيرية خطية تجمع بين تأثر الصورة وقوة الكلمات لـكي تسـتثير إنفعـال الأفـراد إيجابيـا ومن ثم توجههم لممارسة أنماط سلوكية إيجابية مثل:

- النظافة.
- المحافظة على قواعد المرور.
- أهمية التعليم ومحو الأمية.
- المحافظة على النظام.
- أهمية التبرع بالدم.
- أهمية الابتعاد عن التدخين.

أنواع الملصقات :

ويقاس أثرها بمدى التغير الإيجـابي في سـلوك الأفـراد واكتسـابهم هـذه الأنمـاط الجديـدة نتيجـة لمشاهدة هذه الملصـقات ومـن أوجـه القصـور في الملصـقات أن رسـالتها سريعـاً مـا يضـعف تأثيرهـا عـلى المشاهدين (علي عبد المنعم، ١٩٩٨)، (عبد اللطيف الجزار، ٩٩)

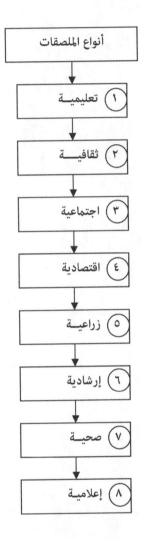

شكل (٤٢) يوضح أنواع الملصقات

شروط تصميم الملصق التعليمي :

١- التصميم المناسب للمفهوم (الإسكتش المناسب للملصق)

٢- تنفيذ التصميم بتكبير الإسكتش إلى المساحة المطلوبة ويمكن التكبير بالمربعات أو بالحاسوب.

٣- تقويم الملصق من حيث تعبيره عن الفكرة واستغلال المساحات والألوان.

٤- تطوير الملصق ونسخه وعرضه وصيانته.

ومن مواصفات الملصق الجيد أن يكون :

١- ملون

٢- كبير المساحة

٣- مكتوب بخط جذاب ومشوق

٤- معلوماته مختصرة وتحمل فكرة واحدة.

تحديد أهدافه فقد تكون :

أ- (الإرشاد – التوجيه – الدعوة – النصح – الحفاظ على المكان)

ب- (التقرب – التودد – التهدئة)

ج- (الخوف – الترهيب)، الابتعاد عن المخدرات

مميزات الملصقات التعليمية :

١- ترغيب المتعلمين في اتباع سلوك مرغوب معين.

٢- تذكير المتعلمين بموضوع ما .

٣- إثارة انتباه المتعلمين نحو موضوع دراسي ما.

٤- دعوة المتعلمين إلى زيارة المكتبات .

٥- إكساب المتعلمين بعض المهارات الفنية أو اللغوية.

ثالثاً: الرسوم البيانية Graphs :

وهي عبارة عن رموز بصرية تبرز طبيعة العلاقة بين المتغيرات والأعداد والبيانات الكمية أو الاحصائية.

مهارات الرسوم البيانية:

تتنوع مهارات الرسوم البيانية ما بين المهارات المعرفية والأدائية والوجدانية ونذكر منها على سبيل المثال:

١- تمثيل البيانات على هيئة رسوم بيانية.

٢- إدراك وتحديد العلاقة بين متغيرين.

٣- تسكين البيانات والنتائج في صورة جداول رأسية وأفقية.

٤- تحديد مقياس الرسم المناسب.

٥- اختيار نوع الرسم البياني المناسب.

٦- تفسير الرسوم البيانية.

مميزات الرسوم البيانية:

١- تثير اهتمام الطلاب.

٢- تسهم في تفسير البيانات بسرعة أكثر من وضعها في صورة مجدولة.

٣- سرعة توصيل الرسالة التعليمية للمتعلم أكثر من الشكل المكتوب أو المسموع.

٤- تنمية بعض المهارات والعمليات العقلية (عمليات العلم كالملاحظة – التصنيف والتفسير.. الخ)

٥- إبراز الحقائق والأفكار المجرد في صورة بصرية بسيطة.

أنواع الرسوم البيانية :

١- الخطوط البيانية Line Graphs :

وهو نوع معتمد على الخطوط المستقيمة وأحياناً المنحنية لبيان العلاقة بين مجموعة من البيانات، حيـث يمثل كل رسم العلاقة بين مجموعتين من البيانات يمثل الإحداثي الأفقـي مجموعـة بيانـات ويمثل الإحداثي الرأسي مجموعة أخرى ويمتد الخط المنحني بنقل النقاط التي تبعد عن القيم المختلفة.

٢- الرسوم البيانية بالأعمدة Bar Graphs :

وفيها يتم تمثيل البيانات بواسطة أعمدة رأسية أو أفقية ذات سمك واحد، تختلف أطوالهـا تبعـاً لاخـتلاف ما يرمز إليه كل عمود منها .

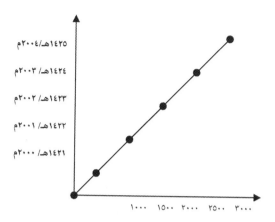

شكل (٤٣) رسم بياني بالخطوط يوضح أعداد الطلاب في احد الكليات الجامعية خلال خمس سنوات

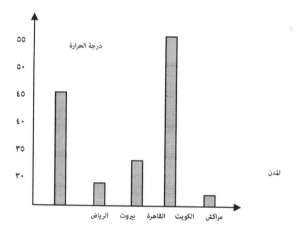

شكل (٤٤) متوسط درجة الحرارة خلال فصل الصيف في بعض المدن العربية

٣- الرسوم البيانية بالدوائر Circle/ Pie Graphs :

وفيها يتم تمثيل البيانات أو الكميات بدوائر بيانية، حيث تعد أجزاء الدائرة مكونات جزئية للشكل الـذي تمثله الدائرة باعتباره أن الدائرة تمثل الكميات كلها أما أجزائها المختلفة فتوزع على حسب نسبتها المئوية من الكمية الكلية.

وتعتبر الدوائر البيانية سهلة في تفسيرها ورسمها كـذلك ويشترط أن يكون مجمـوع النسـب للمكونـات الدائرة = ١٠٠ وإذا كان هناك قطع يمثل مجالاً ذو أهمية حيوية فيفضـل أن يعـرض منفصـلاً عـن الـدائرة وبإيجاز شديد يمكن القول أن الدوائر البيانية تستخدم في عرض العلاقة بين عدة أجزاء والموضوع الشكل الذي يحتويها. مثال الشكل (٤٥)

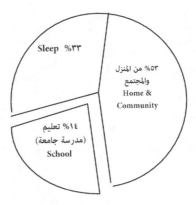

(النسب الموزعة على عمر الانسان ونشاطاته) ونسبة التعليم منها

شكل (٤٥) يوضح مثال للرسوم بالدوائر

٤- الرسوم البيانية بالصور Pictorial Graphs :

وفيها تستخدم صور الأشياء أو الأشخاص لتمثل كل صورة كاملة على الرسم كمية عددية معينة مـن القيم المراد مقارنتها، وهذا النوع من الرسوم سهل الفهم من المتعلمين وعامة الناس.

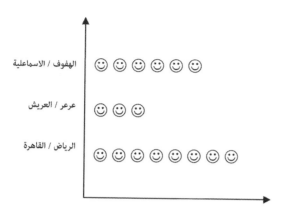

شكل (٤٦) رسم بياني بالصور يوضح متوسط عدد سكان بعض مدن المملكة العربية السعودية
وجمهورية مصر العربية

رابعاً: الرسوم التوضيحية (التخطيطية)   Illustrations :
وهي عبارة عن رسوم خطية حقيقية تستخدم أحياناً الأشكال الهندسية لتوضح أجزاء أحد الموضوعات
وعلاقتها بالإطار الكلي لموضوع الرسم ومن أمثلتها :

-   رسم توضيحي لتركيب الجهاز الهضمي.
-   رسم توضيحي للقلب.
-   رسم توضيحي لتركيب الراديو .
-   رسم توضيحي للجرس الكهربائي.
-   رسم توضيحي للعمود الجاف.

أهم خصائص الرسوم التوضيحية:
١-   لا تستخدم الصور بأنواعها وبذلك فهي تختلف عن الملصقات والمصورات سابقة الذكر.

٢- تستخدم في إظهار تركيب الأشياء المعقدة في صورة مبسطة "رسم توضيحي لقطاع في ورقـة أو ساق أو نبات".

٣- لا تطابق الواقع الذي تمثله تمام المطابقة، ولا تكون صورة كاملة متماثلة، ولكن يكتفي فيها بالتركيز على العناصر الرئيسية دون تفاصيل.

٤- تختلف عن الرسوم البسيطة والكاريكاتيرية في كونها أكثر مماثلة للواقع الذي تمثله وتأكيـد الدقة في المحافظة على النسب بين أجزاءه، ومن الأفضل عرض الشيء المراد رسمه أولا، قبـل البدء في الرسم. (علي عبد المنعم، ١٩٩٨)

خامساً: الخرائط التعليمية Instructional Maps :

تعد الخرائط من أبرز المنظمات البصرية - ان لم يكن أفضلها- لكثره استخدامها في التعليم حيث اثبتت فعالية ملموسة عند توظيفها في المجال التعليمي وبصفة عامة فيمكن تصنيف الخرائط حسب توظيفها من التعليم الى الشكل (٤٧)

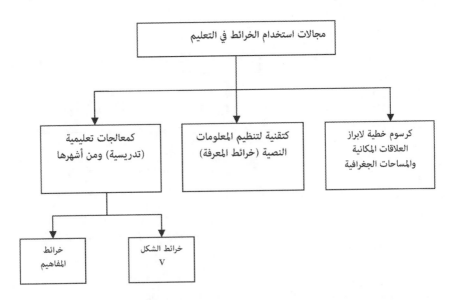

شكل (٤٧) مجالات استخدام الخرائط في التعليم

وفيما يلي عرضاً موجزاً لهذه المجالات مع تخصيص فصل مستقل لخرائط المفاهيم.

١-الخرائط كرسوم خطية تستخدم لتحديد المواقع والأشكال والمساحات الجغرافية وتوضيح العلاقات المكانية مثل الحدود والاتجاهات والمسافات وغيرها.

وتعرف الخرائط وفقاً لهذه بانها تكوينات ورسوم بصرية تبرز العلاقات المكانية وارتباطاتها كما توضيح الاتجاهات والمسافات والارتفاعات والتضاريس التي يصعب التعبير عنها لفظياً (انظر اشكال الخرائط)

أنواع الخرائط :

تنقسم الخرائط إلى أنواع عديدة وفقاً لمجموعة من الأسس نذكر منها:

أ- وفقاً لشكلها العام تنقسم إلى :

* خرائط مجسمة (ثلاثية البعد) Relief map .

* خريطة مسطحة تخطيطية Flat map .

* خرائط كهربية Electrical map .

* خرائط صماء Rote map .

ب- وفقاً لمحتواها تنقسم إلى :

١- خرائط طبيعية Physical map :

مثل خرائط الظواهر الطبيعية كالمناخ، والبحار، والأنهار، والمحيطات.

٢-خرائط جيولوجية Geological map :

وهي التي تركز على عرض البيانات الجيولوجية المرتبطة بطبقات الأرض وأنواع الصخور .

٣- خرائط سكانية Demographic map :

وهي التي تركز على توزيعات السكان في العالم .

٤-خرائط سياسية Political map :

وهي التي تركز على المعلومات السياسية الخاصة بدولة أو أقليم أو قادة ما كبيان للمقاطعات والحدود والمناطق داخل الدولة أو الأقليم أو القادة .

٥-خرائط اقتصادية / تجارية:

وهي التي تركز على أماكن توزيع الثروات الطبيعية في العالم أو في قارة أو في دولة ما.

٦- خرائط المواصلات :

وهي التي تبرز الطرق البرية وخطوط السكك الحديدية وخطوط الملاحة البحرية والنهرية والجوية.

وهناك أنواع أخرى مثل:

خرائط (عسكرية- عالمية-محلية- طوبوغرافية- زمنية- حائطية- الخ)

ج- وفقاً لأبعاد الخريطة تنقسم إلى :

* خرائط مسطحة .
* خرائط مجسمة .

د- وفقاً لمساحتها تنقسم إلى :

* خرائط محلية.
* خرائط إقليمية.
* خرائط عالمية.

معايير اختيار الخرائط واستخدامها:

* مناسبة نوع الخريطة لهدف الدرس والمرحلة التعليمية.
* مناسبة حجم الخريطة لعدد المتعلمين داخل الفصل.
* سلامة الخريطة فنياً (اللون – الخطوط – الخ)
* دقة المعلومات المتضمنة في الخرائط وحداثتها.
* مراعاة المتانة ودقة الصنع .

مشكلات التعامل مع الخرائط :

* مشكلة فهم الرموز والمصطلحات المتضمنة في الخريطة (انظر الخرائط المصاحبة)
* مشكلة مطابقة الخريطة للواقع
* مشكلة تقديم بعض المفاهيم الجغرافية .

توزيع المطر السنوي والري في مصر

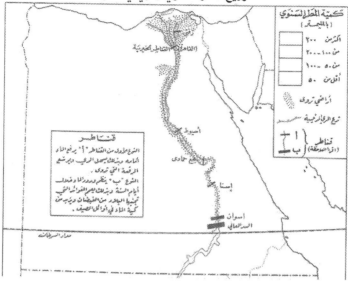

شكل (٤٨) خريطة توضح توزيع المطر السنوي والري في مصر

توزيع كثافة السكان في مصر

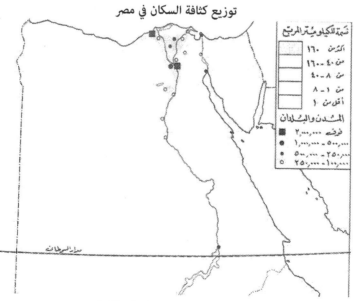

شكل (٤٩) خريطة توضح توزيع كثافة السكان في مصر

٢- الخرائط كتقنية لتنظيم المعلومات النصية (خرائط المعرفة Mapping Texts)*

ويقصد بها نوع من "الرسوم والتكوينات الخطية لتنظيم المعلومات داخل النصوص واستخلاص ما بينها من علاقات وما تحتوى عليه من افكار ليسهل فهمها ومعالجتها واستعادتها عند الحاجة اليها".

وفي ضوء هذا التعريف يمكن تحديد بعض وظائف خرائط المعرفة وخصائصها فيما يلي:

أ- تبسيط فهم المعلومات الواردة في سياق النصوص المكتوبة.

ب- المساهمة في معالجة فعالة للمعلومات النصية داخل الذاكرة البشرية.

ج- تركز على تنظيم المعلومات واستعادتها بأسلوب سهل وبسيط.

د- استخلاص العلاقات الرئيسة بين فقرات النص المجرد.

هـ- تنسيق المعلومات وتقديمها منسقة وبشكل جذاب كمتطلب لتحليل النصوص الاخبارية المجردة.

دواعي اللجوء إلى توظيف تقنية خرائط المعرفة :

أ- ضخامة ما ينشر من معلومات في جميع المجالات.

ب- عدم قدرة الانسان على المتابعة الدقيقة للمعلومات النصية.

ج- الحاجة إلى متابعة ما يستجد من انتاج فكري في جميع المجالات.

د- عدم قدرة الوسائل التقليدية على الوفاء بمتطلبات العصر الرقمي.

هـ- سرعة التواصل.

و- توفير الوقت والجهد في البحث عن معلومات منظمة.

أنماط المعلومات المنظمة داخل النصوص المجردة

لقد عرضت "دايرسون ٢٠٠٠ " مجموعة من أنماط تنظيم المعلومات الأكثر شيوعاً في النصوص التعليمية المجردة على النحو التالي:

---

* لمزيد من التفاصيل حول خرائط المعرفة يمكن الرجوع إلى :

- عمر الحميدي (٢٠٠٦-١٤٢٦) خرائط المعرفة، محاضرة تدريبية مسجلة بالكلية التقنية بالمدينة المنورة.

- دايرسون، مارجريت (٢٠٠٠) استخدام خرائط المعرفة لتحسين التعليم، ط٢ ، الدمام، دار الكتاب التربوي للنشر والتوزيع.

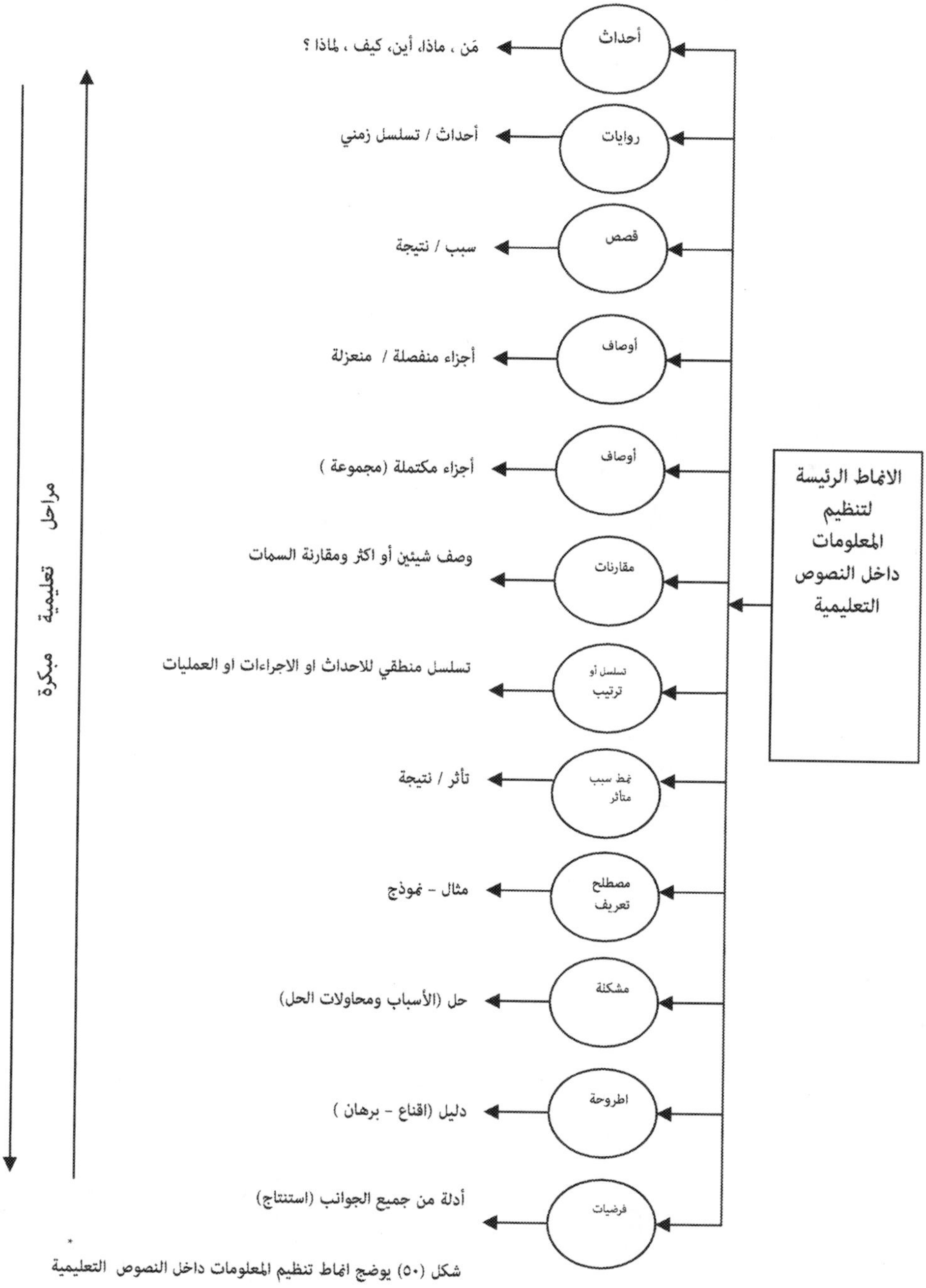

مَن ، ماذا، أين، كيف ، لماذا ؟	أحداث
أحداث / تسلسل زمني	روايات
سبب / نتيجة	قصص
أجزاء منفصلة / منعزلة	أوصاف
أجزاء مكتملة (مجموعة)	أوصاف
وصف شيئين أو اكثر ومقارنة السمات	مقارنات
تسلسل منطقي للاحداث او الاجراءات او العمليات	تسلسل أو ترتيب
تأثر / نتيجة	نمط سبب متأثر
مثال – نموذج	مصطلح تعريف
حل (الأسباب ومحاولات الحل)	مشكلة
دليل (اقناع – برهان)	اطروحة
أدلة من جميع الجوانب (استنتاج)	فرضيات

الانماط الرئيسة لتنظيم المعلومات داخل النصوص التعليمية

مراحل تعليمية متقدمة ← مراحل تعليمية مبكرة

شكل (٥٠) يوضح انماط تنظيم المعلومات داخل النصوص التعليمية

* اشكال تنظيم هذه الخرائط انظر ملحق رقم (٤) .

٣- الخرائط كمعالجات تعليمية / تدريسية

Maps as a Instructional Treatments

وفي هذا المجال يمكن ان تُقدَم الخرائط كمعالجة أو استراتيجية تعليمية (تدريسية) لتنمية بعض المتغيرات التابعة المرغوبة لدى المتعلمين. ومن أشهر هذه المعالجات كخرائط (خرائط الشكل V المعرفي ، خرائط المفاهيم) .

أ- خرائط الشكل V المعرض :

ابتكر "جوين ١٩٧٧ Growin " خريطة الشكل V المعرفي ليساعد المتعلمين على الربط بين الجانبين العملي والنظري فيما يتصل بالتعامل مع الحوادث والظواهر، أي مساعدة المتعلمين على فهم عملية إنشاء المعرفة (فهم الهدف من العمل المعملي وربط نتائجه بالمعارفهم السابقة) لأنه في الغالب ما يصل المتعلمين إلى الإستنتاجات أو المعارف الجديدة دون أن يعرفوا كيف توصلوا اليهم لأنهم سيتبعون تعليمات المعلم أو دليلهم الطالب المتعلم ويقومون بتنفيذ أنشطة حرفيا دون وعي أو دليل نظري وفي هذه الحالة يصبح العمل المعملي عديم المعنى .

وتنتمي خريطة الشكل V فكريا الى أسس نظرية التعلم ذو المعنى التي صاغها "أوزوبل Ausubel " كما أنها تجسد بعض الأفكار الرئيسة في فلسفة العلم، والتي تؤكد على التفاعل النشاط بين جانبي العلم : الجانب المفاهيمي أو التفكيري Thinking side والجانب الاجرائي / العملياتي Methodological Side .

وقد جاءت هذه المعالجة لرغبة "بوب جـوين Bob Gowin " في تطـوير أداه لتحسـين تـدريس الانشطة والتجارب العملية في العلوم، لتعين المعلـم والمـتعلم في توضيح طبيعـة النشـاط العملي وهدفه وفهم بنية المعرفة والطرق التي يتم مـن خلالها انتاج المعرفة والأشـكال الاتيـة توضـح المكونـات العامـة والتفصيلية لخريطة الشكل V :

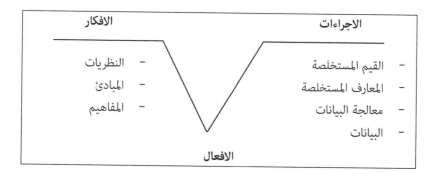

الافكار		الاجراءات
النظريات –		القيم المستخلصة –
المبادئ –		المعارف المستخلصة –
المفاهيم –		معالجة البيانات –
		البيانات –
	الافعال	

شكل (٥١) يوضح المكونات العامة لخريطة الشكل (V)

الجانب الأيمن
الجانب الإجرائي
Methodological Side

السؤال الرئيسي
Focus Question
يركز الانتباه على الاحداث و/أو الاشياء موضوع الدراسة

الجانب الأيسر
الجانب التفكيري
Thinking Side

القيم المستخلصة:

Value Claims

هـي عبـارات تقـوم عـلى المعـارف المستخلصة وتوضح قيمة الاستقصاء الذي تم .

المعارف المستخلصة

Knowledge Claims

هـي عبـارات تجيـب عـلى السـؤال الرئيسي او الانشطة الرئيسية بناء على البيانات التي تمت معالجتها والجانب التفكيري.

معالجة البيانات:

Transformations

جداول أو احصائيات او اي شكل من الأشكال التي تنظم الملاحظات المدونة .

البيانات Data

تدوين الملاحظات للأحداث والأشياء موضوع الدراسة.

الإجابة على السؤال الرئيسي تتطلب التفاعل النشط بين الجانبين

الأشياء والأحداث
Objects and Events
وصف للأحداث والأشياء التي سوف تجري للاجابة عن السؤال الرئيسي

النظريات Theories

عبارة عن النظرية أو النظريات التي تفسر الأحداث والأشياء التي نقوم بملاحظتها.

المبادئ Principles

هي عبارات ذات طبيعة تجريدية لها صفة الشمول وامكانية التطبيق.

مبادئ مفاهيمية :

Conceptual Principles

هي مبادئ سبق تعلمها أو اكتسبت خلال الدرس وتوجهت لفهم الأحداث والأشيا.

مبادئ إجرائية:

Methodological Principle

هـي مبـادئ سـبق تعلمهـا وتوجهنـا لأدوات أو أشياء نستخدمها أثناء فهم الأحداث والأشياء.

المفاهيم Concepts

هي تجريد للعناصر المشتركة بين عدة مواقف أو أشياء ويعطي هذا التجريد اسـما أو عنوانـا أو رمـزا وتشـمل المفاهيم التي سبق تعلمها والمفاهيم المتعلقة اثناء الدرس .

شكل (٥٢) يوضح المكونات التفصيلية لخريطة الشكل V اللازمة لفهم طبيعة المعرفة وبنائها

النوع الثاني من المنظمات المتقدمة التصويرية:

منظمات متقدمة سمعية بصرية : Audio- Visual A.O

حيث تعتمد هذه المنظمات في عرضها على إثارة حاستي السمع والبصر كما تتمتع بتوفر عناصر الحركة ومؤثرات أخرى، ولهذا فتعد هذه المنظمات من المواد التعليمية المتطورة التي تقدم المفاهيم بطريقة مشوقة وجذابة، تجعل المتابع لها دائما في حالة ترتيب دون ملل أو تعب، ومن هذه المنظمات الأفلام التعليمية الجاهزة أو التي تعرض من خلال الفيديو أو التليفزيون أو الحاسوب.

مميزات المنظمات السمعية والبصرية :

١- تسهم في تعلم مفاهيم يصعب شرحها مثل إنقسام الخلايا.
٢- مقاومة المادة المعروضة للنسيان لاستخدام أكثر من حاسة.
٣- توفير الوقت والجهد للمعلم.
٤- التشويق والإثارة لتوفر عناصر الحركة والصوت والألوان.
٥- تعلم مهارات يصعب تعلمها نظرياً مثل مهارات رياضة السباحة.
٦- تسجيل الظواهر الطارئة.
٧- تجاوز حدود الزمان والمكان والإدراك اليومي المحدود.
٨- تنمية التفكير والإدراك البصري.

النوع الثالث من المنظمات المتقدمة التصويرية:

منظمات متقدمة متعددة الوسائط المتفاعلة

Multi-media Interactive Advance Organizers

وتعتبر هذه المنظمات وليدة توظيف امكانيات الكمبيوتر التعليمية حيث يمكن تقديم هذه المنظمات بنفس امكانيات برامج الوسائط المتعددة المتفاعلة وما تضمه من عناصر وما تتميز به من خصائص لاستثاره انتباه المتعلمين وتشويقهم لعملية التعلم وزيادة دافعيتهم نحوه ولا يتسع المقام لعرض هذا النوع تفصيلاً في هذا الاصدار وسوف نتناوله بشيء من التفصيل في اصدارات أخرى ذات الصلة باذن الله تعالى.

الفصل الخامس

(٦)

الفصل السادس

خرائط المفاهيم

مفهومها – أنماطها – تصميمها

الفصل السادس

الفصل السادس
خرائط المفاهيم
مفهومها - أنماطها - تصميمها

مقدمة :

تمثل خرائط المفاهيم Concept maps نمطاً متميزاً من المنظمات المتقدمة البصرية/ التصويرية التي تحاول أن تعكس التنظيم المفاهيمي لفرع من فروع المعرفة، ويرى "زيتون ٢٠٠٣" أن خرائط المفاهيم والرسوم التخطيطية يمكن أن تكون ذات بعد واحد أو بعدين والخرائط إحادية البعد One Dimensionl maps هي مجموعات أو قوائم من المفاهيم يميل إلى أن تكون خطاً رأسياً، وتجمع الخرائط ثنائية البعد Tow-Dimpnsional Maps بين مزايا كل الأبعاد الرأسية والأفقية ولذلك تسمح وبدرجة أكبر بتمثيل العلاقات بين المفاهيم تمثيلاً تاماً ويعتبر كل من "نوفاك" (Novak) و"جورلي" (Gurley) أن خرائط المفاهيم تمثيلات ثنائية للعلاقات بين المفاهيم، ويتم التعبير عنها كتنظيمات هرمية متسلسلة لأسماء المفاهيم والكلمات التي تربط بينهما Linking Words .

ويعرف "ماركو" (Marco) خرائط المفاهيم بأنها: (مجموعة من الرسوم التخطيطية ثنائية البعد تبرز العلاقات المتدرجة بين المفاهيم بصورة هرمية التنظيم.

ومن حيث الشكل العام لخرائط المفاهيم فقد تكون خريطة مفاهيم بسيطة تتكون من مفهومين يرتبطان بروابط منطقية Logical Connections مثل كلمات "لأن، تكون" يتم وضع المفاهيم داخل إطارات يتم الربط بينها بخطوط موصوفة Labeled Lines حتى يتم التركيز على علاقة المفاهيم وتكون المفاهيم مع الروابط المنطقية ما يطلق عليه الأفكار Propositions .

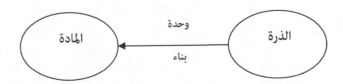

شكل (٥٣) خريطة مفاهيم بسيطة

وقد تتكون خريطة المفاهيم من مفاهيم كثيرة وبذلك تصبح أكثر تعقيداً وفيما يلي خريطة مفاهيم أكثر تعقيداً في مجال العلوم .

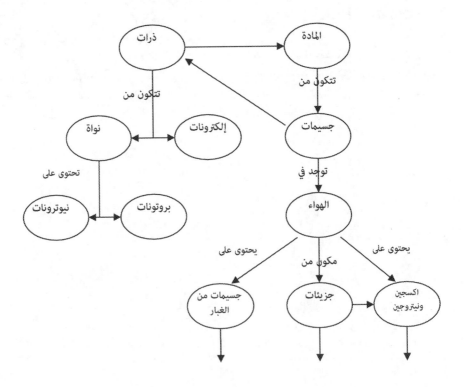

شكل رقم (٥٤) خريطة مفاهيم معقدة

١- أنماط خرائط المفاهيم:

تأخذ خرائط المفاهيم صوراً ومسميات مختلفة فقد تكون خريطة مفاهيم جزئية أي أنها تعالج جزءاً من الموضوع الدراسي المراد تعلمه وتسمى "خريطة مفاهيم جزئية" Partial Concept Map وقد تكون خريطة مفاهيم كلية متكاملة Completing Concept Map وهي التي تعالج الموضوع الدراسي المراد تعلمه بصورة كلية متكاملة ومن الصور الحديثة لخريطة المفاهيم التي ابتكرها "روجر أندرسون، وأوليفر ديمترس" Roger. A. & Oliver. D : خريطة مفاهيم مسارية أو إنسيابية Aflow Concept Map وقد كان الهدف منها وصف تحليل أساس البنية المعرفية للمتعلم.

وأشار "روجر اندرسون وأوليفرا ديمترس" أن الخريطة المسارية الإنسيابية عبارة عن عرض تصويري لمجموعة من المفاهيم التي ترتبط معاً بشبكة من الخطوط الرأسية المتتابعة لتسهيل عملية الاستيعاب والاستدعاء.

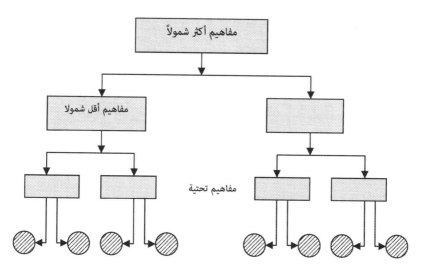

شكل (٥٥) يمثل نموذج مبسط لرسم خريطة المفاهيم المعتادة

وفي ضوء نظرية "أوزوبل" "Ausubel" فيكون من المتوقع أن تشتمل خرائط المفاهيم على أفضل تنظيم سيكولوجي، حيث أنها تُبنى بطريقة متدرجة هرمياً، فالمفهوم الأكثر شمولية وعمومية يأتي عند قيمة الخريطة، بينما تقع المفاهيم الأقل في شموليتها عند المستويات التالية.

ويوضح الشكل السابق نموذجاً مبسطاً لتصميم خريطة المفاهيم، وفي هذا النموذج تظهر المفاهيم الأكثر شمولاً عند قمة الخريطة، ثم تندرج المفاهيم تنازلياً حتى قاعدة الخريطة حيث تظهر المفاهيم الأكثر خصوصية، وقد تظهر الأمثلة عند قاعدة الخريطة، وتدل الخطوط التي تصل بين المفاهيم على العلاقات بين المفاهيم.

وفي النموذج السابق نلاحظ التدرج التنازلي للمفاهيم، ففي القمة تظهر المفاهيم التي تصنف تحتها مفاهيم أخرى، وفي القاعدة تظهر تلك المفاهيم التي يتم تصنيفها بواسطة مفاهيم أكثر شمولاً، أما المفاهيم ذات المستوى من العمومية فتظهر تقريباً عند نفس المستوى الرأسي، حيث تأخذ الخريطة بعدها الأفقي.

٢- معايير تصميم خرائط المفاهيم :

يتم تصميم خريطة المفاهيم وفق مجموعة من المعايير المتدرجة المتتابعة التي يمكن إيجازها في الآتي:

- اختيار الموضوع الدراسي المراد وضع خريطة مفاهيم له.

- اختيار المفاهيم الرئيسية ووضع خط تحت كل مفهوم.

- إعادة ترتيب المفاهيم تنازلياً من أعلى لأسفل حسب شموليتها وعموميتها، فيتم وضع المفاهيم الأكثر شمولاً في قمة الخريطة ثم الأقل شمولاً حتى نصل للأمثلة في قاعدة الخريطة.

See :

- Willerman., M.H. & Richard. A. (١٩٩١): "The concept Map as an advance organizer, J. of Research in science Teaching, V ٢٨. No. ٨, p. ٧٠٥-٧٠٦ .

- Pankratius, W. J. (١٩٩٠): "Building an organized know ledge base: Concept Mapping and achievement in secondary school physics. J. of Research in science Teaching , Vol. ٢٧, No. ٤, pp. ٣١٥-٣٣٣ .

- وضع روابط بين المفاهيم ويستخدم لذلك خطوط موصوفة "مقروءة" وقد تكون في بعد رأسي أو بعد أفقي.

ويشير "السعدني" (١٩٨٨) إلى أن هناك بعض المعايير التي يجب مراعاتها عند بناء الخريطة منها:

- لا يقوم واضع الخريطة ببنائها إلا بعد دراسته لخطوات البناء جيداً.
- ليس من الضروري أن تكون خريطة المفاهيم متماثلة البناء Symmetrical فقد تكون متشابكة أو إنسيابية Aflow .
- تكرار محاولات البناء للوصول للشكل المطلوب الذي يحقق الهدف منها.
- يمكن استبدال المفاهيم المشتقة من الأفعال بمفاهيم مشتقة من اسماء Noun concepts .

وأشارت كذلك "الكنعان" (٢٠٠٠) إلى ان مهارات تصميم خرائط المفاهيم تشمل:

١- الإطلاع على محتوى الدرس "الوحدة" في مصدر التعليم (كتاب مدرسي مثلاً).

٢- تحليل نص محتوى الدرس (الوحدة التعليمية) تحليلاً علمياً سليماً إلى مفرداته الأولية (مفاهيم- حقائق- أمثلة- ...الخ).

٣- ترتيب المفاهيم حسب عموميتها في قائمة تتدرج من الأكثر عمومية إلى الأقل عمومية وهكذا .

٤- إختيار المفهوم الرئيسي ويكتب في أعلى الخريطة.

٥- ربط المفهوم الرئيسي بالمفاهيم الأخرى وذلك بأسهم تصل ما بين كل مفهومين بينهما علاقة ثم يكتب عليها كلمات رابطة ويوضع رأس السهم على الخط لتوضيح اتجاه العلاقة.

٦- الاستمرار في الرسم بالربط بين المفاهيم القائمة إلى المفاهيم الموجودة على الخريطة.

٧- وتنفيذ الروابط العرضية وهي التي توضح العلاقات الموجودة بين مفهومين في قطاعين رأسيين مختلفين على الخريطة.

٨- إضافة الأمثلة الموضحة للمفاهيم على الخريطة.

٩- قراءة الخريطة وتحديد نقاط ضعفها.

١٠- مراجعة الخريطة وتنقيحها وتطويرها.

٣- مجالات استخدام خرائط المفاهيم وتطبيقاتها:

تتعدد مجالات استخدام خرائط المفاهيم في الميدان التعليمي ونذكر منها:

١- تستخدم خريطة المفاهيم كمعالجات تدريس قبل الدرس أو بعده.

حيث تستطيع خرائط المفاهيم أن تساعد في حدوث التعلم ذي المعنى من خلال صورتين لها:

أ- مساعدة المتعلمين على اتمام العمليات العقلية المعرفية بصورة أكثر إدراكاً وتحكماً.

ب- مساعدة المتعلمين على اتمام عمليتي تكامل المفاهيم واندماجها داخل البناء المعرفي للمتعلم وبالتالي التحصيل المرتفع لهذه المفاهيم.

٢- استخدام خرائط المفاهيم كأدوات منهجية في تخطيط المناهج وتطويرها.

٣- استخدام خريطة المفاهيم كوسيلة لتقليل معدلات القلق Anxiety لدى المعلمين.

٤- استخدام خريطة المفاهيم كأدوات تشخيصية Diagonistic لتقويم تعلم التلاميذ وتصويب التصورات البديلة .

٥- استخدام خريطة المفاهيم كوسيلة لتدعم التعلم ذي المعنى والتغلب على التعلم الآلي.

٦- توظيف خرائط المفاهيم في تعليم ذوي الاحتياجات الخاصة كالمكفوفين من خلال تصميمها وإنتاجها في صورة بارزة لتصلح كمواد تعليمية لمسية تستثمر حاسة اللمس لدى فئة المكفوفين . (ابراهيم شقير، ٢٠٠٢)

وبالإضافة لما سبق فقد أشار "نوفاك" "Novak" في كتابه تعلم كيف تتعلم؟ Learning How to Learn الى بعض التطبيقات التربوية لخريطة المفاهيم من أهمها :

- الكشف عن مضمون البنية المعرفية للمتعلم.
- رسم خريطة للمحاور الأساسية لعملية التعلم.
- الكشف عن المعاني المتضمنة في الكتب المدرسية وفهمها .
- تفسير الأشياء والأحداث التي يلاحظها المتعلمين.
- التخطيط لكتابة البحوث.

الفصل السادس

(٧)

الفصل السابع
نموذج "أوزوبل" في التصميم التعليمي
القائم على المعنى

الفصل السابع

الفصل السابع
نموذج "أوزوبل" في التصميم التعليمي
القائم على المعنى

مقدمة:

ظهرت بدايات هذا النموذج في مجموعة من المقالات العلمية التي نشرها " أوزوبـل" مـن عـام (١٩٦٠)، ثم نظم مراحل هذا النموذج في كتاب صدر له عام (١٩٦٣) بعنوان " سيكولوجية التعلم اللفظـي ذو المعنى"، وفي عام (١٩٦٩) نشر "أوزوبل" وتلميذه " روبسون" Robson كتاباً يبسط النموذج، جاء تحـت عنوان "التعلم المدرسي" إلا أن هذا النموذج لم ينشر إلا في منتصف السبعينات، ثم قام كل مـن "إيجـن" Eggen و " كاتشك Kauchchak و " هارد" Hard بتطوير نموذج "أوزوبـل" وضموه ضـمن كتابهم عـن نماذج التعلم/التدريس، المنشور عام (١٩٧٩) .

أ- ملامح نموذج "أوزوبل" وخصائصه:

بصفة عامة تأسس نموذج "أوزوبل" على موجهات نظرية التعلم ذو المعنى، ومن أهم ملامحه:

١-   يستخدم لتدريس المفاهيم الأساسية والتعميمات وما بينها من علاقات .

٢-   أنه نموذج معرفي استنباطي Deductive model تم تصميمه لتقديم المفاهيم العمومية ثـم الأقـل عمومية ثم النوعية .

٣-   يبدأ تنفيذ هذا النموذج بمنظم متقدم- كدعامة فكريـة - Ideational Anchor تسـاعد الطـلاب على ربط المعرفة الجديدة بالمعرفة القبلية "السابقة" الموجودة في بنيـتهم المعرفيـة بحيـث تسـهل دمجها واستدعائها.

٤-   يطبق هذا النموذج عمليتي التمييز المتوالي " التدريجي" والتوفيق التكاملي بـين المـواد التعليميـة المتمايزة Reconcile Differentiation Material .

٥- يمتاز هذا النموذج بالتفاعل Interactive حيث يدير المعلم حواراً مع تلاميذه ومناقشات من خلال طرح أسئلة واستجابات في اشكال غير محددة ليفهم التلاميذ وهو عكس نمط المحاضرة .

٦- يستخدم هذا النموذج الأمثلة Uses Examples حيث يقوم المعلم باعطاء أمثلة للمفهوم المراد تعلمه وذلك ليسهل تعلمه ويكون أقرب للمعنى وبعيداً عن التجريد. لذلك يجب على المعلم أن يوفر خبرات متنوعة عند تقديم مفاهيم وتعميمات جديدة في احد الدروس التي تتبع نموذج "أوزوبل" في تصميم التعليم، ليتأكد من أن الأفكار المجردة التي تم دراستها كانت ذات معنى بالنسبة للمتعلم .

ب- مراحل تطبيق نموذج "أوزوبل" في تصميم التعليم القائم على المعنى

يتكون نموذج "أوزوبل " من عدة مراحل وهي :

أولاً: مرحلة تصميم المنظم المتقدم :

وتشمل الاجراءات والمهارات الآتية :-

أ- تحديد صياغة الأهداف التعليمية وتوضيحها: فتوضيح الأهداف التعليمية للدروس أو الوحدات التعليمية يجذب اهتمام المعلمين وانتباههم وهذا أمر ضروري لحدوث التعلم ذي المعنى، كما أنه يساعد المعلم على تخطيط المادة التعليمية وتنظيمها منطقياً أو سيكولوجياً أو غير ذلك .

ب- الكشف عن / تحديد السلوك المدخلي أو مراجعة المعلومات السابقة:

ويهدف هذا الإجراء إلى تنشيط البنية المعرفية وذلك من خلال استثارة وعي وإدراك التلاميذ بالخبرات المرتبطة بموضوع التعلم، حيث يتم ربط المعارف السابقة ذات العلاقة لدى المتعلم بفكرة المنظم المتقدم بنية المعرفية بصورة متكاملة .

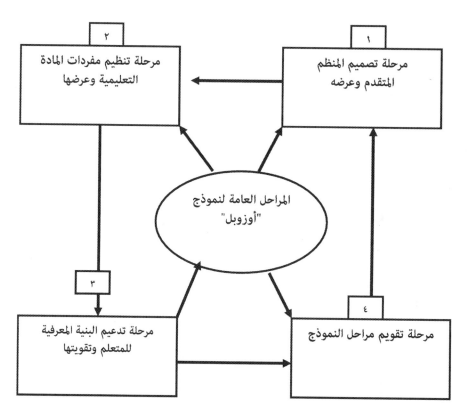

شكل رقم (٥٦) يوضح المراحل العامة لنموذج لـ "أزوزبل" في تصميم التعليم القائم على المعنى

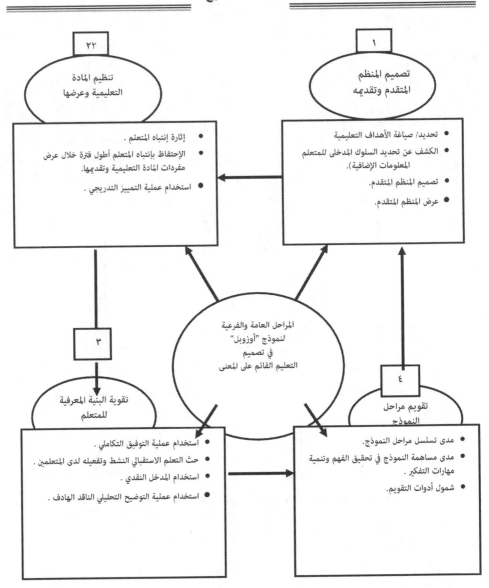

شكل رقم (٥٧) يوضح المراحل العامة والفرعية لنموذج لـ "أوزوبل"
في تصميم التعليم القائم على المعنى (كما يراه المؤلف)

ج- تصميم (تنظيم) المنظم المتقدم: Advance Presentation of Design Organizer
يعتبر المنظم المتقدم مادة تعليمية أو فكرة في حد ذاتها وهو كالمادة التعليمية نفسها من حيث أهمية استكشافها فكرياً، ويجب أن يكيز عن التعليقات الداخلية أو التمهيدية التي قد تكون مفيدة للدرس ولكنها لا تعتبر منظمات متقدمة .

د- ويتم تصميم المنظم المتقدم بحيث يشتمل على أهم المفاهيم والقضايا الرئيسية بدرجة من الشمول أعلى من المادة التعليمية نفسها ، ويجب على المعلم تحديد شكل المنظم المتقدم ليتناسب مع موضوع التعلم قبل تقديمه أو عرضه .

ثانياً: مرحلة تنظيم المادة التعليمية Software وعرضها:

وتهدف هذه المرحلة إلى تكوين بنية معرفية جديدة لدى المتعلم ويتم تنظيم Organization مفردات المادة التعليمية باستخدام أحد أنماط هذا التنظيم المتعارف عليها والتي يختارها المعلم أو المصمم في ضوء الأهداف المنشودة من تطبيق هذا النموذج فقد يتم تنظيم المادة منطقياً أو سيكولوجياً أو غير ذلك من الأنماط المعروفة .

أما عرض المادة التعليمية Presentation فيتم من خلال استخدام بعض الأدوات أو الآلات أو الأجهزة وقد يتم هذا العرض مباشرة دون الحاجة لأجهزة أو آلات مثل: المطبوعات أو المجسمات أو العينات وبصفة عامة يمكن تقسيم المواد التعليمية حسب طريقة عرضها على النحو التالي :

١- مواد تعليمية تعرض بدون أجهزة وتنقسم إلى :

أ. مواد تعليمية تعرض مباشرة .

- المطبوعات والكتب المدرسية .
- الرسوم الخطية .
- الصور الفوتوغرافية .
- المجسمات .
- العينات .
- الأشياء الحقيقية البسيطة .

ب. مواد تعليمية تعرض بالسبورات واللوحات مثل:

- اللوحات الوبرية ولوحات الجيوب .
- السبورة الطباشيرية والبيضاء .

٢- مواد تعليمية تعرض باستخدام الأجهزة التعليمية ومنها:

- الشفافيات.
- الشرائح الشفافة .
- الأفلام الثابتة والمتحركة .
- المواد السمعية .
- المواد المعتمة.
- أفلام الفيديو .
- البرمجيات التعليمية .

٣- مواد وخبرات تعليمية واقعية تعرض أو تكتسب من خلال زيارات الميدانية أو التجارب او العروض التوضيحية أو المعارض والمتاحف التعليمية .

وتشمل مرحلة تنظيم المادة التعليمية وعرضها عدة إجراءات رئيسية أهمها :

أ- إثارة انتباه المتعلم عند تقديم المادة التعليمية والإحتفاظ به أطول فترة ممكنة .

ب- استخدام عملية التمييز التدريجي المتوالي Progressive Differentiation

ثالثاً : مرحلة تقوية البنية المعرفية وتدعيمها :

وهي المرحلة التي تختبر العلاقة المعروضة بين المادة التعليمية والأفكار الموجودة لدى المتعلم للتوصل إلى عملية التعلم النشط Active Learning .

والهدف من هذه المرحلة هو تثبيت وإرساء المادة التعليمية الجديدة في البنية المعرفية للمتعلم، وذلك يعني تقوية البنية المعرفية للمتعلم أثناء عملية التعليم، ويلاحظ أن بعض إجراءات هذه المرحلة قد تندمج مع إجراءات المرحلة السابقة وبصفة عامة فتشمل هذه المرحلة الإجراءات الآتية :

أ- استخدام عملية التوفيق التكاملي Integrative Reconciliation

ويتم ذلك عن طريق تذكير المتعلمين بالأفكار السابقة ذات العلاقة، ومطالبتهم بتلخيص الأفكار الرئيسية الهامة للمادة التعليمية الجديدة، والمطالبة بتوضيح أوجه الشبه والإختلاف بين الجوانب المختلفة للمادة التعليمية الجديدة مع تكرار التعريفات المحددة الدقيقة لموضوع التعلم.

ب- حث التعلم الاستقبالي النشط وتفعيله لدى المتعلمين :

ولا يعني ذلك أن يكون المتعلم سلبياً، بل عليه أن يقوم بالعديد من الأنشطة الفكرية " الداخلية" والأنشطة الخارجية، ويطلب المعلم من تلاميذه إعطاء أمثلة إضافية للمفاهيم أو الإفتراضات الموجود في المادة التعليمية الجديدة كنوع من التعلم النشط .

جـ- استخدام المدخل النقدي:

ويهدف إلى مزيد من الفهم، كما يعمل على تثبيت الأفكار الجديدة، ويتم بمطالبة المتعلم بتمييز المفاهيم والإفتراضات التي تم عرضها في المادة التعليمية والحكم على تلك الإفتراضات، والتوفيق بين التناقضات الظاهرية الموجودة بين عناصر المادة التعليمية .

د- استخدام عملية التوضيح التحليلي الناقد الهادف :

حيث يقوم المعلم بتوضيح المفاهيم الغامضة في المادة التعليمية وذلك بإعطاء مزيد من الأمثلة والمعلومات الإضافية الجديدة، أو بالتعبير عن الأفكار والمعلومات ذاتها بصيغ متباينة، أو بتطبيق الأفكار في سياقات أو أمثلة جديدة .

رابعاً: مرحلة تقويم نموذج "أوزوبل" :

وتشمل هذه المرحلة مجموعة من الإجراءات التصميمية أهمها :

أ- مدى شمول ادوات التقويم في المجالات التعلمية الثلاثة (معرفية - مهارية - وجدانية) .

ب- مدى تسلسل مراحل النموذج وتتابعه .

ج- مدى مساهمة تطبيق النموذج في تحقيق الفهم وتنمية مهارات التفكير بصفة عامة.

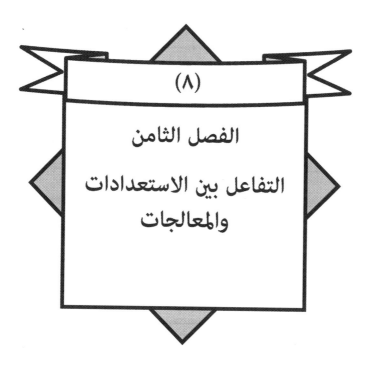

(٨)

الفصل الثامن
التفاعل بين الاستعدادات
والمعالجات

الفصل الثامن
التفاعل بين الاستعدادات والمعالجات
(أحد المجالات التي تناولتها المدرسة الادراكية المعرفية)

مقدمة :

يهتم المختصون في تخطيط المناهج وطرق التدريس بالفروق الفردية الموجودة بين التلاميذ والدارسين في استعدادتهم وقدراتهم العقلية، وحتى يستطيع المختصون في تخطيط المناهج من نسج الخبرات التعليمية وتنظيم الأنشطة التعليمية وكذا معالجات واستراتجيات التدريس المناسبة لعلاج تلك الفروق. وقد أكد "كرونباخ" (Cronbach) على أن أنسب وسيلة لمراعاة الفروق الفردية بين التلاميذ تكون بتغيير معالجات التدريس واستراتيجياته بما يتلائم واستعدادات المتعلم، ولن يجدي ذلك إلا بالكشف عن نتائج التفاعل بين الاستعدادات – المعالجات Aptitude Treatment Interaction.

ومن ثم أصبح مجال تفاعل الاستعدادات- المعالجات من المجالات التي نالت اهتمام كثير من علماء النفس المعاصرين، ونال هذا المجال قدر غير قليل من الدراسات المتنوعة واهتمت هذه الدراسات بتحديد المعالجات التدريسية المناسبة لاستعدادات التلاميذ بحيث يؤدى إلى رفع مستوى التعلم وتحسين العملية التعليمية. والجدير بالذكر أن عملية تحليل وتحديد استعدادات المتعلمين وخصائصهم من أبرز مهارات التصميم التعليمي التي يجب أن تؤخذ في الاعتبار قبل تصميم المواقف التعليمية.

أولاً: مفهوم تفاعل الاستعدادات والمعالجات :

لقد تنوعت مُسميات التفاعل بين الاستعدادات والمعالجات فأطلق عليه "توباس" (١٩٦٩) (Tobas) تفاعل الخصائص – المعالجات، وأطلق عليه كل من "بيرلاينر" و "كوهين" (١٩٧٣) Berliner & Cohen تفاعل السمات المعالجات Triat-Treatment Interaction

ويفضل كل من "كرونباخ وسنو" Cronbach & Snow تسميته تفاعل الاستعدادات- المعالجات .

ويوضح "بيرلاينر وكوهين" Berliner & Choen أن التسمية ليست لها قيمة أمام معناها فكلها مسميات لفكرة واحدة وهي "تفاعل متغيرات الفروق الفردية للتلاميذ مع المعالجات التدريسية المختلفة. ويمكن تحديد معنيين للتفاعل بين الاستعدادات – المعالجات في هذا الكتاب "المعنى اللفظي والمعنى الاحصائي" للتفاعل.

ويقصد بالمعنى اللفظي: التفاعل بين استعدادات المتعلم من جهة ومعالجات التدريس المتاحة من جهة أخرى على المتغيرات التابعة .

وبمعنى آخر أنه يوجد تأثير لمعالجة تدريس معينة على نوع من المتعلمين ويكون لنفس المعالجة تأثير مختلف على تلاميذ آخرين.

أما المعنى الاحصائي: للتفاعل فيقصد به التفاعل الاحصائي بين متغيري المعالجتين منظم متقدم "شارح إيضاحي" ومنظم متقدم شارح مصور "خريطة المفاهيم" على سبيل المثال ومتغير الاستعدادات "السعة العقلية" على المتغير التابع مثل المفاهيم العلمية، وقد يكون التفاعل ثنائياً أو ثلاثياً وذلك حسب عدد المتغيرات المستقلة. هذا ويمكن استخدام طرق مختلفة للكشف عن تفاعل الاستعدادات- المعالجات منها:

- الأساليب الاحصائية: "تحليل التباين بتصميماته المختلفة".

- الرسم البياني: "مع استخدام خطوط الإنحدار للمتغيرات المستقلة والمتغيرات التابعة".

ويمكن توضيح معنى التفاعل من خلال الرسم البياني شكل (٥٨) فعند تطبيق معالجتين (A, B) على المتعلمين، فيرسم خطان للانحدار بين الاستعداد وتعلم المفاهيم على سبيل المثال كما يوضحه الشكل التالي وفيه نلاحظ: عدم وجود تفاعل بين الاستعدادات والمعالجات لأن الخطوط متوازية.

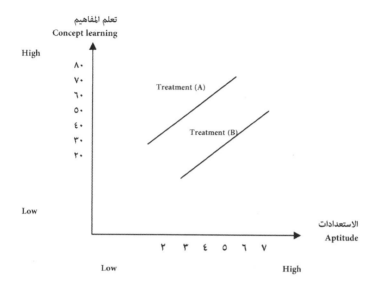

شكل (٥٨) يوضح عدم حدوث تفاعل (No Interaction)

ورغم عدم وجود تفاعل فإن متخذ القرار يستنتج من هذا الرسم أن المعالجة (A) أكثر تأثيراً على تعلم المفاهيم من المعالجة (B) بصرف النظر عما إذا كان الاستعداد مرتفعاً أو منخفضاً لدى المتعلمين، ورغم أن الاستعداد له تأثير أيضاً على تعلم المفاهيم بصرف النظر عن نوع المعالجة التدريسية المستخدمة ومن ثم فإن متخذ القرار سوف يوجه المعلمين الى المعالجة (A) .

ثانياً: أنواع تفاعل الاستعدادات- المعالجات :

لقد ميز "لوبين" (١٩٦٢) Lubin بين نمطين من التفاعل هما:

١- تفاعل عادي "ترتيبي" Ordinal Interaction .

٢- تفاعل تقاطعي "غير ترتيبي" Dis Ordinal Interaction .

ففي التفاعل العادي يكون أحد خطوط الانحدار الذي يمثل إحدى المعالجات أعلى من الخط الآخر ولكنه لا يوازيه ويعنى ذلك أن المعالجة (A) أفضل من المعالجة (B) ويجب توجيه المتعلمين إلى المعالجة (A) ويكون تقاطع الخطين خارج مدى درجات الاستعداد، شكل (٥٩)

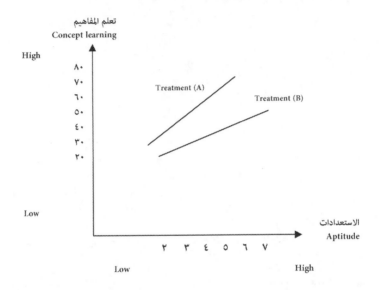

شكل (٥٩) يمثل التفاعل العادي (Ordinal Interaction)

وإذا كانت تكاليف المعالجة (B) أقل كثيراً من تكاليف المعالجة (A) فإنه يجب توجيه المتعلمين منخفضوا الاستعداد إلى المعالجة (B) لأن الفرق بين المعالجتين ليس كبيراً كما في حالة المتعلمين ذوي الاستعدادات المرتفعة.

أما التفاعل التقاطعي "غير ترتيبي" فتتقاطع فيه خطوط الانحدار داخل مدى درجات الاستعداد كما بالشكل (٦٠)

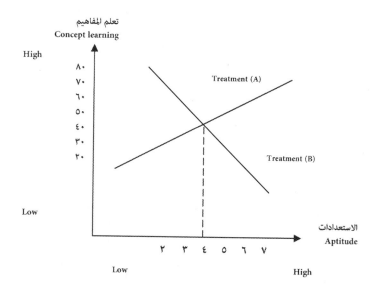

تعلم المفاهيم
Concept learning

شكل (٦٠) يمثل التفاعل التقاطعي "غير الترتيبي" (Disordinal Interaction)

ومن الشكل نلاحظ :

أن الطلاب الحاصلون على درجات اعلى من (٥) في مقياس الاستعداد يستفيدون أكثر من المعالجة (A) أما الطلاب الحاصلون على درجات أقل من (٥) في مقياس الاستعداد فيستفيدون أفضل من المعالجة (B) والطلاب الحاصلون على الدرجة (٥) فيستفيدون بنسبة متساوية للمعالتين بنسبة (A) أو (B) .

ومما سبق نستنتج أن المعالجة (B) تصلح للطلاب المتعلمين من ذوي الاستعدادات المنخفضة أما المعالجة (A) فتصلح للطلاب المتعلمين من ذوي الاستعدادات المرتفعة.

ثالثاً: طرق البحث في دراسات تفاعل الاستعدادات- المعالجات:

من الطرق البحثية في علم النفس والتي تخصصت في دراسات تفاعل الاستعدادات- المعالجات : الأبحاث الارتباطية والأبحاث التجريبية، ويقصد بالأبحاث الارتباطية تلك التي تهتم بدراسة الفروق الفردية بين المتعلمين ولكنها تتجاهل الظروف البيئية التعليمية المختلفة التي يعيشها المتعلمون.

أما الأبحاث التجريبية : فهي تلك التي تهتم بدراسة الفروق بين المعالجات التدريسية وقد قام "كرونباخ" Cronbach بنقد هاتين الطريقتين في نقطتين هما:

− أن هذه الطرق تناولت التباين داخل المواقف أو بينهما على أنه نوع من أنواع خطأ القياس مما أدى إلى غموض التنبؤ بنجاح الفرد .

− أن هـذه الطـرق اعتبرت الفـروق الفرديـة عينـة مـن الأخطـاء مـما أدى إلى غمـوض التـأثيرات التجريبية.

ويرى "كرونباخ" أن المشكلة العملية هي اكتشاف تفاعلات الفروق الفردية مع المعالجات التدريسية ومن أجل أن يتحقق ذلك لابد من البحث عن تصميم تجريبي جيد يمكن الباحثون من دراسة الأثر للمعالجات التدريسية على أنماط المتعلمين المختلفة وبذلك يستطيع علم النفس التطبيقي أداء وظيفته وتتخلص في تحسين مستوى العملية التعليمية عن طريق توفير المعالجات التدريسية المناسبة لكل فرد وهذا مـا يـدعو إليه اتجاه دراسة التفاعل بين الاستعدادات- المعالجات.

ويوجد لتفاعل الاستعدادات- المعالجات عدة شروط يجب أن تتوافر حتى تكون فيها الدراسـات أكثر نفعاً وفائدة ومن بين هذه الشروط ما يلي:

١- أن تكون مقاييس الاستعدادات مصممة بطريقـة جيـدة، بحيـث تسـتطيع التمييـز بين المتعلمين حسب خصائص كل متعلم وصفاته.

٢- أن يتم وضع المادة الدراسية في صورة مواقف ذات صلة بالبيئة المحيطة بالفصل الدراسي .

٣- مراعاة الفروق الفردية للتلاميذ وأخذها في الاعتبار عند استخدام المعالجات التدريسية المختلفة.

٤- توافر عينة كبيرة من الأفراد المتعلمين كي تقدم النتائج صورة حقيقية دقيقة عن المجتمع الأصل بحيث لا تقل عن (١٠٠) فرد كما يشير بذلك "كرونباخ وسنو" وترجع الحاجة إلى استخدام عينات كبيرة في بحوث تفاعل الاستعدادات- المعالجات حتى تصبح هذه البحوث قادرة على التنبؤ أو الكشف عن التأثيرات الدالة عملياً.

رابعاً: وظائف دراسة تفاعل الاستعدادات - المعالجات:

إن الكشف عن تفاعل الاستعدادات- المعالجات يهدف إلى خدمة العملية التعليمية وتطويرها، ولقد حدد "سالمون" (Salomon) وظيفتين رئيسيتين لبحث تفاعل الاستعدادات والمعالجات هما:

١- تحسين التدريس : فهذا التفاعل يحدد أي المعالجات التعليمية تصلح لمجموعة من الطلاب ذوي استعداد معين، وبالتالي فإن المعلمين يمكنهم بعد ذلك تصنيف طلابهم حسب استعداداتهم واستخدام المعالجة التدريسية التي اكدت بحوث تفاعل الاستعدادات- المعالجات على فاعليتها.

٢- تطوير الأسس التفسيرية للتعلم: وذلك لأن بحوث تفاعل الاستعداد- المعالجات تجعل من السهل تطوير نظريات التعلم عن طريق تكوين مصفوفة لمواقف التعلم وخواص المتعلمين.

وإضافة إلى ما سبق ذكره فإن بحوث ودراسات تفاعل الاستعدادات- المعالجات تتميز بأنها أكثر الأبحاث النفسية فاعلية لأنها تجمع بين الأسلوبين الارتباطي والتجريبي ويساعد ذلك في معرفة دلالة التفاعل بين المعالجات التعليمية وعوامل الفروق الفردية مما يسهم في تحسين برامج التعليم وأساليبه لكافة الطلاب.

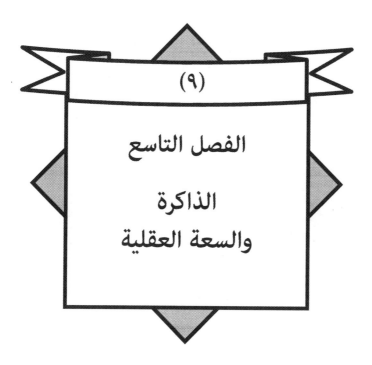

(٩)

الفصل التاسع

الذاكرة
والسعة العقلية

الفصل التاسع
الذاكرة والسعة العقلية

مقدمة :

تُمثل الذاكرة موضوعاً من أهم الموضوعات جذباً للعاملين في مجال التربية وعلم النفس، وقد ظلت وما زالت دراسة الذاكرة محوراً لجهود كثيفة من جانب الباحثين، وخصوصاً أن فهم الذاكرة يعد أساساً لفهم التعلم، كما أن فهم الأسلوب الذي يتعلم به الإنسان يتوقف على فهم الأسلوب الذي يتم به تخزين المعلومات ومعالجتها في الذاكرة.

وحيث أن أهم ناتج من نواتج حدوث التعلم هو بناء الذاكرة الإنسانية فإن مدخل دراسة الذاكرة البشرية يُعد محاولة لتنظير غير مخل لمعرفة أساسيات تركيب ووظائف المخ، كمحاولة للفهم أكثر منها إلى تفسير، بغرض تحديد الرؤية أمام القراء والباحثين.

ونظراً للدور الهام للذاكرة البشرية في عملية التعلم فسوف نتناول بعض جوانبها المختلفة مع إلقاء الضوء على بعض النواحي الفسيولوجية في تفسير عملية التعلم حتى لا يكون هذا الكتاب مجرد تأمل أو في فراغ.

أولاً: مفهوم الذاكرة Memory concept

لا تُعتبر الذاكرة من وجهة نظر علم النفس قدرة نفسية بمعنى أنها خاصية أو وظيفة مباشرة للنفس بحيث يمكن دراستها بالأسلوب الفلسفي الاستنباطي بيد أن مصطلح الذاكرة يتيح الحديث عن الوحدة الترابطية البنائية للعديد من الأنشطة التي تعكس في أصولها كلاً من العمليات البيوفسيولوجية من جانب والعمليات النفسية من جانب آخر.

وللذاكرة أثر عميق في الحياة النفسية، فالإدراك لا يقوم إلا على تذكر الصورة السابقة كما أن الشخصية لا تقوم إلا على تذكر الماضي، فلولا الذاكرة لما

تكونت الشخصية ولا يتم الإدراك ولا أُكتسبت العادات، وكلما كانت الذاكرة أقوى كان العقل البشري أوسع وأغنى.

وترى - رمزية الغريب- (١٩٦٧) أن الذاكرة هي: "القدرة على الاحتفاظ بما مر به الفرد من خبرات"

ويعرفها - طلعت منصور وآخرون-(١٩٨٤) بأن: "الذاكرة هي العملية العقلية التي يتم بها تسجيل وحفظ واسترجاع الخبرة الماضية" .

ويشير - أحمد زكي صالح- إلى أن الذاكرة "عملية استرجاع لأحداث ماضية أ, مواقف ما"

ويرى - أدامز- "Adams" أن الذاكرة هي: "حالة تعبر عن قدرات الفرد في أداء مهمة ما"

وغالبا ما يستخدم مصطلح الذاكرة في معنين مختلفين هما:

١- الذاكرة كعملية: وهي تمثل الميكانيزمات الديناميكية المرتبطة بما هو محمول في الذاكرة، واسترجاع المعلومات المتعلقة به في صورة أداء أو سلوك.

٢- الذاكرة كناتج: ويستخدم هذا المفهوم للاشارة إلى ناتج عمليتي التعلم والاحتفاظ ويؤكد البعض على أن الذاكرة عملية مركبة تتضمن أربع عمليات هي:

١- الإنطباعات Fixation :

وتعني هذه العمليات نشاط واكتساب وتعلم المعلومات والقدرات وتكوين انطباعات عنها في شكل تصورات ذهنية (آثار الذاكرة) .

٢- الاستبقاء Retention :

وتعني عملية خزن واستبقاء الانطباعات في الذاكرة بتكوين إرتباطات بينها لتشكل وحدات من المعاني.

٣- الاستدعاء Recall :

وهو استرجاع ما استبقاه الفرد في ذاكرته من انطباعات وتصورات ذهنية وآثار، وبمعنى آخر استعادة الفرد لاستجاباته المتعلمة تحت ظروف الاستثارة الملائمة للمواقف التابعة.

٤- التعرف Recognition :

وهي العملية التي تحقق بها استجابة التعرف والألفة بالأشياء أو الموضوعات التي عرفها الإنسان.

ثانياً: تفسير حدوث التعلم والتذكر فسيولوجيا:

لعل من أروع ألوان التقدم التي أحرزت خلال السنوات الأخيرة من القرن الماضي هي ظهور أمل جديد في أن يكون هناك تفسير كيميائي للتعلم والتذكر، بعد أن امكن الكشف عن النشاط الكهربي في المخ باستخدام رسام المخ الكهربي، ولم يعد هناك أدنى شك في وجود عمليات كيميائية تحدث في خروج التماس العصبي Synaptic clefts للخلايا العصبية المكونة للمخ ، ولقد اكد الباحثون على أن مخزون الذاكرة يعتمد في بقاءه على العوامل الكيميائية أكثر منه على العوامل الكهربية، حيث تتكون المواد الكيميائية "ناقلات عصبية" Nerotransmitters عندما تُستثار الخلايا العصبية فتتحرر وتنساب بعض المواد الكيميائية من الفجوات الدقيقة بين الخليتين وتؤثر في الخلايا الأخرى وأشارت كذلك بعض الدراسات الى وجود علاقة بين العوامل والعمليات الكيميائية والذاكرة حيث استطاعت الكشف عن وجود فروق في محتوى حمض الرايبونيوكليك R.N.A. في الخلايا قبل وبعد تعلم مهمة ما في الكائن الحي. انظر الاشكال (٦١) ، (٦٢) ، (٦٣) .

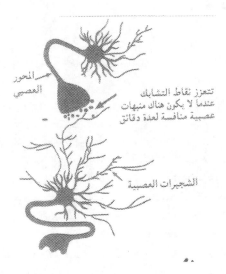

الشكل (٦١) (المصدر: كتب مدارس الظهران المترجمة)

كيفية قيام الخلايا العصبية بعمل وصلات :

مسارات المحور العصبي – نقطة الوصل- الشجيرات العصبية هي كهربائية إلى كيماوية إلى كهربائية.

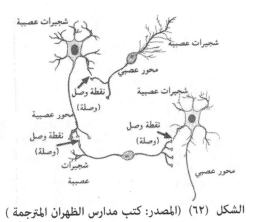

الشكل (٦٢) (المصدر: كتب مدارس الظهران المترجمة)

التعلم يحدث عند نقاط التشابك أو الاتصال

رأس المحور العصبي
الذي يرسل الرسالة إلى
خلية أخرى.

الشحنات الكهربائية
تنطلق عبر المحور من
جسم الخلية إلى طرفها.

الخلية العصبية
الأولى

رأس المحور العصبي
الملي بالناقلات
العصبية التي أطلقت.

فجيرات (نقاط)
تشابك أو اتصال

الخلية
العصبية الثانية

مواقع استقبال

على تفرع
خلية أخرى

الشكل (٦٣) (سلسلة كتب مدارس الظهران المترجمة)

ومن الناحية الفسيولوجية فقد أشار بعض الباحثين إلى أن هناك عضو خاص بالذاكرة يطلق عليه قرن آمون "Hipppocamus" يقبع في جذر المخ Brain stem الذي يستقر فوق قمة الحبل الشوكي Spinal cord كذلك فإن عمليات التعلم والتذكر تتم نتيجة حدوث عدة عمليات كيميائية وعلى هذا فإن عملية استيعاب وتجهيز المعلومات في الذاكرة مرتبطة بتغيرات كيميائية تحدث في المخ. أما من الناحية العملية يجمع معظم الباحثين تقريباً على أن النشاط العقلي المباشر للمخ وعمليات الوعي والذاكرة تحدث عن طريق دوائر النشاط الكهربي لقشرة الدماغ أو النخاع Crerbral cortex وهذا يعني أن التغيرات الكيميائية المرتبطة بالذاكرة تؤثر بطريقة ما على النشاط الكهربي. شكل (٦٤ ، ٦٥) .

مقطع وسطي للدماغ يوضح موقع قرن أمون

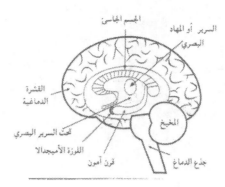

شكل (٦٤)

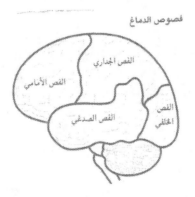

شكل (٦٥)

ثالثاً: نموذج تفسيري للذاكرة الإنسانية:

اقترح "أتكنسون وشيفيرين" "Atkinson & Shiffrin" نموذجاً تفسيرياً لعمل الذاكرة الإنسانية، وفيه تدخل المعلومات إلى أجهزة الحس وتختفي في أقل من الثانية إلا إذا تم نقلها إلى الذاكرة قصيرة المدى والتي تختزن كل المعلومات التي يستقبلها

الفرد لمدة (١٥ ثانية) ويمكن الاحتفاظ بالمعلومات فيها لفترة أطول عند التكرار وقد تُنسى أو تنتقل إلى الذاكرة طويلة المدى.

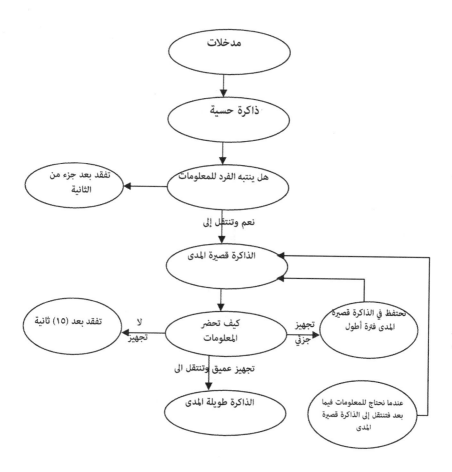

شكل (٦٦) نموذج اتكنسون وشيفرين لتفسير الذاكرة الانسانية

وقد اشار الباحثان في هذا النموذج إلى أهمية تجهيز المعلومات ومعالجتها والذي من المفترض أن يقوم به جهاز معين في الذاكرة يتوقف عليه درجة التجهيز، فقد لا يتم التجهيز؛ وبذلك تفقد المعلومات بعدما يقرب من (١٥ ثانية) وقد تجهز تجهيزاً جزئياً وبذلك تحفظ مرة أخرى في الذاكرة قصيرة المدى وعندما يتم تجهيزها بشكل عميق ومتكامل فتنتقل المعلومات الى الذاكرة غير المحدودة في سعتها وهي الذاكرة طويلة المدى وقد أكدت الدراسات الحديثة خلال العقود الماضية إلى وجود هذا الجهاز وهو ما يطلق عليه السعة العقلية أو الذاكرة العاملة وسيأتي الحديث عنها لاحقاً كنوع رابع من أنواع الذاكرة الإنسانية.

رابعاً: انواع "تصنيفات" الذاكرة:

لقد اختلفت أنواع ومسميات الذاكرة ومسمياتها تبعاً لأسس التقسيم المتبعة، ونستخلص أهم هذه الأنواع وأسس تقسيمها على النحو التالي:

أ- أنواع الذاكرة على أساس طبيعة الذكريات :

١- ذاكرة حسية: وهي أول ما تستقبل المحسوسات.

٢- ذاكرة إنفعالية: وهي التي تتعلق بالإنفعالات والوجدانيات.

٣- ذاكرة عقلية: وهي ذاكرة الأفكار والأحكام والبراهين.

ب- أنواع الذاكرة على أساس النشاط النفسي المرتبط بالعمليات العقلية للذاكرة:

١- ذاكرة حسية بيانية وتقوم على أساس الصورة البصرية Visual : وتتعلق بالإنطباعات ولها أهمية خاصة في النشاط الابتكاري والابداع الفني والذكاء المكاني البصري وهو أحد الأنواع الثمانية للذكاءات المتعددة التي اكتشفها جاردنر .

٢- ذاكرة لفظية منطقية Logical verbal mamory : وتتعلق بتذكر الألفاظ والمفاهيم ذات المعنى، حيث تعتمد الذاكرة على ادراك العلاقات المنطقية بين عناصر المادة المتعلمة (ذكاء لغوي – لفظي) .

٣- الذاكرة الحركية Working model memory ويحتوى هذا النوع على شكل المادة المتعلمة (ذكاء جسمي - حركي) .

٤- الذاكرة الانفعالية Emotional memory (ذكاء وجداني) .

ج- أنواع الذاكرة على اساس أهداف النشاط :

١- ذاكرة إرادية Voluntary memeory .

٢- ذاكرة غير إرادية Non voluntary .

د- أنواع الذاكرة على أساس مستوى المعلومات .

١- ذاكرة عرضية Episodic memeory : وهي التي تختص بالمعلومات التي تحدث عرضياً وتشمل خبرات الحياة الشخصية ولذلك فهي متغيرة دائما وعند استدعائها تحدث إضافة للمعلومات الأصلية.

٢- ذاكرة سيمانتية Semantic memory : وهي التي تتعلق بالمعلومات الأصلية التي نملكها عن الكلمات والرموز اللفظية ومعناها وطريقة معالجتها، ويعتبر تغيرها قليل جداً ويمكن استدعاء المعلومات منها بالإضافة إلى القواعد الأساسية التي تحكمها ويكون لتنظيم الذاكرة دور كبير فيها.

هـ- أنواع الذاكرة على أساس زمن التذكر :

١- الذاكرة القريبة: وهي القدرة على تذكر الأشياء التي عرفناها من مدة قصيرة نسبياً كتذكر اسم شخص تعرف عليه الفرد منذ أسبوع مثلاً.

٢- الذاكرة البعيدة: وهي القدرة على تذكر الأشياء التي عرفناها من مدة طويلة وقد تصل لسنوات الطفولة.

٣- ذاكرة الأسماء أو الأرقام أو ذاكرة الأماكن أو الأحداث وغالباً ما تختلف قوة الفرد في احداها عن الاخرى.

و- أنواع الذاكرة على أساس تشغيل المعلومات واستمرارية الاحتفاظ بها:

ويعتبر هذا التقسيم أفضل أنواع التقسيمات من الناحية المنهجية ومهام الذاكرة فتنقسم الذاكرة تبعاً لذلك إلى أربعة مكونات "أجهزة" وهي:

١- ذاكرة حسية Sensory memory .

٢- الذاكرة قصيرة المدى Short-term memory .

٣- الذاكرة طويلة المدى Long-term memory .

٤- السعة العقلية (الذاكرة العاملة) Mental capacity (Working memory)

١- الذاكرة الحسية Sensory memory :

مخزون المعلومات الحسية Sensory Information Store (S.I.S) وهي ذاكرة تختص باستقبال العلومات عندما أول عرضها وتكوين الإنطباعات عن الحياة والطبيعة من خلال المستقبلات الحسية الخمسة والتي تمثل مدخلات للمعلومات التي لم تتحلل لمعان أي "المعلومات الخام" .

وأي خبرة يمر بها الشخص في هذه الذاكرة تبقى انطباعات حسية لجزء من الثانية ويطلق عليها علماء النفس انطباع الذاكرة الحسية.

وتبعاً لنوع المستقبل فتوجد عدة صورة للذاكرة الحسية، ركز العلماء على صورتين فقط منها هما:

أ- الذاكرة الأيقونية Iconic memory :

وهي ذات طبيعة بصرية أي أنها تعتمد على حاسة البصر في تكوين الانطباعات وتعتبر ذات موضع مركزي "مركزها بالمخ" وموضع طرفي "في مقلة العين" ويتم تسجيل الرمز البصري على الشبكية في الحال وقد يستغرق التحليل الادراكي لهذا الرمز "استخلاص المعاني" وقتاً أكبر من التي ستغرقها ظهور الرمز أو الموضوع المرئي أمام الفرد.

وقد أشار "سبرلنج" "Sperling" وآخرون إلى بعض خصائص الذاكرة الأيقونية على النحو التالي:

- ديمومتها القصيرة جداً جداً ويعد هذا في جوهره صفة كمية.

- غير ترابطية Non associative وهي صفة كيفية.

- يمكن محوها بمثيرات متلاحقة بصرية.

- لا يوجد أثر للتكرار في تحسين أداءها.

ب- الذاكرة السمعية Echoic memory :

وهي التي تعتمد على حاسة السمع في تكوين الانطباعات ولها عدة خصائص منها:

- تعتمد ديمومتها جزئياً على طبيعة المهمة المستخدمة في قياسها.
- يمكن استمرارها لفترة ٢٥٠ مللي ثانية وقد تصل لفترة ١٠ ثوان.

ويعد المخزن الصوتي أكثر أهمية في السمع، لأن الأصوات تمتد فعلاً من الزمن.

ويؤكد "نوفاك" "Novak" على أن المادة التي تمر بمرحلة الاختزان الحسي يتم فقدانها إذا لم يتم معالجتها بسرعة كي تنتقل إلى المخزن التالي وهو الذاكرة قصيرة المدى والتي تحتفظ بها فترة أطول لاستخلاص معناها ومعالجتها.

في ضوء ما سبق نستطيع استخلاص أهم سمات الذاكرة الحسية فيما يلي:

- تستطيع أن تحتفظ بالمادة الواردة من المستقبلات الحسية لمدة زمنية تتراوح ما بين (٠.١ ، ٠.٥) من الثانية مما يبين مدى سرعة استقبال اجهزة الحس للمعلومات الواردة إليها من المثيرات.
- تعتبر مخزن إنتقالي (مؤقت) للمعلومات.
- لا تعتبر بمثابة نسخة دقيقة ومطابقة تماما للمدخلات البيئية، ولكنها أكثر تفصيلاً عن المعلومات التي تنتقل للذاكرة قصيرة المدى.
- تلعب دوراً في المجالات الإدراكية، ونمط التعرف والاستنتاج.
- لا يوجد فيها أثر للقدرات التكرارية.

٢- الذاكرة قصيرة المدى Short-term memory :

تعددت مسميات الذاكرة قصيرة المدى * فسميت بالذاكرة الأولية Primary memory والذاكرة اللحظية "الوقتية" Termporary memory ، والذاكرة الفورية Immediate memory والذاكرة القريبة Short-term memory ومخزن قصير المدى

* See :
- Waugh N.C. and Norman (١٩٦٥) : Primary memory , Pasychological Review VBol. ٧٢ pp. ٩٢-٩٣.

Short-term store وبرغم تعدد المسميات إلا أنها تشير إلى نفس المكون من مكونات الذاكرة الذي يحتفظ بالمعلومات فترة أطول من الذاكرة الحسية مما يتيح معالجة أفضل للمعلومات.

ولقد بدأت الدراسة على الذاكرة قصيرة المدى عام (١٨٥٠م) تحت مسمى الذاكرة الفورية Immediat memory ويعتبر "جيمس" "Jemes" أول من ميز بين ما يسمى في الوقت الحاضر بذاكرة المدى القصير وسماها الذاكرة الأولية، وذاكرة المدى الطويل وسماها الذاكرة السنوية.

فيرى "جيمس" أن عامل الزمن وهو العامل المحدد للذاكرة قصيرة المدى، وقد استخدم فيما بعد "عامل الزمن" في التمييز بين نوعي الذاكرة "قصيرة المدى- طويلة المدى" إلا أن معظم العلماء اختلفوا في تحديد الفترة الزمنية المحددة للذاكرة قصيرة المدى حيث وجد "فؤاد أبو حطب" أن الذاكرة قصيرة المدى تحتفظ بالمعلومات لفترة زمنية تتراوح بين عدد قليل من الثواني الى عدد قليل من الدقائق .

ويشير "ماجنيوسين جرينلي" "Magnussen & Greenle" إلى أن الذاكرة قصيرة المدى حيز تكرر فيه المعلومات حتى تبقى نشطة ولا يتم نسيانها قبل إنتقالها للذاكرة طويلة المدى .

ويطلق على السعة المحدودة لعملية الاختزان قصير المدى اسم "حاجز التدريب والتكرار" حيث يفترض أن التكرار ضروري للمحافظة على المادة المتعلمة كما بالشكل التالي :

وبذلك يتضح لنا الفرق بين نظام الذاكرة قصيرة المدى ونظام تخزين المعلومات الحسي من حيث ممارسة عملية التكرار والممارسة، ففي التخزين الحسي لا تبقى المعلومات أكثر من عدة أجزاء من الثانية في حين يمكن في نظام الذاكرة قصيرة المدى أن تبقى وحدات قليلة من المعلومات لفترة زمنية غير محدودة بواسطة عملية التكرار أو التسميع.

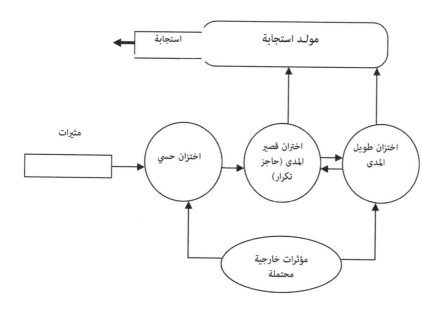

شكل (٦٧) يوضح أهمية حاجز التكرار في بناء المادة المتعلمة في الذاكرة قصيرة المدى

وفي ضوء ما سبق نستطيع ان نستخلص أهم سمات الذاكرة قصيرة المدى فيما يلي:

١- مخزن مؤقت إنتقالي لمقدار محدد من المعلومات.

٢- تحتفظ بالمعلومات مدة زمنية تتراوح ما بين عدة ثوان إلى دقائق قليلة.

٣- تستقبل المعلومات الواردة من مخزن الذاكرة الحسية S.I.S والتي يتم ترميزها (Coding) إلى رموز بواسطة عملية التعرف، والإحتفاظ المؤقت بتفسير الأحداث.. وتسمى عملية الترميز في الذاكرة قصيرة المدى بـ"ترميز المعطيات الحسية".

٤- محدودة في سعة تخزينها للمعلومات فتستطيع أن تسع (٧+٢) وحدات من المعلومات المعرفية (Chunks) ويعني ذلك أن متوسط مدى الذاكرة Memory Span "سبع

درجات" معرفية يمكن أن تتسع لأكثر من ذلك إذا نظمت المعلومات في وحدات ذات معنى (دور خرائط المعرفة وخرائط الشكل "Vee" وخرائط المفاهيم) .

٥- من أسباب نسيان المعلومات فيها حدوث تضاؤل وذبول للمعلومات مع مرور الوقت.

٦- عند حدوث تحميل زائد Overloading للذاكرة قصيرة المدى بإضافة المعلومات المستمرة فيتم فقدها أو نسيانها عن طريق حدوث عملية إزاحة "إحلال" لمعلومات حديثة بدلاً من المعلومات المخزنة.

٧- تميل الذاكرة قصيرة المدى إلى تفضيل التسميع الصوتي Audio Rehearsal للمواد اللغوية والأرقام والحروف والكلمات عن التسميع البصري Visual Reheaisal .

٨- المعلومات المسترجعة منها لا تستغرق وقتاً بل تتم بسرعة وكفاءة.

٩- يمكن أن تفقد أو تضيع المعلومات من الذكرة قصيرة المدى إذا لم يحدث لها معالجة نشطة ليتم حفظها عن طريق عملية التكرار "التدريب " ويطلق على السعة المحدودة لعملية الإختزان قصيرة المدى اسم Rehearsal Buffer أو حاجز التنبيه "التكرار" حيث يشير إلى ضرورة التكرار والتمرين من أجل المحافظة على المادة المتعلمة أو ترسيخها في الذاكرة قصيرة المدى.

بالإضافة إلى عملية التكرار فهناك عملية معروفة باسم التجميع Chunking التي تسهم في تحسين مدى الذاكرة Memory span أي أن التجميع يمكن أن يزيد من عدد مكونات الوحدة أو عدد قطع المعلومات المكونة للوحدة.

٣- الذاكرة طويلة المدى Long-term Mamory :

ويعتبر هذا النوع أهم أنواع الذاكرة نظراً لسعته غير المحدودة، في عمليات تخزين المعلومات لأن نظامها أشد الأنواع تعقيداً، وتعرف الذاكرة طويلة المدى بمسيمات مختلفة منها الذاكرة البعيدة، والذاكرة الثانوية Secondary Memory وذاكرة المواد ذات المعنى Meaningful Materials Memory الذاكرة طويلة الأجل "الأمد" Long-term Memory .

ويشير هذا النوع إلى المعلومات التي يمكن الإحتفاظ بها لمدة طويلة من بضع دقائق إلى عدد من السنوات "كتذكر خبرة مرت بنا منذ مرحلة الطفولة"

وتشتمل الذاكرة طويلة المدى على كل الخبرات المتعلمة، بما فيها القواعد اللغة التي يمارسها الفرد، مما جعل عملية تكوين وتناول المعلومات Information Processing على جانب كبير من الأهمية في تفسير كيفية اتصال الفرد بالعالم المحيط به والتفاعل معه، حيث يتم في بعض مراحل هذه العملية تعلم الفرد لكثير من المعلومات والاحتفاظ بها في الذاكرة ثم استرجاعها في الوقت المناسب.

إن عملية تكرار المعلومات في المخزن قصير المدى يتوقف عليه دخول المعلومات للذاكرة طويلة المدى فهو بمثابة ميكانيزم يتم عن طريقه تحويل المعلومات من الذاكرة قصيرة المدى إلى الذاكرة طويلة المدى.

ويستطيع جهاز الذاكرة طويلة المدى أن يمكن الأفراد من استدعاء كم ضخم من المعلومات لمدد أطول، وفي بعض الحالات بصفة دائمة، ويعتبر علماء النفس أن قدرة هذه الأجهزة على تخزين المعلومات غير محدودة، ولذلك فهو يخالف عن الجهازين السابقين "الذاكرة الحسية .S.M والذاكرة قصيرة المدى S.T.M " ومن حيث احتواءه على معلومات دائمة نسبياً، وقد أشار بعض علماء النفس إلى أن أسباب فقد أو نسيان المعلومات من هذه الذاكرة هو الفشل في الاستقبال او التخزين أو الاسترجاع .

ولهذا فيبدو دراسة الاسترجاع من الذاكرة طويلة المدى احدى المشكلات الهامة التي يبحثها العلماء، وتتمثل هذه المشكلة في أننا لا نعرف على وجه التحديد كيف اكْتُسِبت المادة المخزونة في الذاكرة طويلة المدى، ولا نعرف كذلك ما هو تركيبها بالضبط أو كيف تنتظم، ولكي نفترض وجود ميكانيزم معين لاسترجاع المعلومات المخزنة "معالجة تدريس" فيلزمنا وجود تركيب معين نسترجع منه، وقد افترض "آلان كولنز" “Allan Collins” وروس كويليان “Ross Quillain” أن التركيب في الذاكرة طويلة الأمد هو تركيب ذو طبيعة هرمية Herachical وقد استطاع "كويليان" “Quillian” وزملاؤه عمل نموذج لتركيب الذاكرة طويلة المدى هو

نموذج الشبكة الهرمية، وفيه يفترض أن النظائر المفهوماتية للكلمات يتم تمثيلها كوحدات مستقلة تربطها شبكة من العلاقات.

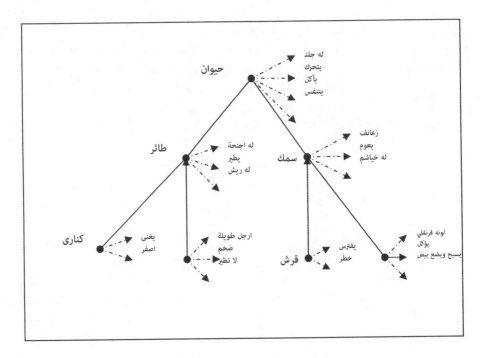

شكل (٦٨) يوضح طريقة تخزين المعلومات في ذاكرة الفرد طويلة المدى

أي أن المعلومات في التركيب الهرمي عن "الحيوان مثلاً" تنقسم لمعلومات عن الطيور ومعلومات عن السمك، وأخرى "عن الطيور" وتنقسم بدورها إلى معلومات عن الطيور بعينها مثل الكناري "طيور زرقاء" وهناك افتراض هام في هذا النموذج وهو أن الخاصية التي تميز نوعاً بالذات من الأشياء تختزن فقط في المكان من ذلك التنظيم الهرمي الذي يوجد في ذلك النوع يوضح طريقة تخزين المعلومات في ذاكرة الفرد

وتتخذ الشكل الهرمي هذا النموذج لـ "كويليان٦٨" "Quillian" "كولينسي وكولينز ١٩٦٩" "Coliq & "Collins" "كولينس ولوفيتسي ١٩٧٥" "Collins & Loftus"

والجدير بالذكر أن عملية استرجاع المعلومات من الذاكرة طويلة المدى تخضع لسيطرة الذاكرة قصيرة المدى والسعة العقلية وقد تكون مهمة الاسترجاع أحياناً سهلة فلا تتطلب جهداً وقد تكون في بعض الاحيان أمراً شاقاً عصيباً.

وفي ضوء ما سبق يمكن أن نستخلص أهم سمات الذاكرة طويلة المدى فيما يلي:

١- ذات سعة غير محدودة تتسم بالديمومية.

٢- الانتباه للمعلومات مطلب رئيسي ليتم تحويل المعلومات من الذاكرة قصيرة المدى إلى الذاكرة طويلة المدى.

٣- استرجاع المعلومات منها يتطلب تخطيطاً ومعالجات تدريس مناسبة لطبيعة تكوينها وتركيبها.

٤- يتم تخزين المعلومات فيها بصورة هرمية منظمة ويمكن استرجاعها بنفس صورة التخزين.

٥- تحتفظ بالمعلومات مدة زمنية تتراوح بين دقائق وتمتد لسنوات.

٦- لكي تكتسب المعلومات شرعية البقاء في الذاكرة طويلة المدى فينبغي تكرارها في الذاكرة قصيرة المدى وان تكون خالية من صور التشويش السمعي وأن تكون متنوعة بالقدر الذي يجعل التدخل بين بنودها المتعاقبة أقل ما يمكن.

وفيما يتعلق بالمكون الرابع من مكونات الذاكرة (السعة العقلية) سوف نعرض له تفصيلياً في فصل مستقل (الفصل العاشر) نظراً لدورها الفريد في التعلم الإنساني بكافة أنماطه وصوره .

(١٠)

الفصل العاشر

السعة العقلية وتجهيز المعلومات

الفصل العاشر
السعة العقلية وتجهيز المعلومات

مقدمة :

تعد السعة العقلية المكون الرابع النشط من مكونات الذاكرة حيث تلعب دوراً أساسياً في تجهيز المعلومات ومعالجتها، ويتم فيها بناء التمثيل الداخلي للمثيرات التي يتم تعلمها.

ويرى "جونستون" "Johnstone" أن السعة العقلية هي الجزء المحدود في سعته ويتم فيها معالجة المعلومات وتفسيرها وتخزينها وتستطيع السعة العقلية تخزين كمية مناسبة من المعلوماته تتراوح ما بين ساعة وربما لمدة عدة أيام.

ولذلك يمكن القول أن السعة العقلية هي: (المنطقة العقلية "الإفتراضية" التي يحدث فيها اندماج وتفاعل بين المعلوماته الواردة من خلال عمليات الادراك والمعلومات المسترجعة من الذاكرة طويلة المدى، وتظهر نتيجة هذا التفاعل في صورة استجابة "رسم- كلام- كتابة.. " أو يتم إعادة المعلومات لمخزن الذاكرة طويلة المدى نظراً للعلاقة التبادلية بينهما).

ويعرف "بسكاليوني""Pascual-Leone" السعة العقلية بأنها تمثل مخزون الطاقة العقلية الذي يمكن تخصيصه لزيادة فاعلية المخططات "وحدات المعلومات" ذات الصلة بالمهمة او السؤال، وهذا المخزون أو المدخر من الطاقة يمكن أن يقاس بأكبر عدد من المخططات المختلفة التي يمكن لهذه السعة أن تضيفها في السلوك العقلي للفرد.

ويجمع كل من "روث وميلكنت" "Roth & Milkent" و "سكاردميليا" "Scardamalis" و "كيس" "Case" و "بسكاليوني" (١٩٧٠) "Pascual Leone" على أن السعة العقلية هي أقصى عدد من وحدات المعلومات "المتميزة" التي يستطيع الفرد التعامل معها أو معالجتها في وقت واحد أثناء أداء المهمة.

وأشار "بسكاليوني (١٩٧٨) وآخرون إلى أن نمو السعة العقلية يعكس عدد المخططات التي تعالجها، وعدد الوحدات السيكولوجية التي تستطيع أن تمثل بؤرة الانتباه Facus of a Tention أثناء أداء المهمة.

أولاً: السعة العقلية والعمر الزمني Mental Capacity & Age

لقد استخدمت السعة العقلية كمقياس كمي لتفسير مراحل النمو المعرفي Congitive development عند "بياجيه" "Piaget" باعتبار أن كل مرحلة من مراحل النمو المعرفي قد تتضمن عدداً من مخططات Schemas المعلومات التي على أساسها يعالج الفرد المعلومات .

وقد أشار بعض العلماء والباحثين * إلى أن السعة العقلية تزداد خلال النمو الطبيعي للفرد Normal development بمعدل مخطط واحد "وحدة واحدة" لكل سنتين، حيث يزداد حجم هذه السعة مع تقدم العمر الزمني أو يمكن التنبؤ بالسعة العقلية من خلال العمر الزمني، ويتضح ذلك من خلال الجدول التالي رقم(١):

العمر الزمني	مراحل النمو لـ "بياجيه"	السعة العقلية
من عمر ٣-٤	مرحلة ما قبل العمليات المبكرة	e + ١
٥-٦	مرحلة ما قبل العمليات المتأخرة	e + ٢
٧-٨	مرحلة العمليات المحسوسة المبكرة	e + ٣
٩-١٠	مرحلة العمليات المحسوسة المتأخرة	e + ٤
١١-١٢	مرحلة العمليات المجردة المبكرة	e + ٥
١٣-١٤	مرحلة العمليات المجردة المتوسطة	e + ٦
١٥- .. فأكثر	مرحلة العمليات المجردة المتأخرة	e + ٧

جدول (١) العلاقة بين السعة العقلية والعمر الزمني

* See :
- Johnson, J & Pascual-Lean , J : (١٩٨٩): "Developmental levels of processing in Metaphor interpretation", Journal of Experimental child psychology, Vol. ٤٨, No.١, pp.١٠ .
- Case, R. (١٩٧٤): op.cit., pp. ٢٨٢-٢٨٣.

ونلاحظ من الجدول السابق أن :

- الرمز (e) يشير إلى الطاقة التي يتم فيها تجهيز المخططات العقلية اللازمة لأداء المهمة.
- العدد (٧) يمثل الحد الأقصى التي تستطيع السعة العقلية تشغيلها بنجاح اثناء أداء المهمة.
- تزداد السعة العقلية بصورة منتظمة مع زيادة العمر الزمني للفرد ويعني ذلك أن السعة العقلية مرتبطة بالنمو.
- لا تتأثر السعة العقلية بالعوامل البيئية.

وقد ميز "كيس" "Case" (١٩٧٤-١٩٧٥) بين جانبين من جوانب السعة العقلية هما:

الأول: الجانب الإجرائي ويختص بعملية تجهيز المعلومات.

الثاني: جانب حيز التخزين ويختص بتخزين المعلومات ليتم تجهيزها ومعالجتها فيما بعد.

وقد أشار "موشمانو وآخرون" ".Moshman & et.al" أن السعة العقلية ككل لا تزداد بتقدم العمر وإنما تظل ثابتة، ولكن يمكن زيادة كفاءة السعة العقلية في تشغيل ومعالجة المعلومات، ويعود ذلك إلى عوامل النضج البيولوجي، أو الخبرة أو الاثنان معا.

ثانياً: السعة العقلية والمنظمات المتقدمة: Mental C. & Advance Organizers

في ضوء ما سبق تبين لنا أن السعة العقلية أو الذاكرة العاملة تعد من أهم العوامل التي تشارك في عملية تجهيز المعلومات وتشغيلها داخل الذاكرة، ولكن عندما يتم تحميلها بكمية كبيرة من المعلوماته تفوق طاقتها التشغيلية تقل كفاءتها مما يترتب عليه انخفاض مستوى الأداء التعليمي للأفراد .

وحيث أنه من الصعب تغيير السعة العقلية تغييراً مادياً أو ملموساً، فإنه بالإمكان فقط زيادة كفاءتها في تشغيل المعلومات ومعالجتها عن طريق تنسيق وتنظيم

المعلومات والمفاهيم العلمية في صورة وحدات ذات معنى، فذلك لا يمثل حملاً زائداً عليها مما يجعل عملية فهم المعلومات واستيعابها أمراً يسيراً.

وهنا يأتي دور المنظمات المتقدمة كمعالجات تدريس وخاصة خرائط المعرفة وخرائط المفاهيم فهي تعمل على تقليل كم المعلومات المقدمة للفرد من خلال تنظيمها في صورة هرمية تتفق وتخزينها في الذاكرة طويلة المدى.

وبناءً على ذلك فإن استخدام "خرائط المفاهيم" كمظمات متقدمة أو كمعالجات تدريس قد يسهم في تخفيف الحمل الزائد على سعة تشغيل المعلومات "السعة العقلية" مما يؤدي لارتفاع مستوى الأداء وتحقيق التعلم ذي المعنى.

إن استخدام خرائط المفاهيم كمعالجات تدريس في تنسيق وتنظيم المفاهيم العلمية يؤدي إلى زيادة قدرة المتعلم على تجميع (Chunking) المفاهيم والمعلومات في صورة وحدات ذات معنى بحيث تشغل حيزاً أقل في ذاكرة المتعلم وترك فراغاً أكبر لاتمام عملية تشغيل المعلومات ومعالجتها الأمر الذي يؤدي تباعاً الى نتائج أفضل في أداء الأفراد التعليمي .

ويؤكد البعض على أنه عندما يستقبل المتعلم المعلومات ويتم تنسيقها وتنظيمها فإنه يصبح قادراً على تجميع (Chunking) محتوى المعلومات ذات المستوى العالي في أقل عدد من الوحدات ومن ثم يرتفع أداؤه ويتوقف ذلك على نوع المعالجة المستخدمة في تقديم هذه المعلومات للفرد .

ثالثاً: السعة العقلية والبنية المعرفية:

Mental Capacity & Cognitive Structure

يرى "أوزوبل" "Ausubel" أن النجاح الأكاديمي للفرد يستند في المقام الأول على ما لديه من خبرات ومفاهيم سابقة مختزنة في بنيته المعرفية (مرحلة التحليل التعليمي) .

وأظهرت بعض الدراسات التي اجريت على أفراد من بيئات ثقافية مختلفة أن معارف الطلاب القبلية "البنية المعرفية" ذات أثر فعال على أدائهم.

وتبين أن الطلاب ذوي الاداء الأفضل لا يعني أن سعتهم العقلية أكبر ولكن يعني ذلك أن هؤلاء الطلاب يمتلكون بُنى معرفية أفضل تُسهم في رفع مستوى الأداء.

ويبدو دور البنية المعرفية واضحاً عند مواجهة الأفراد بأداء مهمة ما،فعندما تكون لديهم معرفة سابقة بهذه المهمة يكون الأداء أفضل أو العكس من ذلك، ويعد عامل الألفة بالموضوع الدراسي وتنظيم محتوياته في وحدات معرفية منظمة تمثل أحد الوسائل التي تساعد المتعلم على تحقيق التعلم ذو المعنى حتى لو كانت سعتهم العقلية محدودة. وهنا يبرز دور المنظمات المتقدمة كأداة أو معالجة لجعل الموضوع الدراسي ذات ألفة وتحقيق التعلم ذو المعنى.

وقد أشار "شافيلسون" "Shavelson" إلى أنه يمكن فهم ذاكرة المعلم والمتعلم من خلال البناء المعرفي Cognitive Structure وهو "بناء افتراضي يشير إلى تنظيم المفاهيم في صورة هرمية داخل الذاكرة".

ويمكن توضيح ذلك من خلال نموذج البناء المعرفي شكل رقم (٦٩):

وفي هذا الشكل ينتقل البناء المعرفي من خلال كتابات العلماء في الكتب الى البنية المعرفية للمعلم ثم محاولة المعلم نقل هذا البناء للمتعلم من خلال عرض مفردات المحتوى الموجود في الكتب المدرسية، ويتوقف ذلك على استعداد المعلم لمهنة التدريس ويقوم بعد ذلك بنقل البناء المعرفي للمتعلم من خلال طرائق واستراتيجيات التدريس المختلفة.

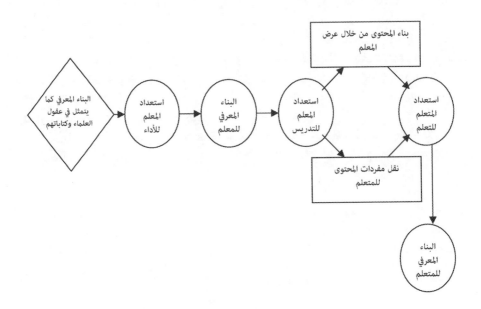

شكل (٦٩) سريان إتصال البناء المعرفي

مقارنة بين مكونات الذاكرة على أساس تخزين المعلومات واستمرارية الاحتفاظ بها *

وجه المقارنة	الذاكرة الحسية S.M.	الذاكرة قصيرة المدى S.I.M.	الذاكرة طويلة المدى L.T.M.	السعة العقلية
- المادة المخزنة	مواد حسية.	مادة مفهومة ذات معنى.	مادة مفهومة ذات معنى.	مادة تعالج لتصبح ذات معنى.
الوقت اللازم للتخزين أو التشغيل	٠.١-٠.٥ ثانية	عدد ثوان إلى دقائق قليلة.	دقائق- ساعات- أيام- أسابيع- شهور- سنوات	ثوان- دقائق "حسب مدة معالجة المعلومات" أيام
قدرة الجهاز	كبيرة "كل المعلومات"	حوالي ٧ وحدات	غير محددة	٧+٢ وحدة

* See :
- Wright, A.A., (١٩٩٢): "Memory Processing by Monkeys and People the Psychology of Learning and Motivation, Advances in Research and theory Academic Press, INC. Vol. ٢٤, pp. ٢٥-٦٨ .
- P. Dixon, J.A., Lefere and L. Twilley, (١٩٨٨): Word know ledge and working Memory as Predictors of Reading skill, Journal of Educational Psychology, Vol. ٨٠, No.٤, pp. ٤٦٥-٤٧٢.

مدة الانتباه	ضئيل جداً	ضئيل	متوسط	متوسط
طرق الاستقبال المعلومات	بأشكال مماثلة للخبرة الحسية	المواد الشفوية تستقبل عن طريق الصورة أو الشكل أو المعنى والمواد الأخرى تستقبل بطريقة ممارستها	المواد الشفوية تستقبل حسب معناها أو شكلها أو صورتها والمواد الأخرى تستقبل بصورة مماثلة لشكلها او نموذج مصغر لها.	المواد الشفوية تستقبل حسب معناها والمواد الاخرى تستقبل بنموذج مصغر لها.
كمية المعلومات المخزنة	مؤقتة .	ضيئلة .	كبيرة ومختلفة.	متوسطة.
خواص عملية استرجاع المعلومات.	بالتنبيه إليها قبل أن تفقد أو تنتقل للمخزن قصير المدى.	بسرعة وسهولة لا تزيد عن ١٥ ثانية.	تتطلب معالجات وطرق ذات تنظيم هرمي وطريقة تخزينها داخل هذه الذاكرة.	تستلزم تخطيط منظم ومعالجات تعليمية مناسبة.
عوامل تؤثر عليها.	عوامل بيئية وعضوية كشدة المثيرات وقوة الحواس.	التكرار **Rehearsal** التجميع **Chunkin**	المعالجة المستخدمة في التخزين ولا تتأثر بالعوامل البيئية.	النمو- النضج الخبرة ولا تتأثر بعوامل البيئة.
أسباب النسيان	الإنطفاء	التضاؤل **Decay** والذبول بسبب الإزاحة أو التدخل.	الفشل في التشفير أو التخزين أو الاسترجاع.	التحميل الزائد للمعلومات فوق طاقتها.
دور الجهاز في عملية معالجة المعلومات.	جهاز ناقل للمعلومات.	تنظيم المعلومات وتكرار لها مع سيطرتها على عملية الاسترجاع من الذاكرة طويلة المدى بالاشتراك مع السعة العقلية.	التخزين الدائم للمعلومات والتي تنتظم في صورة هرمية.	الميكانيزم الأساسي في عملية المعالجة وتشغيل المعلومات لتفاعل المعلومات الجديدة ومع المسترجعة من المخزن طويل المدى داخل هذا الجهاز الفعال. *

* See :
- Jahnke, J. S.D. Davis, and R.Bower, (١٩٨٩): "Postion and Order information in Recognition memory": Journal of experimental Psychology: Learning, Memory and Cognition. Vol. ١٥, No.٥, pp. ٨٥٩-٨٦٧.
- David of F. LL. (١٩٨٨): Interduction to psychoiogy, Second Edition Mcgrqw-Hill, International book company, London, p. ٢٥٩.

رابعاً: تجهيز المعلومات والذاكرة البشرية :

Information Processing & Memory

لقد برز خلال العقود الأخيرة نظرية تفترض وجود مجموعة من الميكانيزمات داخل الكائن الحي تختص بتجهيز المعلومات وتشغيلها ويقوم كل منها بأداء مهمة معينة وفي تتابع معين بهدف فهمة سلوك الإنسان حين يستخدم إمكاناته وقدراته العقلية والمعرفية أفضل استخدام.

ويُعدّ هذا من اتجاهات علم النفس المعرفي Cognitive psychology ونظرياته التي ترى أن الإنسان مخلوقاً عاقلاً ومفكراً ومبدعاً وباحثاً عن المعلومات وساعياً لتجهيزها للاستفادة منها في مواقف حياته.

ونتيجة لاستناد أبحاث الذاكرة في السنوات الأخيرة على هذا الاتجاه الحديث فقد أحرزت هذه الأبحاث تقدماً هائلاً امتد من نظريات ركزت على بنية الذاكرة وآلياتها إلى أبحاث تناولت الذاكرة كعمليات وتجهيزات.

والواقع أن اتجاه تجهيز المعلومات يمكننا من تكوين نموذج فعال لدراسة تتابع الاجراءات التي تحدث في الذاكرة بداية من تعرض الفرد للمثيرات المتنافسة حتى ظهور الاستجابات.

وتنظر نظرية تجهيز المعلومات Information Processing إلى عمليات الاحساس والانتباه والادراك Perception والذاكرة Memory والتفكير Thinking على أنها متصل Continum من النشاط المعرفي الذي يمارسه الفرد في مواقف حياته المختلفة، كما أنه من الصعوبة الفصل بين هذه العمليات لارتباطها التبادلي والتفاعلي معاً، وأما ما يحدث من تناول كل عملية على حدة إنما هو أمر جبري من أجل الدراسة الدقيقة بهدف الكشف عما تتضمنه كل عملية من هذه العمليات. كما أن هذا الاتجاه يساعدنا على فهم العمليات الحسية الادراكية بصورة أكثر إجرائية، حيث يحاول هذا الاتجاه الكشف عن الارتباطات التي تتم بين مكونات المثير، ومكونات الاستجابات الصادرة عن الفرد بعد بدء عملية الاستثارة في الموقف السلوكي. مما يتيح

الفرصة لتصور الخصائص المرتبطة بتدفق المعلومات في الجهاز العصبي للفرد، خاصة بالنسبة لمكونات المعلومات في أي مرحلة من مراحل التجهيز، والجدير بالذكر أن هذا الاتجاه لا يتناول بشكل مباشر عمل الوحدات الفسيولوجية والنيوروفسيولوجية، أو كيفية إنتشار طاقة المعلومات التي تتدفق خلال الجهاز العصبي.

وقد استعان اتجاه تجهيز المعلومات في تفسير النشاط المعرفي ببعض الاتجاهات الأخرى مثل تطبيقات نظرية الاتصال في علم النفس وخاصة ما يرتبط بنظام الاتصال بين الإحساس والادراك، وكذلك نماذج الحاسبات الآلية.

ولذلك فقد استعار اتجاه تجهيز المعلومات بعض المصطلحات مثل المدخلات Inputs والتجهيز Processing والمخرجات Outputs من لغة علم الحاسبات الإلكترونية.

وحتى نفهم كيف تجهز المعلومات بالذاكرة سوف نركز على ثلاث مراحل تتضح من خلال هذا الرسم التخطيطي.

ومن الشكل التالي يتضح لنا أن المرحلة الأولى تمثل اكتساب واستقبال المعلومات في صورة منبهات بسيطة او معقدة عن طريق أعضاء الحس المختلفة، ثم تأتي المرحلة الثانية وهي مرحلة تجهيز المعلومات والتي يبرز فيها دور السعة العقلية أو الذاكرة العاملة وقدرتها على استدعاء المعلومات من الذاكرة طويلة المدى حيث توجد بينهما علاقة تبادلية كما هو موضح بالشكل (٧٠).

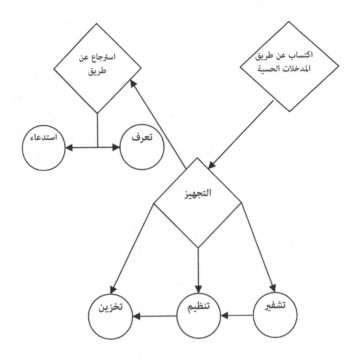

شكل (٧٠) رسم تخطيطي لتوضيح مراحل عملية تجهيز المعلومات

وفي ضوء ما سبق يتضح أن الذاكرة العاملة أو السعة العقلية يتم فيها بناء التمثيل الداخلي للمثيرات التي يتم تعلمها، وترتبط مع المعلومات المختزنة في الذاكرة طويلة المدى ولذا فهناك علاقة تبادلية بينهما كما هو موضح بالشكل (٧١)

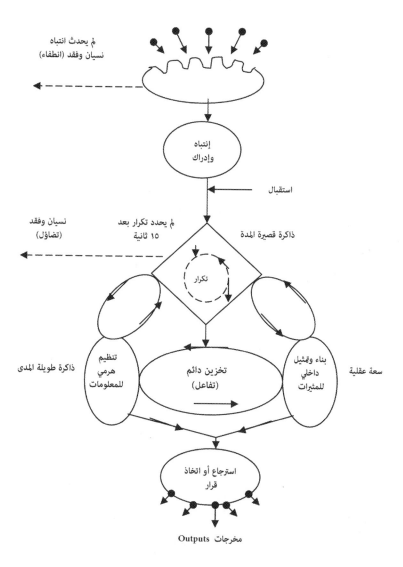

مدخلات متنافسة (مثيرات)
Competing Inputs

لم يحدث انتباه
نسيان وفقد (انطفاء)

إنتباه
وإدراك

استقبال

لم يحدد تكرار بعد
١٥ ثانية

نسيان وفقد
(تضاؤل)

ذاكرة قصيرة المدة

تكرار

تنظيم
هرمي
للمعلومات

ذاكرة طويلة المدى

تخزين دائم
(تفاعل)

بناء وتمثيل
داخلي
للمثيرات

سعة عقلية

استرجاع أو اتخاذ
قرار

مخرجات Outputs

شكل (٧١) نموذج تشغيل ومعالجة المعلومات (كما يراه المؤلف)

وعلى ذلك فيمكن القول أن استرجاع المعلومات من الذاكرة طويلة المدى وتجهيزها هي مسؤولية جهاز السعة العقلية، وإذا كانت المعلومات تأخذ تنظيمها هرمياً في الذاكرة طويلة المدى فإن استرجاع هذه المعلومات واستدعائهاع يكون أيسر وأسرع عندما تكتسب بنفس صورة تخزينها وهنا يبرز دور تنظيم المفاهيم والمعلومات في شكل هرمي "منظم متقدم تصويري" كخريطة المفاهيم والشكل V لتفيد في هذا المجال.

وإذا تمكنا من رفع كفاءة سعة تشغيل المعلومات فإن ذلك يسهل من عملية استرجاع المعلومات من دخل الذاكرة طويلة المدى، أما المرحلة الثالثة من مراحل تجهيز المعلومات وهي مرحلة استرجاع المعلومات الذي يتخذ صورتين هما التعرف Recognition والاستدعاء Recall .

(١١)

الفصل الحادي عشر

المفاهيم العلمية

مفهومها – تعلمها

الفصل الحادي عشر
المفاهيم العلمية

مقدمة:

من أبرز السمات التي يمتاز بها عصرنا الحالي خلال العقدين الأخيرين هذا التقدم الهائل في المجالين المعرفي والتكنولوجي، وكان لهذا التقدم في كلا المجالين أهمية كبيرة لتضخم المعرفة الإنسانية وتزايدها كماً ونوعاً يوماً بعد يوم، وتركيز التربية العلمية والتكنولوجية Technology & Sceince Education على تكوين المعاني وإدراكها لدى المتعلم، لتجعل الحقائق والمفاهيم ذات معنى مما يؤثر في انخفاض معدل النسيان.

فالمفاهيم مكونات عالمنا الداخلي ونحن نستقبل مثيرات العالم الخارجي من خلال شبكة معقدة من المفاهيم يُطلق عليها البنية المعرفية Cognitive Structure وعند تحويلنا الأحاسيس "Sensations" إلى مدركات "Perceptions" والمدركات إلى تصورات "Conceptions" نقوم بجمع المعلومات في فئات من المفاهيم بناء على الخصائص المُعرَفة العامة Defining Attributes التي تضمها هذه المفاهيم، متجاهلين الكثير من الخصائص الصغيرة، ونظراً لأهمية المفاهيم كعنصر فعال في التعلم الإنساني فقد اهتم الكثير من العاملين في حقل التعليم "بالمفاهيم" باعتبارها مكونات رئيسية لما يتعلمه الإنسان.

ويؤكد "برونر" "Bruner" على أهمية تكون المفاهيم وتعلمها، فيرى أن تكون المفاهيم على نفس درجة الأهمية من تكون القوانين التجريبية "Empirical Laws" للربط بين الأحداث في عالمنا كما ندركه. والمفاهيم في رأي "برونر" لا تشكل فقد الاطار والمرجع الذي يوجه تعامل الفرد مع العالم الخارجي ولكنها تزوده أيضاً بسبل الربط بين الأحداث أو الأشياء في بناء متكامل يمكن توظيفه أو الاحتفاظ به.

ومن الاتجاهات العالمية الحديثة عند بناء المناهج وتصميمها، توجيه الاهتمام إلى ما يسمى بهيكل او بنية العلم، حيث يتميز كل علم من العلوم الإنسانية المختلفة بمجموعة من الحقائق والمفاهيم ومن هنا فقد صار التصور الجديد لبنية العلم مجالاً واسعاً، باعتبار أنها تمثل محاور أساسية تنظم وفقها المناهج الدراسية بما يضمن التسلسل المنطقي للمستويات التعليمية المختلفة.

إن الاهتمام ببنية العلم بما تحتويه من حقائق ومفاهيم يُعد الهدف الأساسي لمؤتمرات تطوير المناهج التي تؤكد على أهمية تعلم المفاهيم وإكتسابها بإعتبارها من الأهداف التربوية الهامة التي نسعى لتحقيقها من ناحية ومحاولة استثمار تكنولوجيا التعليم في تبسيط تعلم هذه المفاهيم من ناحية أخرى.

وتشير "عمارة" إلى أن عملية تعلم المفاهيم تمثل المحك الفعلي في تكوين وتنظيم البنية المعرفية عند الإنسان ولا يمكن لعملية التعلم أن تحقق نجاحاً منشوداً إلا إذا كان لدى الفرد المتعلم ثروة كبيرة من المفاهيم والتعميمات.

ونتيجة لذلك فقد ظهرت مداخل جديدة في تنظيم وبناء مناهج دراسية تهتم أساساً بتحديد المفاهيم واتخاذها كمحكات لاختيار وتنظيم محتوى هذه المناهج وما يتصل بها من خبرات علمية، كذلك تهتم هذه المداخل بالدعوة إلى استخدام معالجات تدريسية تكون أكثر مقدرة وفعالية في تزويد المتعلمين بتلك المفاهيم وتحصيلهم لها، وذلك على أساس أن المفاهيم هي التي تُمكِن المتعلمين من تحقيق تعلم أفضل ومواجهة ما يحيط بهم من تنوع وأختلاف، وتبسيطه وتصنيفه بصورة أفضل، مما يساعدهم على مسايرة هذا العالم السريع التغير والذي حدث فيه تطور مذهل في شتى جوانب المعرفة، وما صاحبها من تطور ونهضة في مجال التكنولوجيا.

هذا بالإضافة إلى وجود بعض الدراسات التي أشارت إلى انخفاض تحصيل المتعلمين للمفاهيم في معظم مراحل التعليم ومجالات الدراسة المختلفة. كما أوصت بعض الدراسات التي اجريت في بداية القرن الحالي بضرورة الاستفادة من علم التصميم التعليمي عند بناء وتنفيذ أي معالجة تدريسية لتكون أكثر كفاءة وفاعلية للمواقف التعليمية.

ومن هنا يتضح مدى الحاجة إلى محاولة البحث والاستقصاء عن معالجات تدريسية جديدة يمكن أن تسهم في تحسين تدريس المفاهيم وتحقيق الأهداف التعليمية المرتبطة بهذا التدريس، مع ملائمة هذه المعالجات لاستعدادات وقدرات المتعلمين العقلية.

ومن هذا المنطلق فقد أصبح مسعى العملية التعليمية منصباً في وقتنا الحاضر على ثلاثة اتجاهات هي:

الاتجاه الأول: تحسين المعالجات التدريسية واختيار أنسبها لتلائم أكبر قدر ممكن من المتعلمين.

الاتجاه الثاني: زيادة مقدرة المتعلم العقلية على تجهيز وخزن المعلومات والمفاهيم المتعلمة، واسترجاعها، والاستفادة منها بصورة أفضل.

الاتجاه الثالث: مراعاة الفروق الفردية بين المتعلمين التي كانت وما زالت محل اهتمام الباحثين والعاملين في مجال طرائق التدريس وتكنولوجيا التعليم.

وتبعاً لذلك فقد أولى مصمموا المناهج وواضعوها اهتماماً خاصاً بتنظيم المحتوى الدراسي، وما يتضمنه من مفاهيم ومعارف ومعلومات، وتقديمه للمتعلم بطريقة تتفق وعملية خزن المعلومات في ذاكرته، والبحث عن مخرج مناسب لمراعاة الفروق الفردية بين المتعلمين.

هذا بالاضافة إلى أن هناك عدة دراسات اكدت على أهمية المفاهيم وتعلمها بغرض الإسهام في تطوير المناهج الدراسية، ونظراً لهذه الأهمية فقد ظهرت بعض الاتجاهات التي تنادي بتحديد المفاهيم واتخاذها كأساس لاختيار وتنظيم محتوى المناهج الدراسية والخبرات التعليمية المتصلة بها. وكذلك يهتم هذا الاتجاه بتطوير المناهج بما تشمله من معالجات تدريس وأهداف تعليمية وغيرها، حتى تصبح أكثر فاعلية في تزويد المتعلمين بتلك المفاهيم وتحصيلهم لها.

وبناءً على ذلك يمكن القول أن تحصيل المفاهيم من جانب المتعلمين يعتبر أمراً لازماً لفهم أساسيات المعرفية الإنسانية، وبالتالي زيادة قدرتهم على التعلم الذاتي، ومتابعة النمو والتطور في هذه المعرفة. وأصبح لزاماً على المناهج الدراسية توجيه

اهتمامها بالمفاهيم حتى تتمكن من مواجهة هذا التحدي الذي يفرضه عليها التقدم العلمي في عالم اليوم

ولما كانت عملية تعلم المفاهيم هي المحك الرئيسي في تكوين البنية المعرفية Cognitive Struture عند الإنسان فقد اهتم علماء النفس التربويين بتعلم المفاهيم ويأتي هذا الاهتمام بسبب الدور الذي تلعبه المفاهيم في حياتنا، ولا يمكن لعملية التعلم أن تحقق النجاح المنشود إلا إذا كان المتعلم لديه ثروة كبيرة من المفاهيم والتعميمات.

وفيما يلي سوف نعرض للنقاط الآتية :

أولاً: تعريف المفهوم:

تعددت تعاريف المفهوم وفيما يلي نستعرض مجموعة من هذه التعاريف:

- فيعرف "رشدي لبيب" (١٩٨٢) المفهوم بأنه "تجريد للعناصر المشتركة بين عدة مواقف أو حقائق، وعادة يعطي هذا التجريد اسماً أو عنواناً"

- ويذكر "أحمد خيري كاظم، وسعد يس" (١٩٧٤) أن المفاهيم عبارات أو رموز لفظية تدل على معلومات مجردة لأشياء أو خبرات معينة ذات صفات أو خصائص مشتركة وتتميز المفاهيم عن الحقائق بالتعميم والرمزية أو التجريد.

- ويعرف "دريسيل" "Dersel" المفاهيم بأنها "تجريدات تنظم عالم الأشياء والأحداث في أقسام أقل عدداً".

- ويوضح "عادل فهمي أبو النجا" (١٩٧٤) أن المفهوم "نتيجة لفظية أو رمزية لإدراك علاقات بين حقائق أو مواقف أو ظواهر مختلفة"

- وقد اعتبر "نبيل فضل" (١٩٧٥) المفهوم "نظاماً عقلياً نتج من إدراك الفرد للعلاقات بين مجموعة من الحقائق في مجال معين، وغالباً ما يأخذ هذا النظام صورة رمزية بسيطة سواء كانت مصطلحاً أو اسماً أو عنواناً أو رمزاً" .

- ويرى "عبد الرحمن السعدني" (١٩٨٨) أن المفهوم عبارة عن "صورة ذهنية تنتج عن اتساق أو تناسق أحداث أو أشياء معينة".

- ويشير "جوروليمك" "Jorolimk" أن المفهوم هو "كل مصطلح يستخدم ليعطي مدلولاً عاماً أو خاصية مشتركة"

- ويرى "هنت" "Hunt" أن المفهوم "صورة عقلية لشيء تتكون من خلال تعميم يتم استخلاصه من الخصائص المميزة لجزئيات معينة"

ثانياً: أنواع المفاهيم :

تتنوع المفاهيم طبقاً لطريقة تصنيفها، فيميز "أوزوبل" بين نوعين من المفاهيم هما:

١- مفاهيم أولية Primary Concepts :

وهي التي تتكون من خلال الخبرات الحسية عند التعامل مع البيئة الخارجية ويتعلمها الطفل من خلال ادراك الخصائص مثل مفهوم "الشجرة" "الكتاب".

٢- مفاهيم ثانوية Secondary Concepts :

وهي التي تتكون من خلال عملية تجريد خاصة يشترك فيها المفاهيم الأولية ويتعلمها الطفل من خلال عملية استيعاب المفهوم وبدون مواقف حقيقية أو خبرات تجريبية محسوسة مثل مفاهميم "الكثافة، الكتلة".

ويقسم "فؤاد قلادة وآخرون" المفاهيم إلى ثلاثة أنواع هي:

١- مفاهيم تعبر عن علاقات أو قوانين: وهي التي تميز العلاقة بين مفهومين أو أكثر.

٢- مفاهيم تقوم على الفروض: وهي المفاهيم التي تستند عليها بعض النظريات وتفيد هذه المفاهيم في تفسير بعض الظواهر التي تقوم عليها بعض النظريات العلمية مثل التجمد أو الإشعاع.

٣- مفاهيم تهتم بتصنيفات الأشياء أو الأحداث: وهي مجموعة من المثيرات تجمعها صفات مشتركة وعند تجريدها يمكن إعطائها اسماً أو مصطلحاً معيناً.

ويصنف "ستيوارت وآخرون" المفاهيم إلى نوعين هما:

١- مفاهيم جيدة التحديد: وهي المفاهيم التي يمكن وصفها بعدد من السمات المرتبطة بقاعدة ما. وعادة ما تكون السمات واضحة إلى حد ما، والقواعد يمكن التعبير عنها على الأقل تعبيراً صريحاً على الرغم من أنها تكون أحياناً صعبة الاكتشاف ولهذه الأسباب فإن هذه المفاهيم يسهل تعلمها.

٢- مفاهيم درئية التحديد "غير واضحة": وتتميز بأن السمات والقواعد المحددة لها والتي تربط هذه السمات قد لا تكون واضحة على الإطلاق ويندر تعلم هذه المفاهيم بالتعرف لأنها صعبة التعلم، ويتم تعلمها من خلال الأمثلة.

ويميز "حمدي المليجي" بين نوعين من المفاهيم هما:

١- مفاهيم محسوسة Concrete Concepts : وهي المفاهيم ذات الخصائص المدركة أو المحسوسة مثل مفهوم "النبات".

٢- مفاهيم مجردة Abstract Concepts : وهي المفاهيم التي لا تدرك خصائصها بشكل مباشر مثل مفهوم "الذكاء".

ثالثاً: نماذج المفاهيم واكتسابها:

تتعدد نماذج تعلم المفاهيم وفيما يلي نركز، على بعض نماذج تعلم المفاهيم ومنها: (٢٤)

١- نموذج "برونر" Bruner :

وضع "برونر" نموذج لتعلم المفاهيم وإكتسابها، وقد اشتمل على ثلاثة مستويات هرمية هي:

أ- المستوى الحسي Concrete Level : ويشتمل على الناحيتين الحركية واليدوية في تناول الأشياء المحسوسة ويعني ذلك أن الفرد يتعامل مع الأشياء والأحداث والمواقف عن طريق الحس المباشر.

ب- المستوى التصويري Iconic Level : وفي هذا المستوى تترابط التصورات العينية ويرتكز على تعامل الفرد مع الأشياء أو الأحداث عن طريق تكوين صورة ذهنية لهذه الأشياء أو الأحداث.

ج- المستوى الرمزي Sysmbolic Level : وفي هذا المستوى يتعامل الفرد مع الأشياء أو الأحداث عن طريق الرموز ويتم ذلك بعد أن تنمو اللغة عند الفرد. وكلما نمت لغة الفرد كلما تمكن من ممارسة هذا المستوى بكفاءة حيث يستطيع ترجمة

الخبرات إلى مصطلحات ورموز وبذلك يمكن اكتساب مستويات أعلى وتمكنه من ايجاد العلاقة بين الأشياء وينظمها في شكل هرمي ينمو باستمرار.

ويرى "برونر" أن المستوى الأول هو السائد لدى الصغار ثم تزداد نسب المستويين الثاني والثالث مع زيادة نضج الفرد وتعلمه، كذلك يرى "برونر" أنه يمكن ممارسة المستويات الثلاثة في الموقف الواحد وهي تستمر طوال الحياة.

المبادئ التي يحتوي عليها نموذج "برونر" وتتحكم في عملية التعلم:

١- أن التعلم الأمثل تحت الظروف والشروط المثلى يؤدي بالمتعلم إلى أن يتعلم كيف يعلم نفسه.

٢- يمكن تدريس أي موضوع من أي مادة دراسية لأي تلميذ بطريقة متوافقة عقلياً في أي مرحلة من مراحل النمو العقلي للمتعلم. ويمثل هذا المبدأ جوهر الإختلاف بين نظرية "برونر" ونظرية "بياجيه" حيث يرى الأخير أنه يستحيل أن يتعلم الفرد معرفة لا تتواءم مع المرحلة التي يمر بها من مراحل النمو العقلي ولا يمكن للفرد أن يسبق مرحلة نموه.

٣- أن النشاط العقلي موجود في أي موضع، سواء كان الشخص في أي صف دراسي أو باحث علمي.

٤- أن أفضل أشكال الدوافع هو اهتمام المتعلم بالموضوع نفسه، أي دوافع داخلية وهي تنقسم إلى حب الاستطلاع، والدافع للانجاز، والدافع لتبادل الأفكار والمشاركة.

٢- نموذج "كلاوزمير" "Klausmeier"

يقترح "كلاوزيمر" (١٩٧٦) ثلاثة مراحل لتصميم مواد أو أنشطة تعليمية مناسبة لتعلم المفاهيم وهي:

أولاً: تحليل المحتوى:

وفيه يتم تحديد عناصر المحتوى الدراسي من الحقائق والمفاهيم والمبادئ المتضمنة في الأهداف المطلوبة تعلمها.

ثانياً: تحليل السلوك المتصل بالمفهوم :

ويعني تحديد العمليات العقلية المطلوبة للحصول على المفهوم عند مستوى معين فأطفال المرحلة الأولى يستطيعون اكتساب مفهوم "شجرة" او "الكتاب" وهي مفاهيم لها أمثلة محسوسة ولكنهم يحتاجون للوصول إلى مرحلة أعلى من النضج لاكتساب مفاهيم مثل "الاسم" أو "الصفة" وهي مفاهيم تمثل بشكل رمزي.

وللحصول على مفهوم عند اي مستوى يقترح "كلاوزمير" ثلاثة شروط هي:

أ-يجب أن يكون المتعلم قادراً عقلياً على أداء المهام الأساسية للوصول إلى هذا المستوى.

ب-يجب أن يكون المتعلم قد حصل على المفهوم عند المستويات التي تسبق هذا المستوى أو قادرة على القيام بهذه المهمة.

ج-يجب أن يكون قادراً على بيان قدرته على أداء المهمة العقلية عند المستويات التي تسبق هذا المستوى.

ويهتم هذا التحليل بالمتغيرات الآتية:

١- خصائص المتعلمين.

٢- المستوى الذي يمكن الحصول على المفهوم عنده.

٣- نوعية المواد التعليمية.

٤- كمية التوجيه المطلوبة من المعلم ونوعه.

٣- نموذج "سهير زكريا"

ويشتمل هذا النموذج المقترح عشر خطوات على النحو التالي:

١- تحديد مرحلة التعلم المطلوبة المتطلبات الضرورية لها.

٢- اختيار المفهوم وتحديد الأهداف المرتبطة بتعلمه.

٢- تحديد البناء التصنيفي للمحتوى: وذلك بتحليل المستويات الثلاث للمفهوم السابق والمتساوي واللاحق في الرتبة وترتيبها في تصنيف المحتوى إلى مكوناته وترتيبها في هرمية تعلمه.

٤- تحديد السمات المعرفة Defining Attributes or "Critical attributes" والسمات المتباينة للمفهوم Non-Defining attributes والسمات المُعَرفة هي مجموعة السمات التي تميز أمثلة المفهوم عن غيرها أما المتباينة فهي السمات التي لا يشترط تواجدها في أمثلة المفهوم.

٥- إعداد تعريف للمفهوم.

٦- اختيار عدد من الأمثلة المغايرة بناء على تنوع السمات المتباينة.

٧- إعداد مجموعات منطقية.

٨- تحديد المبادئ والتعميمات الموضحة للمفهوم.

٩- تحديد قائمة مصطلحات للمفهوم.

١٠- اعداد اختبار للمفهوم بناء على الأهداف الموضوعة.

٤- نموذج "جانييه" "Gagne"

قدم "جانييه" نموذجاً هرمياً لتعلم المفاهيم، فهو يقترح تسلسل تعليمي معين بمعنى أن إكتساب المستوى الأدنى من القدرات المعرفية سوف يقود إلى اكتساب المستويات العليا.

ويرى "جانييه" ان المفهوم لا يكتسب إلا إذا كان لدى الفرد معلومات سابقة عنه، ويتطلب كذلك تعلم المفهوم قدرة على التمييز بين المثيرات المختلفة والأسئلة المتعلقة بالمفهوم.

ويوصي "جانييه" بضرورة تقديم عدد من المثيرات التي تمثل المفهوم أو أمثلة تدل عليه بشرط أن تكون مألوفة وذلك من أجل تيسير عملية تعلم المفهوم

٥- نموذج "أوزوبل" "Ausubel.M"

يميز "أوزوبل" بين مرحلتين في تعلم المفاهيم هما:

أ- مرحلة تكوين المفهوم Concept Formation :

وفي هذه المرحلة تتم عملية الاكتشاف الاستقرائي للخصائص المشتركة لفئة المثيرات حيث تندمج هذه الخصائص في صورة تمثل المفهوم، وهي صورة ينميها الطفل من خبراته الفعلية للمثيرات، ويمكن استدعاؤها حتى إذا لم توجد أمثلة واقعية.

وتمثل هذه الصورة "معنى المفهوم" ولا يستطيع الطفل في هذه المرحلة تسمية المفهوم بالرغم من أنه قد تعلمه.

ب- مرحلة تعلم "واكتساب" اسم المفهوم Concept Name :

وفي هذه المرحلة يستطيع الطفل تسمية المفهوم الذي اكتسبه بالفعل في المرحلة الأولى.

ومن أجل تحقيق ذلك قد يتطلب الأمر عرض الخصائص التعريفية للمفهوم على التلميذ وذلك باستخدام لغة التعريف Definition دون أن يقوم التلميذ باكتشاف هذه الخصائص، وفي هذه الحالة تسمى عملية التعلم "استيعاب المفهوم" Concept Accommodation .

ويؤكد "جابر عبد الحميد" على أن التعلم بالتلقي "استيعاب المفهوم" يسبق التعلم بالاكتشاف "تكون المفهوم" كلما تقدم الطفل في النمو.

رابعاً: متطلبات تعلم المفاهيم :

فعند تدريس المفاهيم يجب مراعاة "المتطلبات" الآتية :

١- تحديد سلوك التلاميذ الناتج عن تعلم المفاهيم :

فيمكن للتلميذ أن يحفظ تعريف المفهوم ولكنه يفشل في التعرف على أمثلة جديدة للمفهوم، وعلى ذلك فإن حفظ التعريف ليس هو غاية تعلم المفاهيم وإنما هي تنمية أو تكوين فهم وأداء وسلوك معين تعكس القدرة على التعرف على المفهوم وفي مواقف وأشياء وظواهر مختلفة.

ومثل هذا التحديد لأنواع التغيرات التي نرغب أن تحدث نتيجة لتعلم التلميذ لمفاهيم معينة يخدم غرضين:

- أنه يساعد المعلم في اختيار خبرات ومواقف التعلم المناسبة وتقويم التعلم الناتج.
- أنها تساعد التلميذ على اجراء مدى تحصيله ومستوى تعلمه للمفهوم.

٢- تقليل عدد الصفات التي يمكن تعلمها في حالة المفاهيم المعقدة:

ويتطلب ذلك من المعلم بعد تحديده للمفاهيم المراد تعلمها أن يحدد عدد الصفات والقيم، وجعل الصفات الهامة هي السائدة ويمكن للمعلم أن يقلل من عدد

الصفات في المفاهيم المعقدة؛ إما بأن يتجاهل وأن يُهمِل بعض الصفات ويركز على الصفات الاكثر أهمية، أو أن يحاول تصنيف في أنماط معينة تساعد على ادراكها وتجعل تعليمها أكثر سهولة، ومما يساعد في تعلم المفاهيم المعقدة أيضاً أن يزود المدرس التلاميذ بعوامل لغوية بسيطة مثل توضيح معاني الكلمات والمصطلحات المرتبطة بتعلم هذه المفاهيم.

٣- تقديم أمثلة إيجابية وأخرى سلبية المفهوم:

ويقصد بالإيجابية التي توضح كل صفات المفهوم مثل "الحمامة" كمثال إيجابي للطيور ويقصد بالسلبية التي توضح بعض صفات المفهوم مثل فراشة دودة القطن كمثال سلبي للطيور وكلما كانت الأمثلة الإيجابية كافية كلما ساعد ذلك في تعلم التلاميذ للمفهوم.

٤- تقويم تعلم التلاميذ للمفهوم:

ويتضمن هذا التقويم معرفة التلاميذ لتعاريف المفاهيم والأمثلة الإيجابية والأمثلة السلبية، وأن يدعم المعلم على نحو مباشر الاستجابات الصحيحة ويعززها مثل هذا التحقق من تعلم التلاميذ للمفهوم خطوة لها أهميتها في تحديد مدى تحصيل التلاميذ وقدرتهم على الأداء، وتساعد على تدعيم التعلم السابق للتلاميذ. كما تساعد المدرس على التخطيط لمواقف وخبرات أفضل لتحسين تعلم المفاهيم.

٥- يرتبط مستويات تعلم المفاهيم بمستويات التجريد :

ويتضح ذلك من دراسة مفاهيم معينة ترتبط بالنظرية الجزئية - الذرية- حيث تتدرج المستويات في صعوباتها وتجريدها من أشياء محسوسة تعتمد على الملاحظات الحسية مباشرة إلى إدراك الأشكال المكانية والعلاقات الرياضية الأكثر تجريداً. فمثلاً مفهوم الذرة يمكن أن يدركه التلميذ بسهولة نسبية على أنها "وحدة بناء المادة" ولكن مفهوم التركيب الذري للمادة ومفاهيم التكافؤ والأوزان الذرية تمثل مفاهيم أكثر صعوبة وتجريداً. وبالنسبة للمفاهيم التي يصعب ادراكها بالطرق الحسية المباشرة يمكن المعلم أن يستخدم وسائل بديلة موضحة مثل النماذج والرسوم البيانية أو غيرها من الأشكال التوضيحية.

وترى "فارعة حسن" أن التلميذ يستطيع أن يتعلم المفهوم الجديد بسهولة حينما تتوافر لديه الشروط التالية:

١- أن يقوم بالتعبير لفظياً عن تعريف المفهوم.
٢- أن يتعرف على الأمثلة الموجبة والأمثلة السالبة للمفهوم.
٣- أن يستطيع التلميذ تطبيق المفهوم في مواقف جديدة.
٤- أن يدرك العلاقة التراكمية بين المفهوم وغيره من المفاهيم الفرعية التي تندرج تحته أو المفاهيم الرئيسية التي ينتمي إليها.

خامساً: مكونات "عناصر" المفهوم:

يوجد لكل مفهوم مجموعة عناصر اساسية كما يلي:

١- اسمه: وهو الرمز الذي يستخدم للاشارة عن المفهوم.
٢- دلالته: ويقصد به العبارات التي تحدد كل الصفات المميزة للمفهوم.
٣- صفاته: وتشمل:
أ- صفات ثابتة، وهي تحدد المفهوم.
ب- صفات متغيرة: صفات مشتركة بين بعض وليس كل أعضاء المفهوم.
٤- أمثلة وتنقسم إلى:
أ- أمثلة موجبة وتحتوى على كل صفات المفهوم.
ب- أمثلة سالبة وتحتوى على بعض صفات المفهوم.

ويوضح "برونر" أن أي مفهوم له خمسة مكونات هي:

١- اسم المفهوم Concepte Label
٢- تعريف المفهوم C. Definition
٣- صفات المفهوم Concept Attributes
٤- قيمة صفة المفهوم Concept Attributes Value
٥- أمثلة المفهوم Concept Examples

سادساً: مصادر الصعوبة في تعلم المفاهيم العلمية:

تتفاوت المفاهيم من حيث درجة بساطتها وتعقيدها وتجريدها، وبالتالي ينبغي مراعاة المستويات المختلفة للصعوبة والتجريد بما يتناسب وطبيعة التلاميذ.

ويمكن أن نحدد مصادر الصعوبة في تعلم المفاهيم على النحوالتالي:

١-عدم الاعتماد على القدرة الحسية في تعلم المفاهيم.

٢- الخلط في المعنى الذي ينشأ بين المعاني الدارجة غير الدقيقة في معظم الحالات. وبين المعاني الدقيقة لكلمات وعبارات علمية، فمثلاً مفهوم الطاقة له بطبيعه الحال تعريف علمي مختلف عن المعنى الشائع لدى الشخص العادي محدود الخبرة العلمية.

٣- عدم استطاعة المتعلم التمييز عما إذا كانت عبارة معينة تتضمن مفهوماً أو قانوناً أو تعميماً معيناً .

٤- اعتماد معظم المعلمين على الطريقة الالقائية في التدريس دون أن يمارس تلاميذهم عمليات المقارنة أو التمييز ولذلك تبدو المعلومات مفككة وغير مترابطة.

٥- عدم وجود معلومات سابقة عن المفهوم المراد تعلمه لدى الفرد المتعلم فمثلاً مفهوم الكثافة لا يمكن تعلمه إلا إذا كان لدى الفرد معلوماته عن كل من الحجم مثلاً.

سابعاً: أهمية تعلم المفاهيم العلمية:

يعد تعلم التلاميذ للمفاهيم العلمية من أكثر جوانب التعلم فائدة في الحياة المعرفية ويمكن تلخيص أهمية تعليم المفاهيم فيما يلي:

- المفاهيم الرئيسية أكثر ثباتاً وبالتالي فهي أقل عرضة للتغيير من المعلومات القائمة على مجموعة من الحقائق والمعلومات المحدودة لأن المفاهيم الرئيسية تربط بين الحقائق والتفصيلات الكثيرة وتوضح العلاقات القائمة بينها، وكذلك فإنها تسمح بالربط بين مجموعات من الأشياء والظواهر، وهذا يساعد التلاميذ على زيادة فهمهم لمادة العلم وطبيعته.

- تُصنف البيئة وتقلل من تعقدها، فالكائنات الحية مثلاً على كثرتها، يمكن تصنيفها في مجموعات قليلة العدد نسبياً عن طريق ادراك الخصائص المشتركة بينها.

- تقلل المفاهيم من الحاجة إلى إعادة التعلم عند مواجهة أي جديد، أو بمعنى آخر فإنها تساعد على إنتقال أثر التعلم.

- تساعد على التوجيه والتنبؤ والتخطيط لأي نشاط فمثلاً... معرفتنا لمفهوم التأكسد تساعدنا على التنبؤ بما يحدث ما إذا توافرت شروط هذا التأكسد وبالتالي تجعلنا قادرين على اتخاذ الاحتياطات اللازمة للوقاية منه .

- تؤدي دراسة وتعلم المفاهيم إلى زيادة اهتمام التلاميذ بمادة العلوم، كما تزيد عادة من دوافعهم لتعلمها وحفز البعض منهم إلى التعمق في دراستها والتخصص فيها.

- تؤدي دراسة وتعلم المفاهيم العلمية إلى زيادة قدرة التلاميذ على استخدام وظائف العلم الرئيسية والتي تتمثل في التفسير والتنبؤ والتحكم.

- تساعد التلاميذ على فهم وتفسير كثير من الأشياء التي تثير انتباههم في البيئة والتي يمكن أن يستجيبوا اليها أي يتعلمونها.

- تزيد من قدرة المتعلمين على استخدام المعلومات في مواقف حل المشكلات.

- توفر المفاهيم أساسا لاختيار خبرات ومواقف التعلم وتنظيمها وبالتالي فإن المفاهيم تشكل خيوطاً أساسية في النسيج العام للمنهج.

- يمكن أن تجعل المفاهيم الحقائق ذات معنى ويؤثر ذلك في انخفاض معدل النسيان.

- يسهم تعلم المفاهيم في توحيد النشاط التعليمي واختزال الحاجة إلى عملية التعلم المستمر، كما يساعد تعلم المفاهيم على إدراك العناصر المتشابهة بين ما سبق أن تعلمه الفرد وبين المواقف الجديدة وبذلك يسهل عملية التعلم .

- تسهيل الاتصال: إن تبسيط الواقع في صورة مفاهيم عامة يجعل من السهل اختراع كلمات لغوية ذات معاني محددة وعامة لدى أبناء الثقافة الواحدة مما يسهل عملية الاتصال بينهم.

- إثراء البناء المعرفي للفرد: تسهل المفاهيم عملية ادماج التكوينات الشاملة العامة (وما بينها من ارتباطات فرضية) في البناء المعرفي للفرد، تلك التكوينات تساعد بدورها على اكتساب معاني مشتقة جديدة والاحتفاظ بها كجزء من البنية المعرفية للفرد.

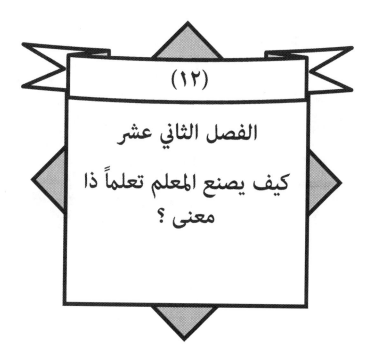

(١٢)

الفصل الثاني عشر

كيف يصنع المعلم تعلماً ذا

معنى ؟

الفصل الثاني عشر
كيف يصنع المعلم تعلماً ذا معنى ؟
رؤية تطبيقية في ضوء التفسير البيولوجي للمعنى

مقدمة :

في الماضي كانت المدارس ميداناً إجتماعياً لنقل المعلومات وتداولها ولم يكن هناك اهتماماً كافياً وتفكيراً فيما إن كانت هذه المعلومات المقدمة ذات معنى للطلاب أم لا ؟ وفي الوقت الراهن فيجب أن تتغير هذه الحقيقة الظاهرة في عصر يتسم بضخامة المعلومات وما يصاحبها من ثورة تكنولوجية في جميع المجالات . . حيث يجب أن يكون تركيزنا منصباً على إكساب الطلاب معلومات واقعية ونوعية ووظيفية ولانهتم بالكم المنقول لهم داخل القاعات الدراسية .

ومن حيث طبيعته كمصطلح المعنى وصفته فيرى " كوسلين Kosslyn , ١٩٩٢ " أن هناك نوعين للمعنى : المعنى المرجعي والمعنى الحسي . ويفرق " كاين وكاين Caine & Caine " بين المعنى السطحي (قاموسي أي يشير إلى الموقع القاموسي للكلمة " والمعنى المحسوس العميق [الذي يشير إلى مضمون المعنى وعُمقه] .

التفسير البيولوجي للمعنى :

يورد " جينسن Jensen ، ٢٠٠١ [(١)] ، أن المعنى غير الراسخ بقوة في الذاكرة البشرية هو معنى مُخادع إلى حد ما . وذكر (جينسن) أنه من خلال التصوير بأشعة البوزيترون positron photo ثبت وجود أرتباط بيولوجي لصفة المعنى وتجربته ، ولكنه يعتمد على نوع المعنى كالحالات الآتية :

---

(١) جينسن ، ايريك (٢٠٠١) كيف نوظف أبحاث الدماغ في التعليم ، ت : مدارس الظهران الأهلية ، الدمام ، دار الكتاب التربوي للنشر والتوزيع .

- إذا كان المعنى مرتبطاً بمعلومات متعلقة بتعلم جوانب روحية فربما تكون معالجته تتم في الفص الجداري للدماغ البشري (شكل ٧٢)

– اذا كان المعنى مرتبطاً بجوانب إنفعالية فربما يُظهِر نشاطاً من أقسام الدماغ الأمامية ، الخلفية ، الوسطى .

– اذا كان المعنى معبراً عن الإندهاش أو الإنتصار فسيكون مركز نشاطه على الارجح في الفص الأمامي الأيسر . أن هذه المناطق المختلفة لمواقع معالجة المعنى تشير إلى أن مفهوم المعنى قد يكون مختلفاً أيضاً .

شكل (٧٢) يوضح تكوين المعنى في مناطق متعددة من الدماغ البشرية (المصدر : جينسن، ٢٠٠١)

المعايير المعرفية العامة التي يمكن أن تؤدي إلى احداث تعلماً ذا معنى : (٢)

اولاً : معايير تتعلق بالمصمم التعليمي للمناهج الدراسية :

١. بناء مفردات محتوى المقرر الدراسي وفقاً لمبادئ الهندسة المعرفية Cognitive Architecture .
٢. صياغة مفردات المحتوى على هيئة مشكلات (أسئلة) قابلة للحل المنطقي .
٣. تصميم عناوين مناسبة للمحتوى .
٤. صياغة عناوين الفقرات في شكل أسئلة كلما أمكن ذلك .
٥. عرض المفردات بشكل يسهل تقديمها بأكثر من أستراتيجية تعليمية وأبرزها استراتيجيات التعلم المُفرد Individualization of Instruction .
٦. تقديم مفردات المحتوى بحيث تراعي اسلوب التعلم للطلاب .
٧. التنوع في مستويات صعوبة المفردات (٣ مستويات على الأقل) .
٨. مراعاة الوظائف العقلية والسيكولوجية عند صياغة المحتوى لغوياً
٩. مراعاة تصميم مفردات المحتوى وفقاً لمبادئ نظرية (الذكاءات المتعددة وأنماطها -النظرية البنائية) .
١٠. توفير مواضع لتقديم أسئاة ضمنية (أثناء عملية التعليم) لاعطاء تقييم مستمر ومباشر Feed back .

---

(٢) تم الأعتماد في صياغة هذه المعايير على المصادر التالية :

١. بشيرة طعمة (٢٠٠٣) العمليات المعرفية وغير المعرفية للتعلم الألكتروني من :

- Kaa.edu. sa/dvworkshop / ppt / Dvworshop-Tue ١٠. ١. ٢. ppt.

٢- Grabe. & Grabe (٢٠٠٤) Integration Technologg for meaning ful Learning , Fourth Edition , Houghton Mifflin Company , newyork .

ثانياً : معايير عامة تتعلق بالمعلم :

١. تقديم أسئلة ومشكلات تدفع المتعلم إلى تحقيق عمليات عقلية عليا كالتنبؤ والإستنتاج والتفسير .

٢. تقديم أسئلة بنائية (ضمنية – أثناء عملية التعليم) لتوفير تغذية مرتدة مباشرة وفورية ومن أشكال متعددة .

٣. تدريب المعلمين على تخطيط خرائط مفاهيم Concept Mapping وخرائط تنظيم المعلومات النصية وتوظيفها تعليمياً Mapping text .

٤. مراعاة الأتساق بين اسلوب التحكم بين المعلم والمتعلم .

٥. مراعاة الاستعدادات العقلية للمتعلمين (أساليب معرفية – السعة العقلية – نسبة الذكاء ونوعه – نمط التعلم والتفكير ... الخ) .

ثالثاً : معايير تتعلق بالمتعلم :

١. زيادة دافعية الداخلية للتعلم Internal Motivation

٢. المحافظة على رفع عتبة الانتباه Attention

٣. اعتماده على اعتماده ذاته في بناء معارفه Constructive Learning

٤. تشجيعة على التعاون مع زملاءه لجمع المعلومات وتصنيفها وتبادلها ومعالجتها (إفادة وإستفادة) Collaboration & Cooperation

أرشادات ونصائح عامة وتفصيلية للمعلمين للمساهمة في صناعة التعلم ذا معنى : (٣)

١. لاتفترض دوماً أن ما هو ذو صلة وأهمية بالنسبة لك ، سيكون ذا صلة وأهمية بالنسبة لطلابك .
٢. شجع طلابك على ان يكتشفوا بأنفسهم أهمية الشيء وصلته بهم ولا تفرض عليهم ما أكتشفته أنت من علاقات وروابط وصلات .
٣. اعطِ الطلاب وقتاً لربط المعاني السابقة من خلال : مناقشات منظمة ، الرسوم التعليمية ، الأحداث اليومية .
٤. توظيف مدخل الأحداث الجارية ، وتاريخ الأسرة ، والقصص ، والأساطير ، والخرافات ، والمجازات اللغوية للمساعدة في جعل التعلم ذات صلة بحياتهم الواقعية .
٥. دع الطلاب يشرحون ما تعلموه بأنفسهم تحت توجيهاتك البناءة .
٦. وظِف القصص الشخصية ذات الصلة ، ووسائل الأعلام في عملية التعلم .
٧. شجع الطلاب على ابراز تجاربهم الخاصة وتبادلها في مجموعات ثنائية .
٨. الابتعاد عن الأسلوب الألقائي التلقيني ذات الأتجاه الواحد في التعليم (التدريس).
٩. توظيف أسلوب التعلم التعاوني بشكل مناسب ، لانه يكون متوافقاً تماماً مع الذاكرة البشرية، فالتحدث والتبادل والمناقشة أمور على جانب كبير من الأهمية لان المتعلمون مُعَدون بيولوجياً للغة والتواصل مع بعضهم البعض .
١٠. وفر وقتاً " للربط الحر " ويمكنك أن تطرح أسئلة مثل : هل حدث معك هذا الموقف في حياتك الشخصية ؟ أو هل يمكن أن تقارن وتقابل هذا المواقف مع تجربة شخصية لك ؟

(٣) أن تمسك المعلم بأسلوب المحاضرة التلقيني يمثل في الواقع أنتهاكاً صريحاً لمبدأ هام من مبادئ عمل الدماغ البشرية وهو أن الطلاب في الأساس كائنات حية اجتماعية تنشأ وتنمو في بيئة اجتماعية تفاعلية ذات اتجاهات متعددة .

١١. قم بتوظيف خرائط المعرفة وخرائط المفاهيم وخرائط الشكل " V " في الكشف القبلي عن المعلومات السابقة للمتعلمين وعرض المعلومات وتنظيمها .

١٢. قم بالربط بين ما يتعلمونه الطلاب ومواقف واقعية حياتيه قدر الامكان لان التعلم الحقيقي ينطوي في حقيقته على تعلم ذا معنى .

١٣. قبل أن تبدأ في طرح موضوعاً ما ، قدِم للطلاب نظرة عامة عنه مستخدماً بعض الوسائل التعليمية أو الرسوم الخطية .

١٤. هيأ الطلاب بوسائل متعددة لتقبل الموضوع الجديد مثل :
- العاب قابلة للممارسة في النصوص أو النشرات .
- خرائط عقلية تُعلق على الجدران (خرائط ذهنية) .

١٥. عند الانتهاء من موضوع ما تأكد من أنك قد وفرت الفرصة لطلابك بتقييم وجهة النظر المؤيدة والمعارضة .

ملاحق الكتاب

رقم الملحق	موضوع الملحق	ملاحظات
١	نماذج لبعض الموضوعات الدراسية المصممة وفقاً لمراحل نموذج "أوزوبل" في التصميم التعليمي القائم على المعنى	
٢	نماذج مُصممة لبعض خرائط المفاهيم العلمية	
٣	اختبار الاشكال المتداخلة (المتقاطعة) لبسكاليوني	بتصرف
٤	نماذج متنوعة لخرائط المعرفة	

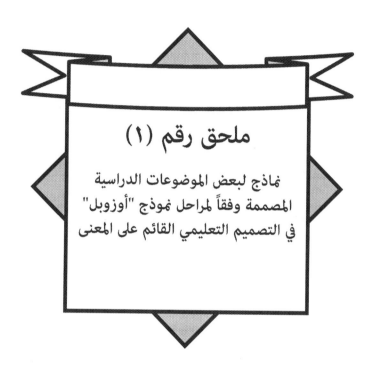

ملحق رقم (١)

نماذج لبعض الموضوعات الدراسية
المصممة وفقاً لمراحل نموذج "أوزوبل"
في التصميم التعليمي القائم على المعنى

ملحق رقم (١)

ملحق رقم (١)
الموضوع الأول
تركيب الذرة (المادة)

أهداف الدرس :

يرجى بعد الإنتهاء من دراسة هذا الموضوع أن يكون التلميذ قادراً على أن:

١- يُعرف بعض المفاهيم مثل الذرة - الأيون - العدد الذرى - عدد الكتلة .

٢- يفسر كيف تتحول الذرة إلى أيون .

٣- يرسم رسماً تخطيطاً للتركيب الإليكتروني لبعض الذرات .

٤- يحدد نوع الروابط الكيميائية بين المركبات مستعيناً بالرسم .

٥- يستنتج نوع العنصر من خلال نوع الرابطة الكيميائية .

٦- يقارن بين مكونات الذرة .

٧- يحسب عدد النيترونات داخل كل نواة.

الأدوات والوسائل :

١- نماذج لتركيب بعض الذرات "ذرة الأكسجين - ذرة الماغنسيوم"

٢- نموذج لإرتباط ذرتى الصوديوم بالكلور .

٣- فيلم تعليمي "ناطق باللغة الإنجليزية" وغير ملون ومدة عرضه، ١٠ دقائق عن أحوال المادة الثلاث .

إجراءات التعليم :

(١) مرحلة عرض المنظم المتقدم :

١-أ- توضيح أهداف الموضوع: لجذب انتباه واهتمام التلاميذ للموضوع .

١-ب- مراجعة المعلومات السابقة: بطرح سؤال أو أكثر لتنشيط وإستثارة وعي التلاميذ بالمعارف السابقة ذات الصلة بموضوع الدرس.

١-جـ- تقديم المنظم المتقدم : يعرض المعلم المنظم المتقدم التالي "مكتوباً على السبورة" أو على أية اداة أخرى .

الذرة ، أصغر وحدة في العنصر تشترك في التفاعلات الكيميائية

يناقش المعلم تلاميذه حول المنظم المتقدم السابق مع توضيح مكونات الذرة والدلالة اللفظية للمفهوم السابق، ومفاهيم الأيون والعدد الذري وعدد الكتلة .

(٢) مرحلة عرض المادة التعليمية :

٢-أ- جذب انتباه التلاميذ والحفاظ عليه بالإشارة مرة أخرى للمنظم السابق .

٢-ب- التمييز التدريجي :

١- يعرض المعلم الفيلم التعليمي الخاص بأحوال المادة .

٢- يعرض المعلم نموذج تركيب الذرة .

الكترون سالب الشحنة

نواة موجبة الشحنة

تركيب الذرة

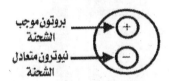

بروتون موجب الشحنة

نيوترون متعادل الشحنة

مكونات النواة

٤- يدير المعلم مناقشة حول تركيب الذرة مع جمع ملاحظاتهم ويوضح للتلاميذ أن الذرة تتركب من نواة موجبة الشحنة والكترونات تدور في سبع أغلفة لكل غلاف عدد محدد من الالكترونات حسب هذه القاعدة

$$ \text{-- -- } \longleftarrow \text{ "٢ن٢"} $$

حيث أن [ن _ _ _ $\longleftarrow$ رقم الغلاف].

(٣) مرحلة تقوية البنية المعرفية :

٣-أ- التوفيق التكاملي: بطرح المعلم بعض الأسئلة بهدف :

١- تحديد أوجه التشابه بين البروتون والنيوترون والإلكترون .

٢- تحديد أوجه الإختلاف بين البروتون والنيوترون والإلكترون .

٣- إعطاء المزيد من الأمثلة والتطبيقات .
٣-ب- استخدام المدخل النقدي عن طريق عرض نموذج لذرة أحد العناصر ومناقشة التلاميذ حولها .

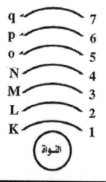

عدد مستويات الطاقة حول النواة

التمييز التدريجي:

١- يعرض المعلم نموذج لارتباط ذرتي الصوديوم مع الكلور وذرتي الهيدروجين ويسال تلاميذه عن : متى يتكون الأيون الموجب؟ ومتى يتكون الأيون السالب ؟

٢- يدير المعلم مناقشة حول تكوين الأيون ونوع الرابطة المتكونة بين الذرات، ثم يجمع ملاحظات واستنتاجات تلاميذه مع توضيح المعلم لكيفية اتمام الارتباط الكيميائي وأنواع الروابط الكيميائية .

٣- يستعين المعلم بهذا الرسم :

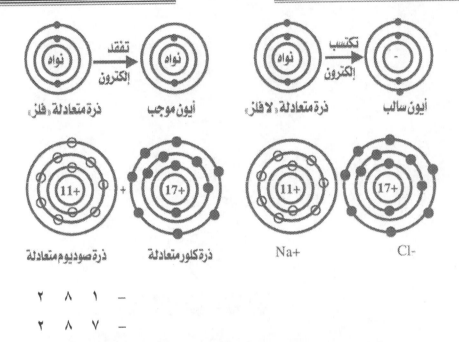

تفقد إلكترون ← ذرة متعادلة (فلز) ← أيون موجب

تكتسب إلكترون ← ذرة متعادلة (لافلز) ← أيون سالب

ذرة صوديوم متعادلة + ذرة كلور متعادلة

Na+   Cl-

– ١ ٨ ٢

– ٧ ٨ ٢

إرتباط ذرتي الصوديوم والكلور في جزئ كلوريد الصوديوم

التوفيق التكاملي:

يناقش المعلم التلاميذ في ملاحظاتهم واستنتاجاتهم ويطرح بعض الأسئلة بهدف:

أ-   تحديد أوجه التشابه بين ارتباط الصوديوم وبين ارتباط ذرتي الهيدروجين .

ب-   تحديد أوجه الاختلاف بين ارتباط ذرتي الصوديوم مع الكلور وبين ارتباط الهيدروجين .

جـ- تحديد أوجه التشابه والإختلاف بين الروابط الأيونية والتساهمية .

٣-جـ- حث الاستقبال النشط عن طريق :

- المقارنة بين المستوى الخير لذرة الصوديوم وذرة الكلور.

- ربط خبرات التلاميذ بالموضوع التعليمي الحالي .

- اعطاء مزيد من الأمثلة لارتباط العناصر .

- منح التلاميذ فرصة للتدريب على استنتاج نـوع الرابطـة الكيميائيـة مـن خـلال تفاعـل بعـض العناصر .

٣-د- استخدام المدخل النقدي كما يلي:

- كم إلكترون ينتقل من الصوديوم للكلور عند التفاعل .
- ماذا يحدث لذرة الصوديوم عندما تدخل التفاعل .
- أيهما اكبر حجماً ذرة الصوديوم أم أيون الصوديوم .

٣-هـ- توضيح ما هو غامض من عنـاصر الـدرس ويقـع ذلـك عـلى عـاتق المعلـم مـع الاسـتعانة بمناقشات وحوارات مع تلاميذه ثم يقوم بعمل ملخص لأهم عناصر الدرس.

(٤) نموذج للتقويم في المجال المعرفي .

١- ما هو المقصود بكل من :

- الذرة - الأيون.
- العدد الذري. - عدد الكتلة .

٢- لديك عنصر عدده الذري "١٢" وضح بالرسم التخطيطي التوزيع الإلكتروني لذرة هذا العنصر.

٣- أكمل العبارات :

- عندما تفقد الذرة إلكترون أو أكثر تتحول إلى ... وعندما تكتسب إلكترون أو أكثر تتحول إلى ....
- يحتوى المدار الثاني على أقصى عدد من الإلكترونات تصل إلى ...... إلكترون .
- الربط المتكونة بين " الليثيـوم " و " الفلـور " رابطـة .... بيـنما الرابطـة الموجـودة بـين ذرتي الهيدروجين في جزىء الهيدروجين رابطة ....
- احسب عدد النيترونات داخل كل نواة لهذه العناصر .

٧	٣٥	٢٠
Li	Cl	Ne
٣	١٧	١٠

الموضوع الثاني
الجزيئات

أهداف الدرس:

يرجى بعد الإنتهاء من دراسة هذا الموضوع أن يكون التلميذ قادراً على أن:

١- يميز بين مفهوم الذرة ومفهوم الجزيء .

٢- يقارن بين جزئي العنصر وجزى المركب .

٣- يعدد أمثلة لجزيئات العناصر وجزيئات المركبات " ٣ لكل ".

٤- يرسم نموذج لجزيئات بعض العناصر والمركبات .

الأدوات والوسائل:

١- لوحة ورقية موضح عليها أمثلة لجزيئات العناصر .

٢- لوحة ورقية موضح عليها أمثلة لجزيئات المركبات المختلفة .

اجراءات التدريس:

(١) مرحلة عرض المنظم المتقدم :

١-أ- توضيح أهداف الموضوع شفهياً لجذب إنتباه التلاميذ لموضوع الدرس .

١-ب- مراجعة المعلومات السابقة: يستخدم سؤالاً أو أكثر بهدف تنشيط واستثارة المعارف والمفاهيم والخيارات السابقة للتلاميذ ذات الصلة بموضوع هذا الدرس .

١-جـ- تقديم المنظم المتقدم: يعرض المعلم المنظم المتقدم التالي " مكتوب على السبورة أو اية أداه عرض أخرى (جهاز O.H.P) .

الجزيء: أصغر وحدة من المادة توجد على حالة إنفراد وتتضح فيه خواص المادة. تحتوى جميع جزيئات العناصر على ذرات متشابهة، بينما يحتوى جزيء جميع المركبات على ذرات غير متشابهة .

يناقش المعلم تلاميذه حول المنظم المتقدم السابق - لتوضيح انواع الجزيئات والدلالة اللفظية لمفهوم الجزيء.

٢- مرحلة عرض المادة التعليمية .
٢-أ- الاحتفاظ بانتباه التلاميذ للدرس وذلك بالإشارة للمنظم المتقدم السابق .
٢-ب- التمييز التدريجي .
١- يعرض المعلم لوحة ورقية عليها جزيئات لبعض العناصر " الغازية – السائلة – الصلبة".
٢- يعرض المعلم لوحة ورقية عليها جزيئات بعض المركبات مثل " كلوريد الصوديوم".
٣- يناقش المعلم أنواع الجزيئات وأسلوب التعرف عليها مع الاستعانة بالرسم المرفق
- ثم يبرز لهم جزيء العنصر الغازي النشط " اكسجين ".
- يتكون من ذرتين متشابهتين وبينهما إرتباط من نوع ما .

جزئ أكسجين O_2 = ٢ ذرة

- تتكون جزيئات الغازات الخاملة من ذرة واحدة مثل جزيء الهيلوم.

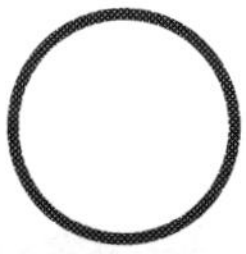

جزئ هيلبوم = ذرة واحدة

– ويبرز لهم ان جزيئات العناصر السائلة قد تتكون من :
- ذرتين متشابهتين مثل البروم .
- ذرة واحدة فقط مثل الزئبق .

ملحق رقم (١)

- وتتكون جميع جزيئات العناصر الصلبة من ذرة واحدة مثل جزيء الحديد .

- أما جزيئات المركبات تتكون من ذرتين او أكثر ليست متشابهة لأنها ذرات لأكثر من عنصر مثل جزيء كلوريد الصوديوم .

٣- مرحلة تقوية البنية المعرفية :

٣-أ- التوفيق التكاملي : يطرح المعلم بعض الأسئلة بهدف :

١- تحديد أوجه الشبه والإختلاف بين حزيئات العناصر " الغازية - الصلبة - السائلة".

٢- تحديد أوجه الشبه والاختلاف بين جزيء المركب وجزيء العنصر .

٣- يقوم المعلم بالتعليق على إجابات التلاميذ واستنتاجاتهم ليتوصل معهم إلى أهم خواص الجزيئات لكل من العناصر والمركبات، وكيفية تمييز كل نوع .

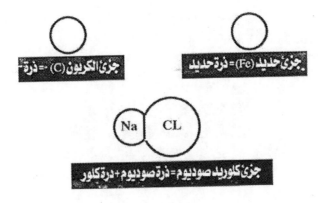

جزئ حديد (Fe) = ذرة حديد

جزئ الكربون (C) = ذرة

جزئ كلوريد صوديوم = ذرة صوديوم + ذرة كلور

ملحق رقم (١)

٣-ب- حيث الاستقبال النشط عن طريق :

- ربط الخبرات السابقة بموضوع الدرس الحالي .
- إعطاء مزيد من الأمثلة للجزيئات .

٣-جـ- استخدام المدخل النقدي كما يلي :

- كم ذرة توجد في جزئ الهيدروجين ؟
- لماذا يعتبر جزئ ملح الطعام جزئ مركب وليس جزئ عنصر ؟

٣-د- التوضيح: حيث يقوم المعلم بتوضيح نقاط الدرس الغامضة وتحليلها ثم عمل موجز لأهم مفاهيم الدرس .

(٤) نموذج للتقويم في المجال المعرفي :

س١ : ما هو المقصود بكل من : - الجزئ.   - الذرة.

س٢ : علل ما يأتي :

١- جزئ الماء من جزيئات المركبات .

٢- جزئ الهيدروجين من جزيئات العنصر .

س٣ : قارن بين جزئ العنصر والمركب مع ذكر مثالين لكل نوع ؟

س٤ : ضع علامة (✔) أمام العبارة الصحيحة وعلامة (X) أمام العبارة الخاطئة:

١- يتكون جزئ الكلور من ذرتين مختلفتين مرتبطين معاً.

٢- غالباً ما يوجد الجزئ على حالة إنفراد ولا يحمل خواص المادة.

٣- تتكون جميع جزيئات العناصر النادرة من ذرة واحدة.

٤- يتكون جزئ البروم وجزئ الزئبق من ذرة واحدة فقط .

ملحق رقم (١)

س٥ : استخرج جزئ المركب وجزئ العنصر من خلال هذه الجزيئات مع استنتاج نوع جزئ العنصر ؟

ملحق رقم (١)

الموضوع الثالث
تكافؤ العناصر

أهداف الدرس :

يرجى بعد الإنتهاء من دراسة هذا الموضوع أن يكون التلميذ قادراً على أن:

١- يعرف المقصود بتكافؤ العنصر ورمز العنصر .

٢- يذكر رموز بعض العناصر كما وردت بالكتاب المدرسي.

٣- يتدرب على كتابة رموز العناصر سليمة.

٤- يربط بين تكافؤ العنصر ونوع العنصر.

٥- يستنتج تكافؤ العنصر من خلال عدد ذرات الهيدروجين التي يتحد معها أو يحل محلها.

الأدوات والوسائل المستخدمة :

١- نماذج لتركيب بعض الذرات "أكسجين - ماغنسيوم".

٢- لوحة موضح عليها رموز العناصر .

٣- شفافيات تعليمية من موضوع الدرس .

إجراءات التدريس :

(١) مرحلة عرض المنظم المتقدم :

١-أ- توضيح أهداف الموضوع شفهياً لجذب وإنتباه التلاميذ لموضوع الدرس.

١-ب- مراجعة المعلومات السابقة: يقوم المعلم بطرح سؤالاً أو أكثر بهدف تنشيط واستثارة المعارف والمفاهيم والخبرات السابقة للتلاميذ ذات الصلة بموضوع هذا الدرس.

١-جـ- تقديم المنظم المتقدم: يعرض المعلم المنظم المتقدم التالي "مكتوب على السبورة".

- تكافؤ العنصر: هو عدد ذرات الهيدروجين التي يتحد معها أو يحل محلها ذرة واحدة من العنصر، ولكل عنصر تكافؤ خاص به ورمز يدل عليه.

- يناقش المعلم تلاميذه حول المنظم المتقدم السابق ... لتوضيح الدلالة اللفظية للتعريف السابق.

٢- مرحلة عرض المادة التعليمية :

٢-أ- الاحتفاظ بانتباه المتعلم فترة تقديم المادة التعليمية بالإشارة للمنظم المتقدم السابق.

٢-ب- التمييز التدريجي :

١- يعرض المعلم لوحة موضح عليها نماذج لبعض الذرات "عنصر فلز وعنصر لا فلز" .

٢- يناقش المعلم تلاميذه حول كيفية استنتاج تكافؤ العنصر من خلال عدد ذرات الهيدروجين ويبرز لهم أن ذرة العنصر الفلزى تحل محل ذرات هيدروجين فمثلاً الصوديوم أحادى التكافؤ.. لأنه يحل محل ذرة واحدة من الهيدروجين.

- أما ذرة العنصر اللافلزى فتتحد مع ذرات الهيدروجين فمثلاً الكلور أحادى لأنه يتحد مع ذرة هيدروجين.

- والأكسجين ثنائي لأنه يتحد من ذرتين هيدروجين وهكذا .

٣- يكتب المعلم بعض المعادلات على السبورة.

ثم يطلب من تلاميذه استنتاج تكافؤ كل عنصر .

مثال :

$$Na + ٢H_٢O \rightarrow ٢NaoH + H_٢ \uparrow$$

٤- يعرض المعلم لوحة عليها رموز العناصر .. ويدير مناقشة حولها بهدف التعرف على الرموز وتصنيفاتها .

ملحق رقم (١)

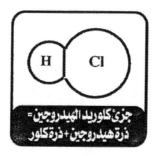

جزئ كلوريد الهيدروجين =
ذرة هيدروجين + ذرة كلور

جزئ الماء =
ذرة أكسجين + ذرتين هيدروجين

جزئ نشادر

جزئ ميثان =
ذرة كربون + ٤ ذرات هيدروجين

٣- مرحلة تقوية البنية المعرفية :

٣-أ- استخدام التوفيق التكاملي : يسأل المعلم تلاميذه حول :

١- أوجه التشابه والاختلاف بين تكافؤ العنصر الفلزى وتكافؤ العنصر اللافلزي.

٢- أصل رموز العناصر ؟

٣- يجمع المعلم ملاحظات التلاميذ واستنتاجاتهم ثم يعلق عليها.

٣-ب- حث التعلم الاستقبالي النشط عن طريق:

- ربط الخبرات السابقة لتلاميذ بموضوع الدرس الراهن.
- إعطاء مزيد من الأسئلة لتوضيح معنى التكافؤ .
- منح التلاميذ فرصة للتدريب على استنتاج التكافؤان.

٣-جـ- استخدام المدخل النقدي كما يلي:

- ما هو تكافؤ النيتروجين في مركب النشادر ؟

- علل: تكافؤ الماغنسيوم ثنائي ؟

٣-د- توضيح ما هو غامض من عناصر الدرس ويقوم المعلم بهذه العملية.

نموذج للتقويم في المجال المعرفي

١- ما هو المقصود بكل من - التكافؤ . - رمز العنصر

٢- استنتج تكافؤ كل من الكربون والهيدروجين والبوتاسيوم من هذه المركبات

$Ch_٤ , H_٢O , Kcl$

٣- ما معنى هذه الرموز $O_٢$ - ٢O - O

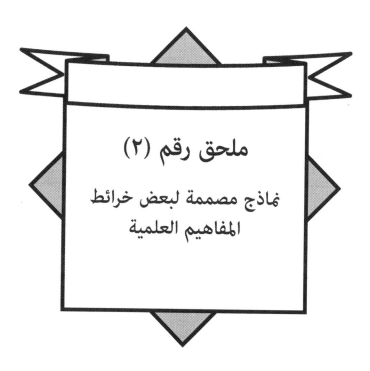

ملحق رقم (٢)

نماذج مصممة لبعض خرائط
المفاهيم العلمية

ملحق رقم (٢)

المادة
تتركب من
الجزيئات
تتركب من
الذرات
الذرة
أصغر وحدة من العنصر
تشترك في التفاعلات
عندما تفتقد أو تكتسب
إلكترون أو أكثر
أيون
أنواعه
أيون موجب
(ذرة فقدت)
أيون سالب
(ذرة اكتسبت)
تتكون رابطة
أيونية
تتكون من
نواة
إلكترونات سالبة
الشحنة
تحتوى على
تدور على
٧ مستويات (أغلفة)
بروتونات موجبة
الشحنة
نيوترونات متعادلة
الشحنة
لكل مستوى عدد معين من الإلكترونات
حسب هذه القاعدة حتى الرابع فقط
٢ن٢

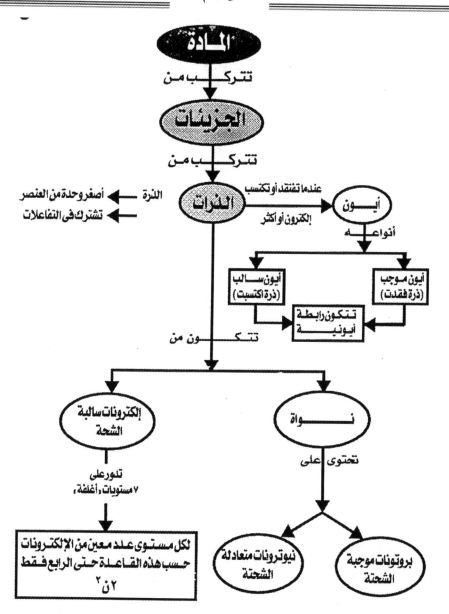

المجموعة الذرية
عبارة عن
مجموعة ذرات لعناصر مختلفة مرتبطة معاً
وتسلك في التفاعل مسلك الذرة الواحدة
أمثلتها
مجموعة أحادية التكافؤ
مجموعة ثنائية التكافؤ
مجموعة ثلاثية التكافؤ
مثال
مثال
مثال
هيدروكسيد OH
نترات NO_3
بيكربونات HCo_3
أمونيوم NH_4
الكبريتات SO_4
الكربونات CO_4
الفوسفات PO_4

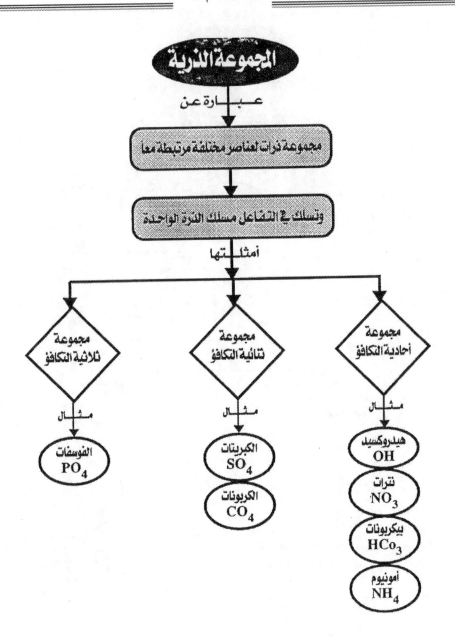

المعادلة الكيميائية
عبارة عن
طرف أيمن
طرف أيسر
يمثل المواد الناتجة من التفاعل
يمثل المواد المتفاعلة
حيث أن
عدد ذرات العنصر في الطرف الأيمن
=
عدد ذرات العنصر في الطرف الأيسر
و
مجموع أوزان المواد الناتجة من التفاعل
=
مجموع أوزان المواد المتفاعلة

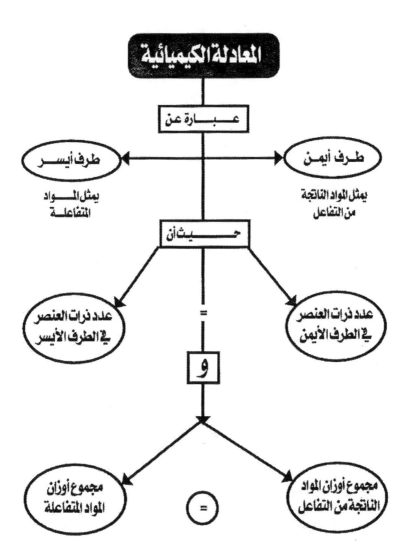

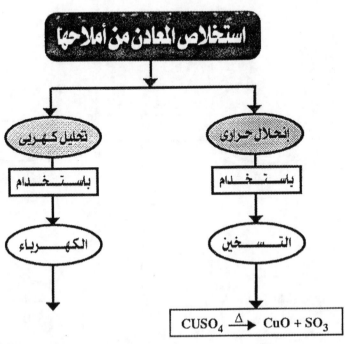

استخلاص المعادن من أملاحها
إنحلال حرارى
تحليل كهربى
باستخدام
باستخدام
التسخين
الكهرباء
$CUSO_4 \xrightarrow{\Delta} CuO + SO_3$

حيث
- ينقص وزن كبريتات النحاس .
- تسود كبريتات النحاس .

التحليل الكهربى لمحلول كبريتات النحاس
- يزود وزن المهبط .
- يتصاعد الأكسجين على المصعد .
- يتصاعد الهيدروجين على المهبط .
- يمتص اللون الأزرق .

$$C + O_2 \longrightarrow CO_2$$

$$CuO + H_2 \xrightarrow{\Delta} Cu + H_2O$$

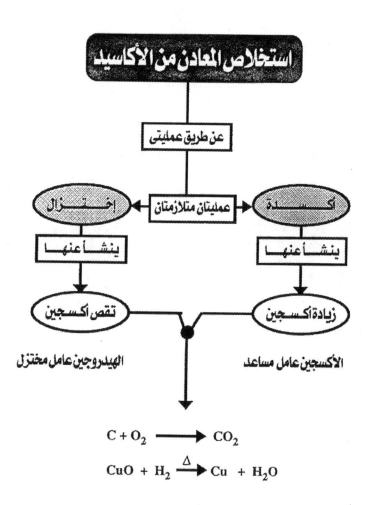

استخلاص الكبريت
إستخداماته
- صناعة الثقاب
- صناعة الأصمدة والمطاط
- صناعة حمض الكبرتيك.
الطريقة الصقلية
الطريقة الأميريكية
إذا كان
قريباً من سطح الأرض
بعيداً عن سطح الأرض
عن طريق مرحلتين
يتم صهر الكبريت عن طريق
عملية صهر
عملية تنقية
بخار ماء مسخن للدرجة ١٨٠ س
باستخدام
يعاد تسخينه فى
ثم
قمائن من الطين
معوجات من الحديد فيتحول لبخار
دفعه إلى السطح بواسطة الهواء المضغوط
حيث
يتكثف الكبريت ويسمى بـ
يشتعل الكبريت فيها فيتحول لمصهور
زهرة الكبريت
عندما يسيل على أرضية الحجرة
كبريت العمود

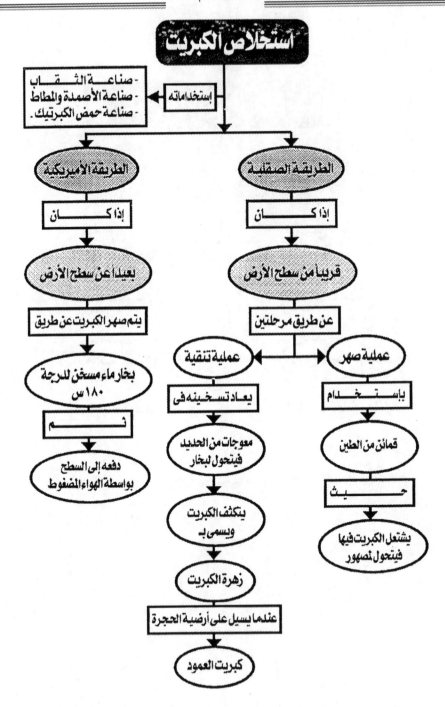

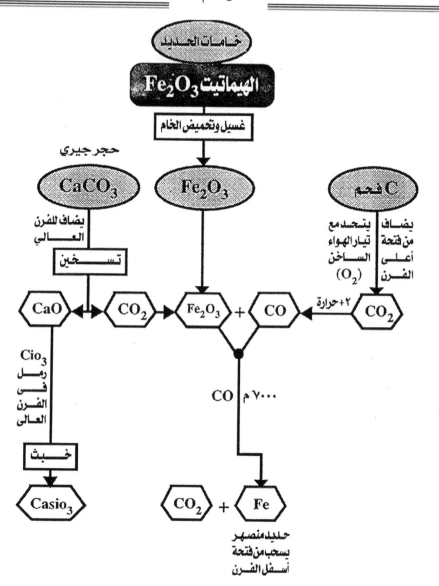

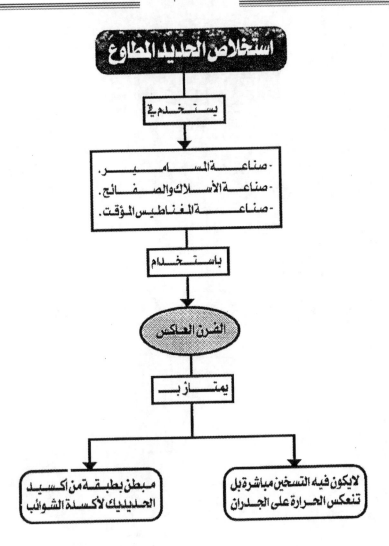

استخلاص الحديد المطاوع

يستخدم في

- صناعة المسامير.
- صناعة الأسلاك والصفائح.
- صناعة المغناطيس المؤقت.

باستخدام

الفرن العاكس

يمتاز بـ

مبطن بطبقة من أكسيد الحديديك لأكسدة الشوائب	لا يكون فيه التسخين مباشرة بل تنعكس الحرارة على الجدران

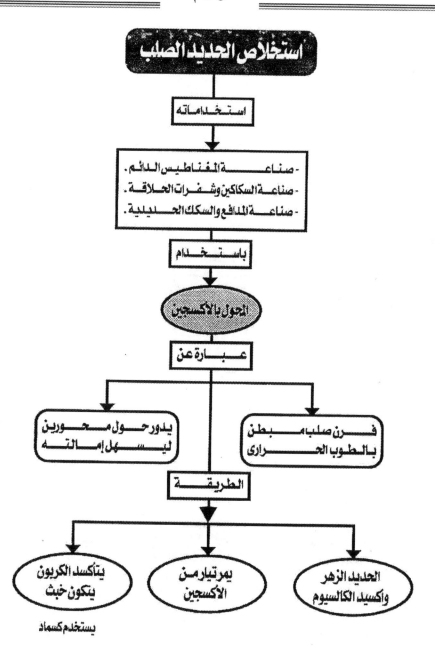

استخلاص الألمونيوم
يستخدم في
- أواني الطهي .
- سبائك الديورالوميد .
- البويات .
- الدهانات .
باستخدام
التحليل الكهربي
لصهور البوكسيت
مع ملاحظة أنه يجب
يتجه الألومنيوم للمهبط
إضافة مصهور الكريوليت والفلورسبار
يتجه الأكسجين للمصعد

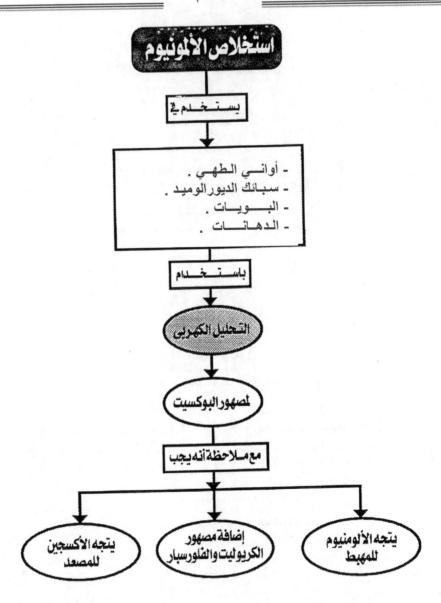

أهم مركبات الألمونيوم
عبـــارة عن
أكسيد ألومونيوم
Al_2O_3
يوجـد على هيئـة
بـوكسيت
كورانـدوم
سليكات ألومنيوم
كـريوليت
$MAl_2O_3 , 2H_2O$
أحمر - أزرق - رمادى
$Al_2O , 2SiO_2 , 2H_2O$
كـاولين
Na_3AlF_3

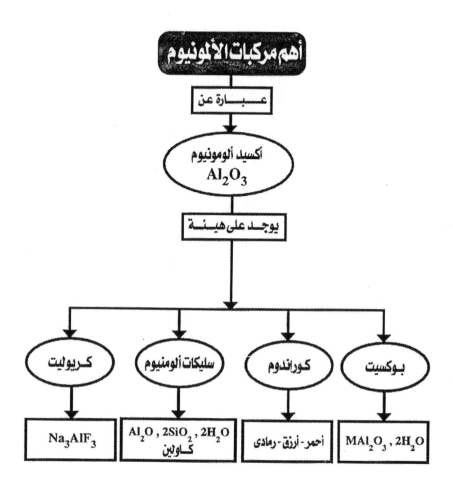

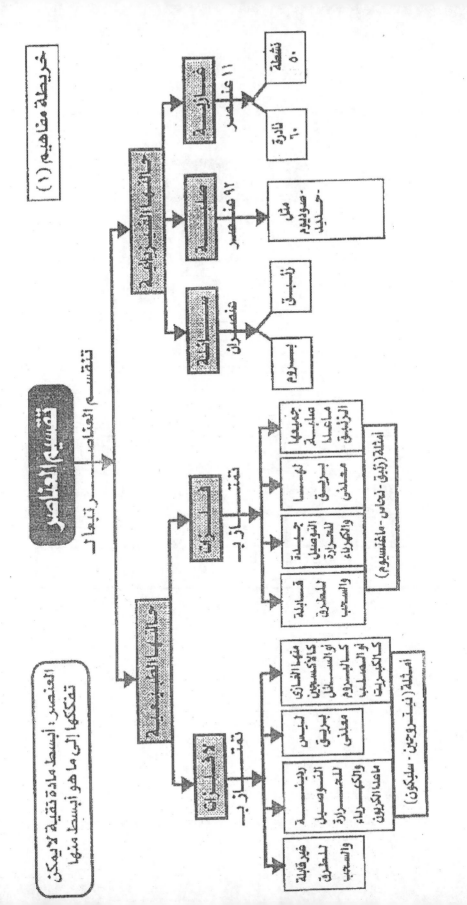

خريطة مفاهيم (١)

ملحق رقم (٢)

٢٧٤

خريطة مفاهيم (٢)

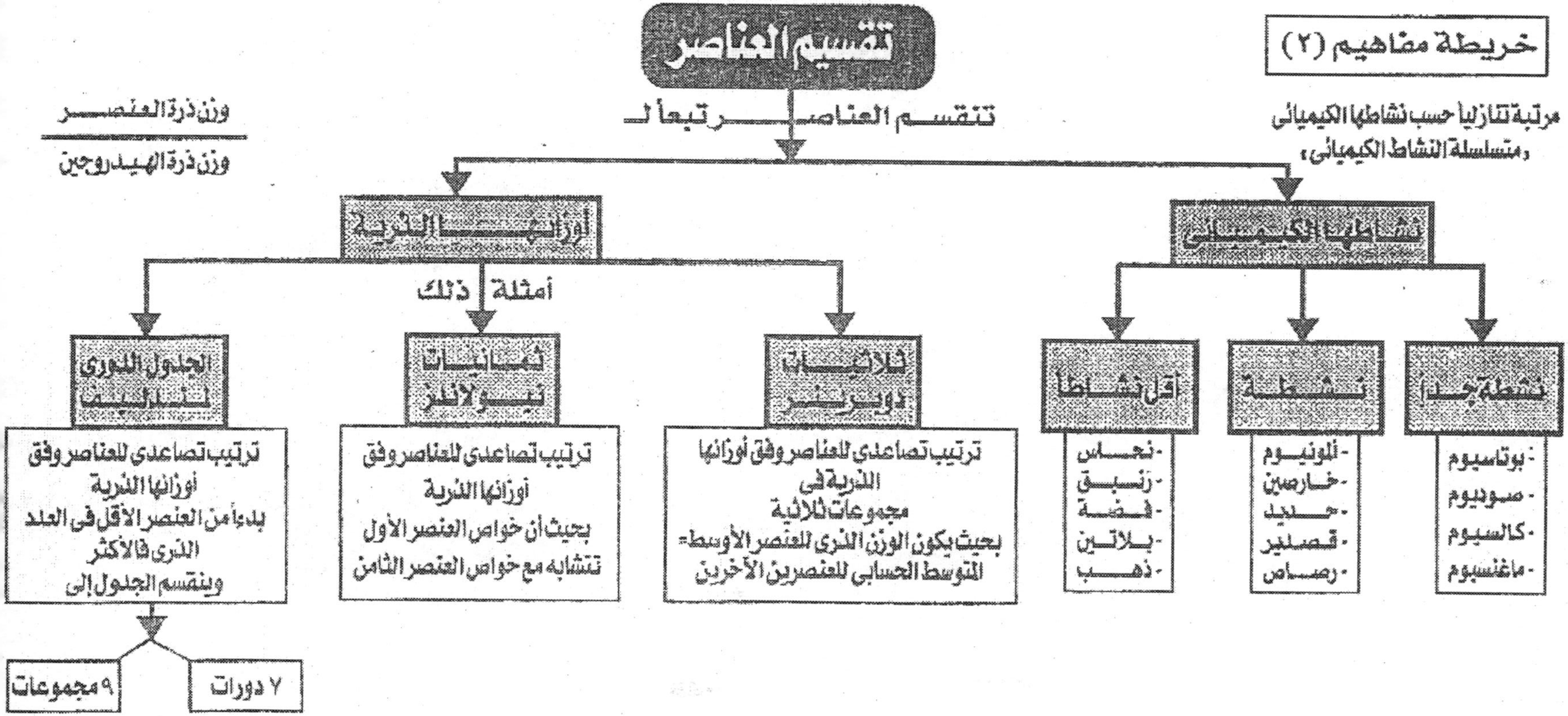

مرتبة تنازليا حسب نشاطها الكيميائي ومناسبة النشاط الكيميائي

تقسيم العناصر

تتقسم العناصر ← ترتيبا لـ

وفقا لنشاطها — الجدول الدوري الحديث

تقسم العناصر الكيميائية

← فلزات
- نشطة جدا
- نشطة
- خاملة

← أشباه فلزات
- موصلة
- تمثيلية
- انتقالية

← لافلزات
- قابلة للطرق
- موصلة
- لامعة

الجدول الدوري الحديث

أمثلة ذلك

أوكتافات نيولاندز
ترتيب تصاعدي للعناصر وفقا أوزانها الذرية بحيث تكون الأوزان الذرية للعناصر الأكثر الثلاثة الوسطى مجموعات الأوزان الذرية للعنصرين الآخرين

قانون المثلثات
ترتيب تصاعدي للعناصر وفقا أوزانها الذرية بحيث أن خواص العنصر الوسط تتشابه مع خواص العنصر الأول والعنصر الثامن

الجدول الدوري الحديث
ترتيب تصاعدي للعناصر وفقا بأعداد العنصر الأقل في العدد الذري والأكثر وينقسم الجدول إلى:
- ٩ مجموعات
- ٧ دورات

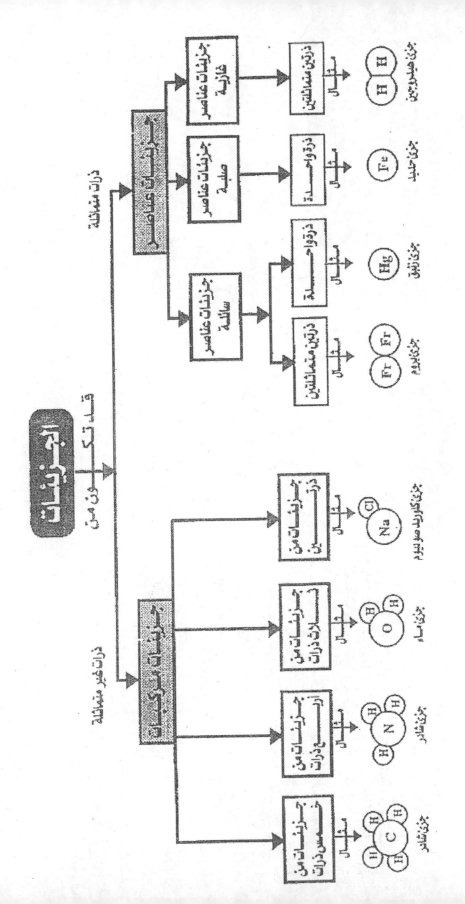

ملخص رقم (٢)

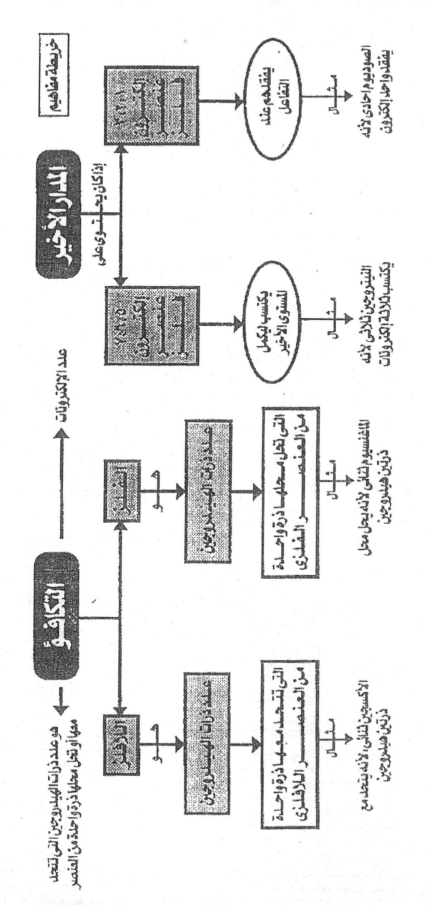

خريطة مفاهيم
المدار الأخير
إذا كان يحتوي على
١، ٢، ٣
٥، ٦، ٧
عنصر
يفقدهم عند التفاعل
يكتسب ليكمل المستوى الأخير
مثال
الصوديوم احادى لأنه يفقد واحد إلكترون
النيتروجين ثلاثى لأنه يكتسب ثلاثة إلكترونات
التكافؤ
عدد الإلكترونات
هو عدد ذرات الهيدروجين التى تتحد معها أو تحل محلها ذرة واحدة من العنصر
الفلز
اللافلز
هو
عدد ذرات الهيدروجين
التى تحل محلها ذرة واحدة من العنصر الفلزى
التى تتحد معها ذرة واحدة من العنصر اللافلزى
الماغنسيوم ثنائى لأنه يحل محل ذرتين هيدروجين
الأكسجين ثنائى، لأنه يتحد مع ذرتين هيدروجين

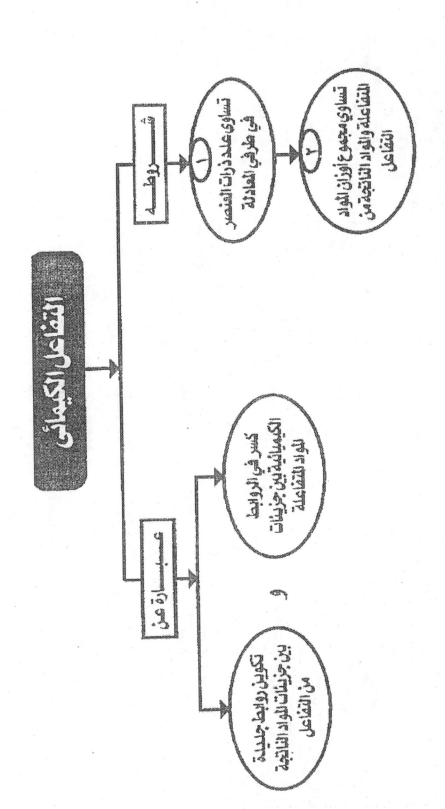

التفاعل الكيميائي

يشترط له

تساوي عدد ذرات العنصر في طرفي المعادلة

التفاعل علة والمواد الناتجة من التفاعل

تساوي مجموع أوزان المواد المتفاعلة مع التفاعل

يصاحبه أو من

الروابط الكيميائية بين جزيئات المواد المتفاعلة

كسر في

و

تكوين روابط جديدة بين جزيئات المواد الناتجة من التفاعل

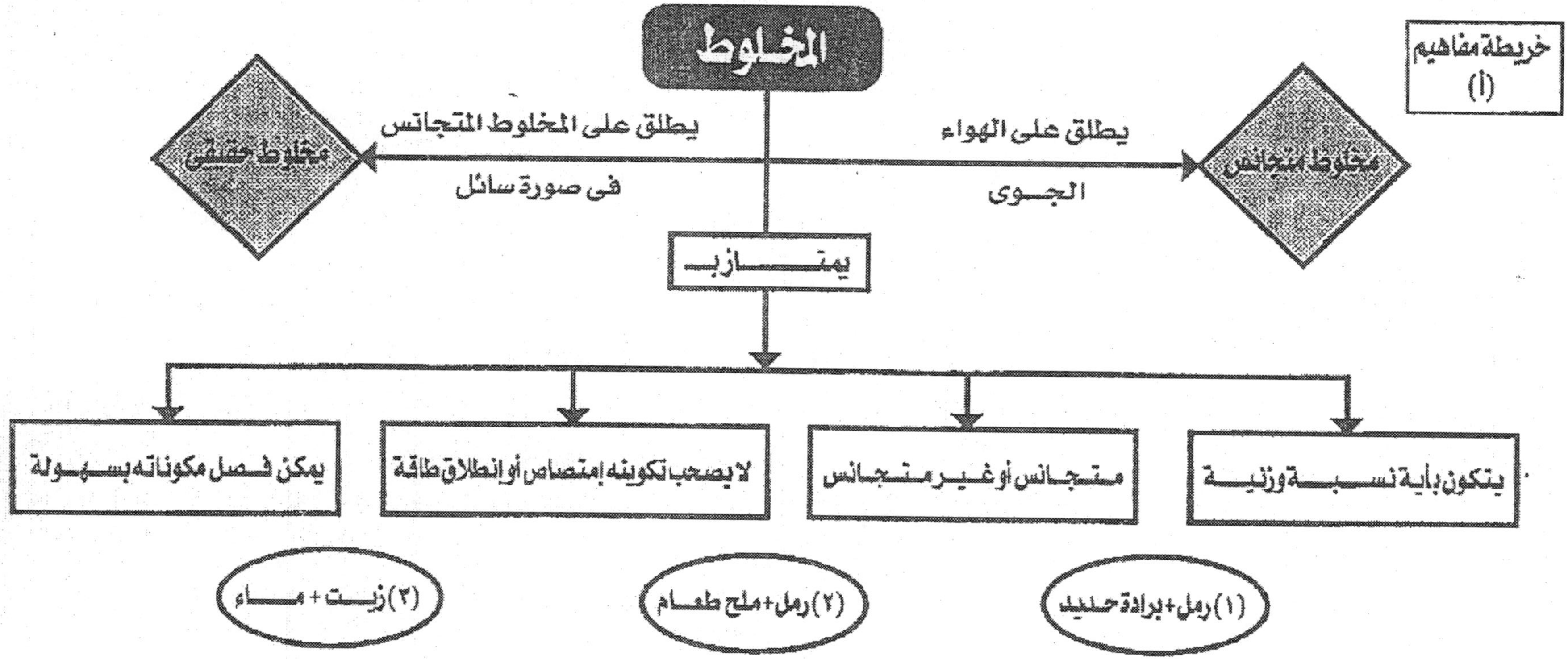

خريطة مفاهيم (أ)
المخلوط
يطلق على الهواء الجوى
مخلوط متجانس
يطلق على المخلوط المتجانس فى صورة سائل
مخلوط حقيقى
يمتاز بـ
يتكون بأية نسبة وزنية
متجانس أو غير متجانس
لا يصحب تكوينه إمتصاص أو انطلاق طاقة
يمكن فصل مكوناته بسهولة
(١) رمل + برادة حديد
(٢) رمل + ملح طعام
(٣) زيت + ماء

خريطة مفاهيم
(ب)

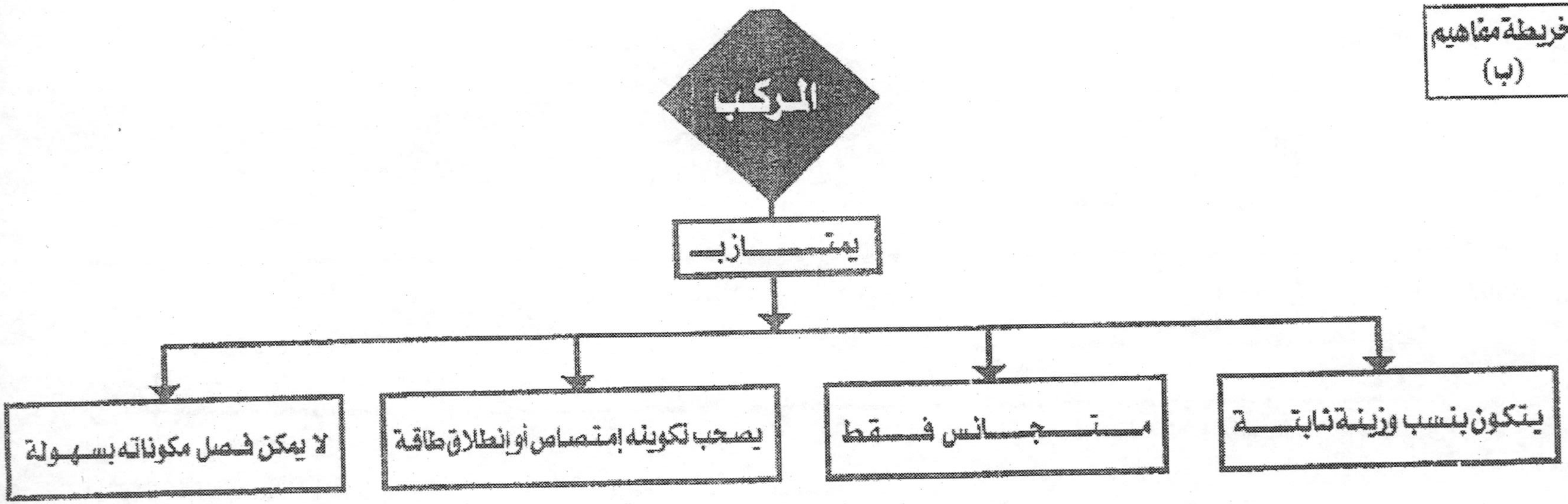

ملحق رقم (٢)

تركيب

يتكون من

يتكون من نسبتين وزنيتين ثابتتين

يتم تحضيره بطرق فقط

بسبب تكوين روابط تساهمية أو أيونية تماسك

لا يمكن فصل مكوناته بسهولة

مثال : مركب كبريتيد حديدوز

Fe + S ⟶ Fes

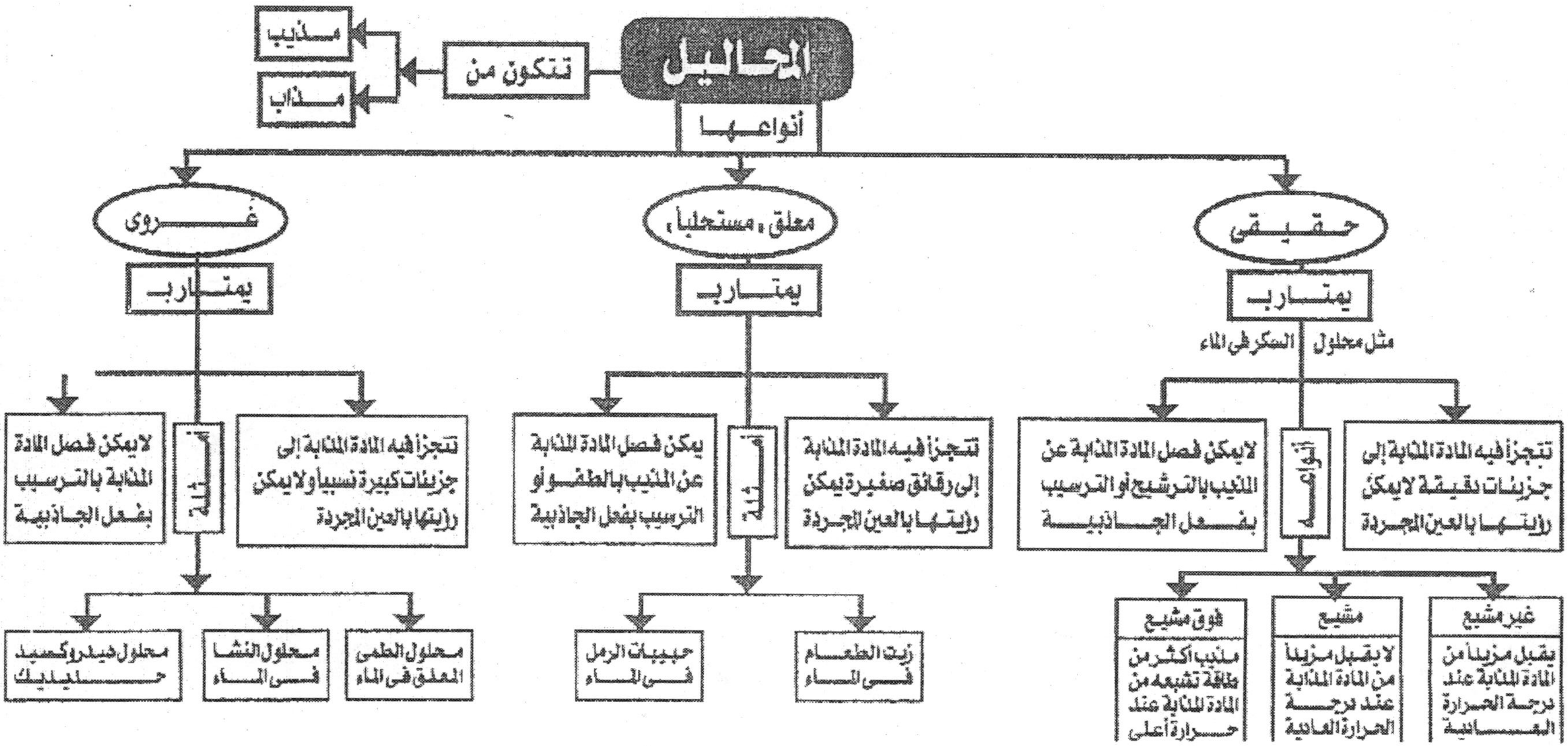

الحبائل

تتكون من
- مستقرة
- مستحبة

أنواعها
- فلزي
- مطاطي ومستحلب
- حرارية

فلزي

يستخدم

- لا يمكن فصل المادة الدائبة بالترسيب
- تتجزأ فيه المادة الدائبة (الأكساب بالدين الحرارية) إلى جزيئات كبيرة نسبياً لا يمكن

أي
- محلول ملح كلوريد الصوديوم
- محلول النشا
- محلول العلم في الماء

مطاطي ومستحلب

يستخدم

- يمكن فصل المادة الدائبة من الترسيب بفعل الجاذبية أو
- تتجزأ فيه المادة الدائبة (الأكساب بالدين الحرارية صغيرة يمكن)

أي
- حبيبات الرمل
- يزيد الطلاء السلم

حرارية

يستخدم

شكل معدول السكري الذي

- لا يمكن فصل المادة أو التبديل أو التشميع أو الترسيب
- حركات فيه تتغير ألوانها أو يمكن أن (الأكساب بالدين الحرارية)

أي
- فوق مشبع — يتأثر بدرجة التشبع أكثر من الحرارة الثابتة عند
- مشبع — لا يتأثر بدرجة عند شدة الحرارة الثابتة
- غير مشبع — قابل للتزييت عند شدة الحرارة الثابتة

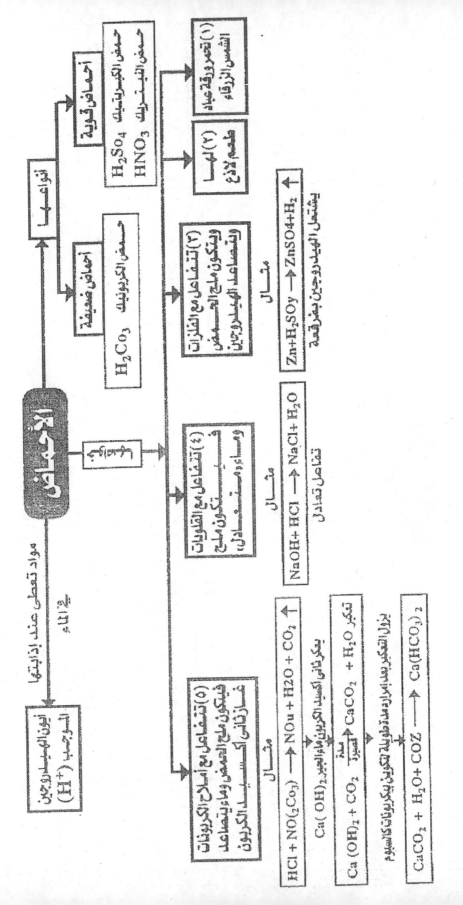

ملحق رقم (٢)

الأحماض
مواد تعطى عند إذابتها في الماء
أيون الهيدروجين الموجب (H^+)
أنواعها
أحماض قوية
حمض الكبريتيك H_2So_4
حمض النيتريك HNO_3
أحماض ضعيفة
حمض الكربونيك H_2Co_3
خواصها
(١) تحمر ورقة عباد الشمس الزرقاء
(٢) لها طعم لاذع
(٣) تتفاعل مع الفلزات ويتكون ملح الحمض ويتصاعد الهيدروجين
مثال
$Zn + H_2SOy \rightarrow ZnSO4 + H_2 \uparrow$
يشتعل الهيدروجين بفرقعة
(٤) تتفاعل مع القلويات فيتكون ملح وماء (متعادل)
مثال
$NaOH + HCl \rightarrow NaCl + H_2O$
تفاعل تعادل
(٥) تتفاعل مع أملاح الكربونات فيتكون ملح الحمض وماء ويتصاعد غاز ثاني أكسيد الكربون
مثال
$HCl + NO(_2Co_3) \rightarrow NOu + H2O + CO_2 \uparrow$
يعكر ثاني أكسيد الكربون ماء الجير $Ca(OH)_2$
$Ca(OH)_2 + CO_2 \xrightarrow[\text{قصيرة}]{\text{مدة}} CaCO_2 + H_2O$ تعكر
يزول التعكير بعد إمراره مدة طويلة لتكوين بيكربونات كالسيوم
$CaCO_2 + H_2O + COZ \longrightarrow Ca(HCO_3)_2$

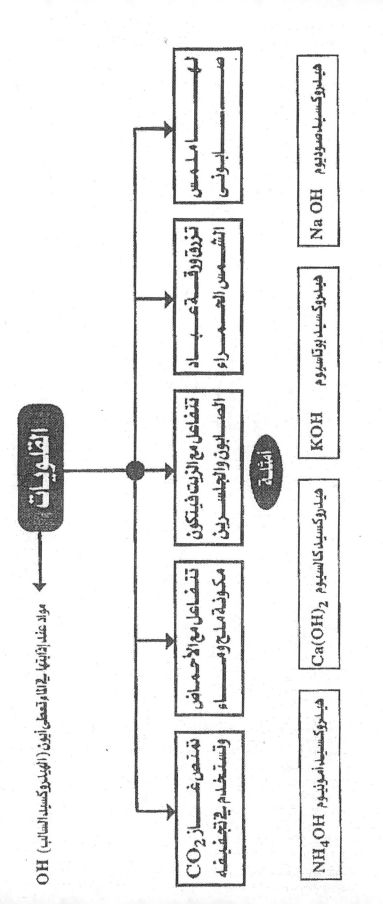

ملحق رقم (٢)

هيدروكسيد صوديوم Na OH
هيدروكسيد بوتاسيوم KOH
هيدروكسيد كالسيوم $Ca(OH)_2$
هيدروكسيد أمونيوم NH_4OH

ملحق رقم (٢)

الأمـلاح
هى المواد الناتجة من
١- تفاعل الحمض مع الغاز
٢- تفاعل الحمض مع القلوى.
خواصها
محاليلها متعادلة التأثير على عباد الشمس
قابلية الذوبان في الماء
قابلية إنحلال الأملاح بالحرارة
تنقسم إلى
أملاح تذوب في الماء البارد
مثال
ملح طعام
كلوريد صوديوم
أملاح لا تذوب في الماء الساخن ولا تذوب فى الماء
مثال
كبريتات صوديوم
أملاح لا تذوب في الماء البارد أو الماء الساخن
مثال
كبريتات باريوم
أملاح تنحل بالحرارة
مثال
كربونات كالسيوم
أملاح لا تنحل ولكنها تنصهر
مثال
كربونات صوديوم

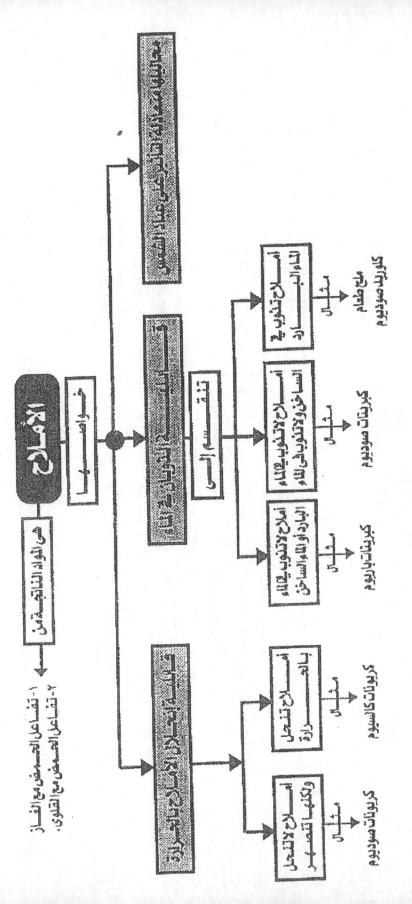

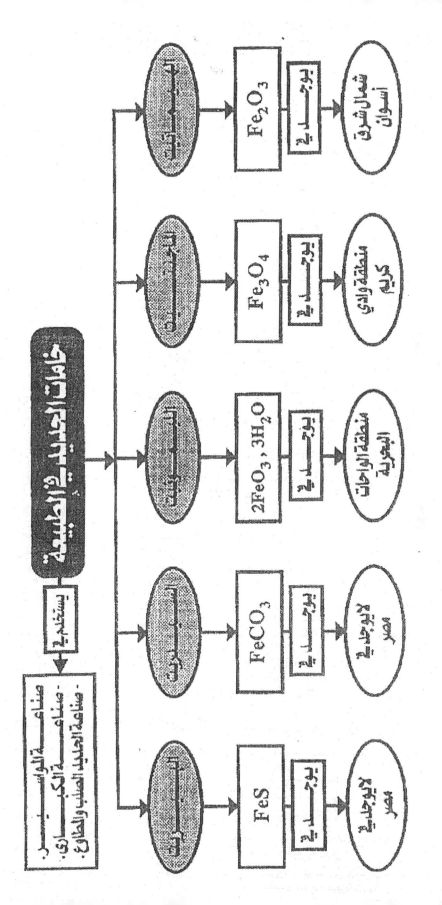

خامات الحديد الطبيعية

يستخدم في:
- صناعة الفولاذ - صناعة الكربنيز. أكسيد.
- صناعة الحديد الصلب والطلاء.

| الليمونيت | الماجنتيت | الهيماتيت | السيدريت | البيريت |

الهيماتيت → Fe_2O_3 → يوجد في → أسوان شرق

الماجنتيت → Fe_3O_4 → يوجد في → منطقة وادي كريم

الليمونيت → $2FeO_3 , 3H_2O$ → يوجد في → منطقة الواحات البحرية

السيدريت → $FeCO_3$ → يوجد في → لا يوجد في مصر

البيريت → FeS → يوجد في → لا يوجد في مصر

ملحق رقم (٢)

زيت البترول
عبارة عن (مخلوط معقد من المركبات العضوية)
مثل
العطور
المبيدات
المطاط الصناعي
العقاقير
البلاستيك
الأصباغ

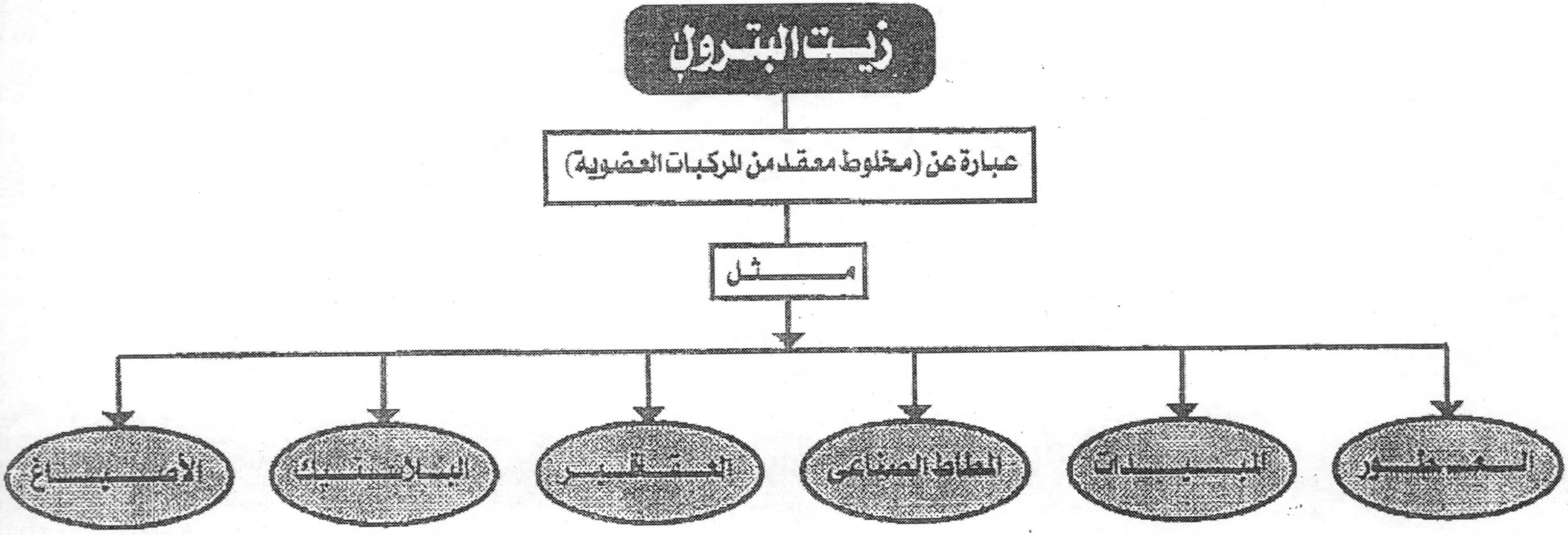

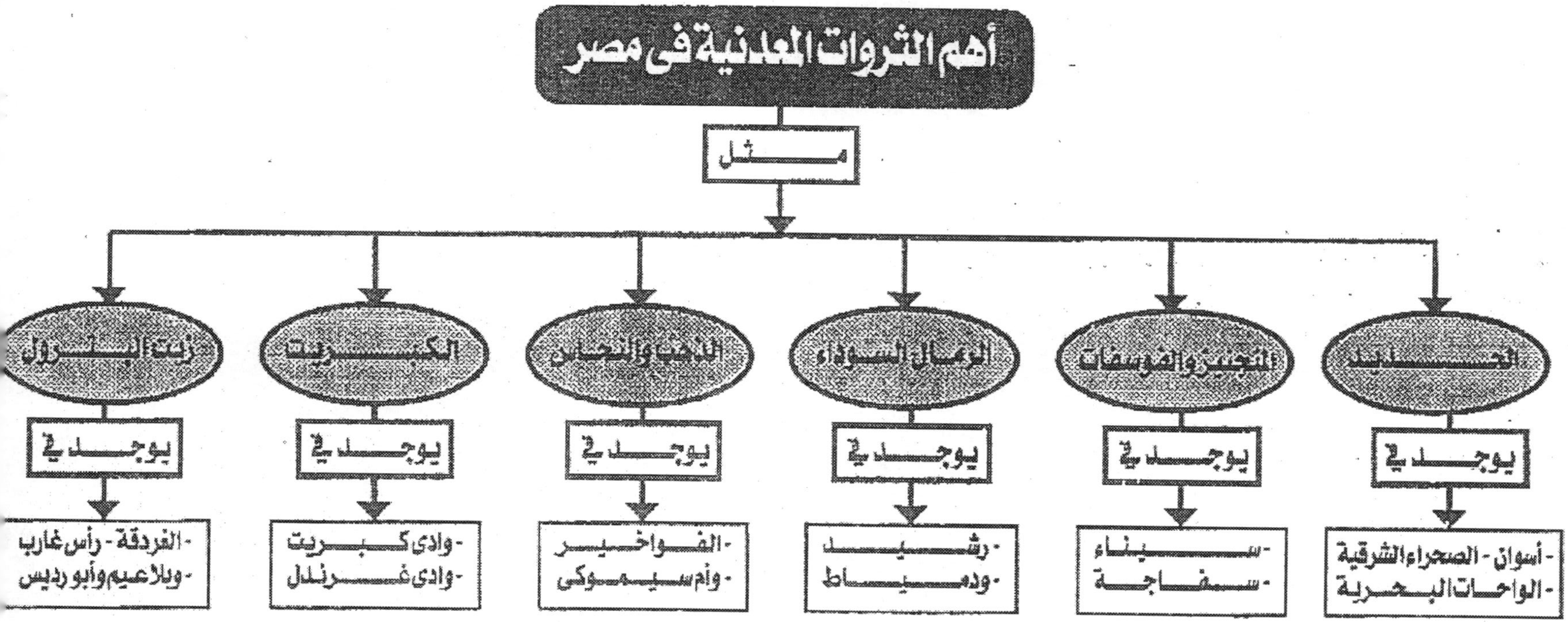
أهم الثروات المعدنية فى مصر
مثل
الحديد
يوجد في
- أسوان - الصحراء الشرقية
- الواحات البحرية
الجبس والفوسفات
يوجد في
- سيناء
- سفاجة
الرمال السوداء
يوجد في
- رشيد
- ودمياط
الذهب والنحاس
يوجد في
- الفواخير
- وأم سيموكى
الكبريت
يوجد في
- وادي كبريت
- وادي غرندل
زيت البترول
يوجد في
- الغردقة - رأس غارب
- وبلاعيم وأبو رديس

ملحق رقم (٣)
اختبار الأشكال
المتداخلة (المتقاطعة)
لـ "بسكاليون"

ملحق رقم (٣)

ملحق رقم (٣)

اختبار الأشكال المتداخلة (المتقاطعة)
لـ "بسكاليون"

الاسم : .... تاريخ الميلاد : ....

الفصل: .... المدرسة : ....

تعليمات الاختبار :

١-   هذا الاختبار يقيس قدرتك على تحديد منطقة التداخل لعدد من الأشكال الهندسية البسيطة.

٢-   يحتوي هذا الاختبار على مجموعتين من الأشكال الهندسية البسيطة، مجموعة على الجانب الأيمن منفصلة، ومجموعة على الجانب الأيسر متداخلة "متقاطعة".

٣-   يمكن أن يحتوي الجانب الأيسر على أشكال غير موجودة في الجانب الأيمن، لكنها غير متداخلة.

٤-   توجد داخل الأشكال على الجانب الأيسر منطقة مشتركة للتداخل.

٥-   عليك النظر بدقة إلى هذه الأشكال وتحديد منطقة التداخل المشتركة بينها.

٦-   لاحظ أن أشكال الجانب الأيسر قد تختلف عن أشكال الجانب الأيمن في الوضع، لحجم ولكنها تتشابه في الشكل.

٧-   ظلل منطقة التداخل بقلم أحمر، أو أي قلم ملون ... انظر مثال (١، ٢) .

مثال (١) :

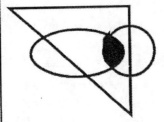

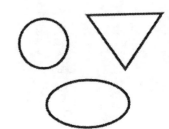

مثال (٢) :

جزء زائد

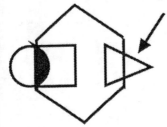

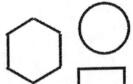

٨- لاتنتقل إلى تظليل منطقة قبل الإنتهاء من تظليل المنطقة السابقة لها.

٩- لاتستخدم ممحاه في تغيير اجابتك .

١
٢

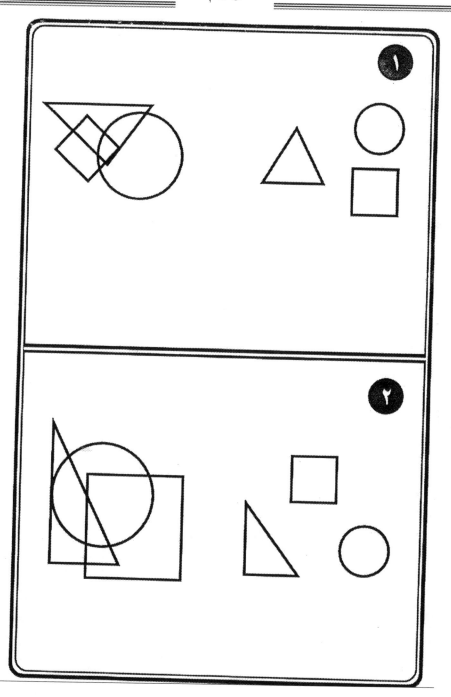

٣

٤

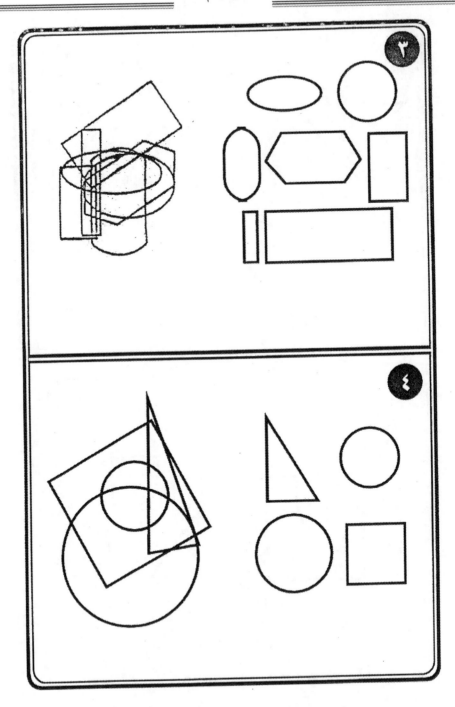

٥

٦

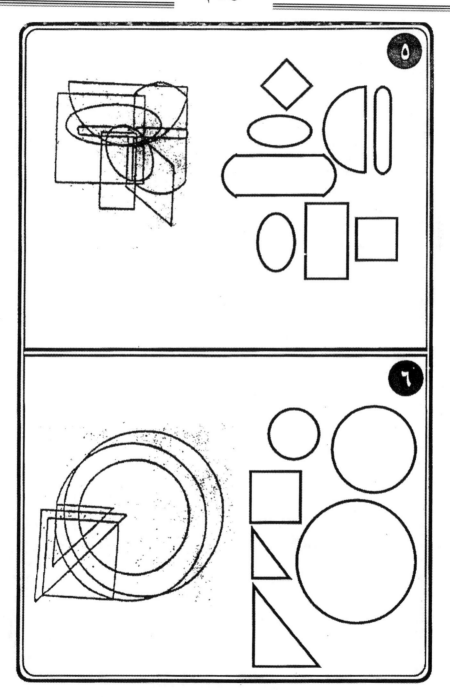

٧

٨

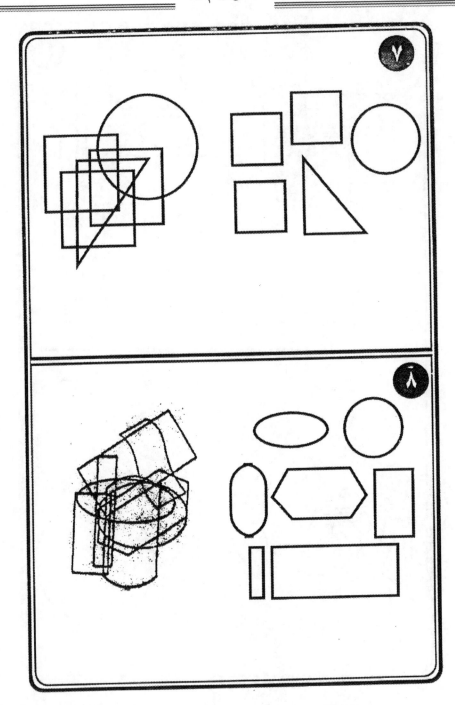

٩

١٠

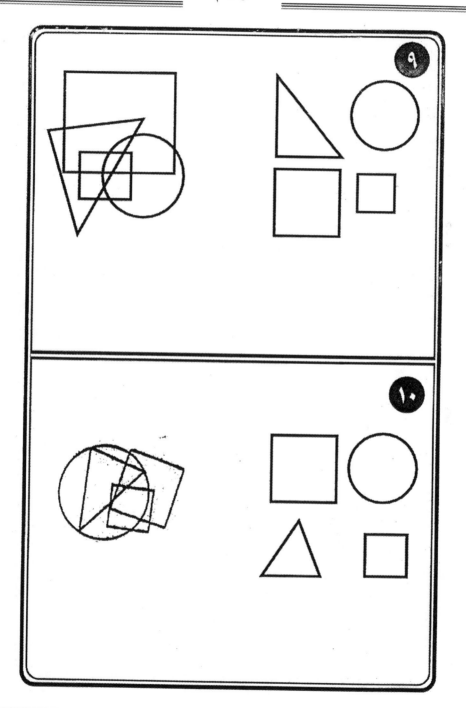

١١

١٢

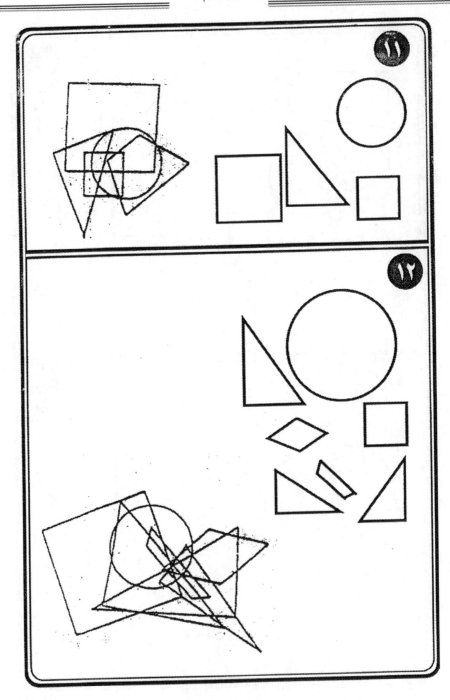

١٣

١٤

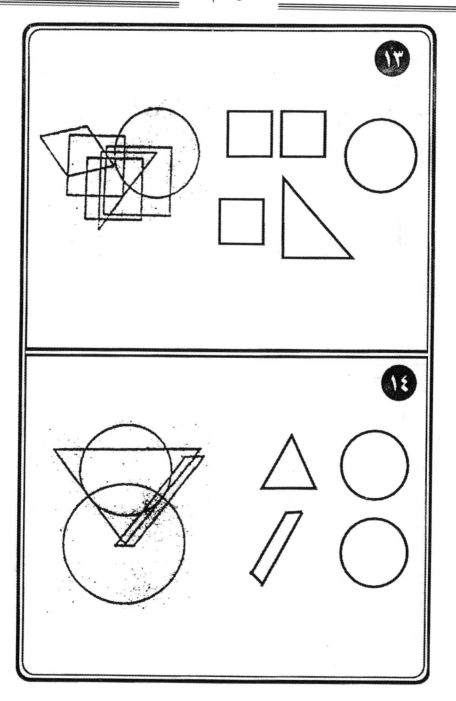

١٥

١٦

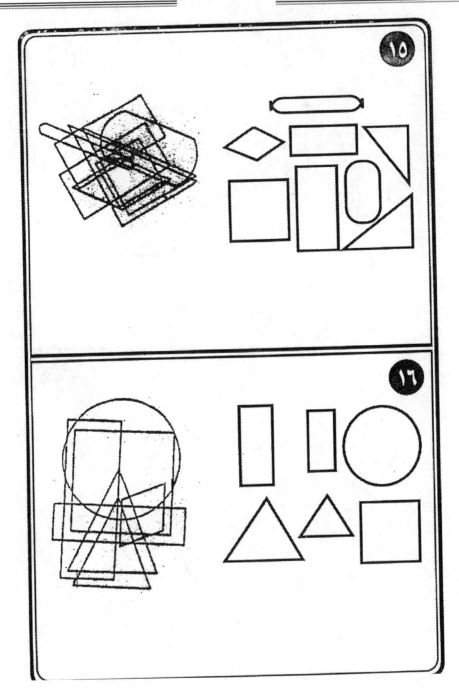

١٧

١٨

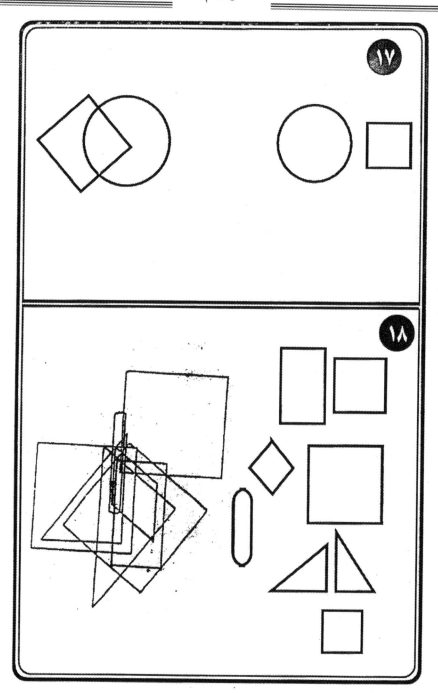

١٩

٢٠

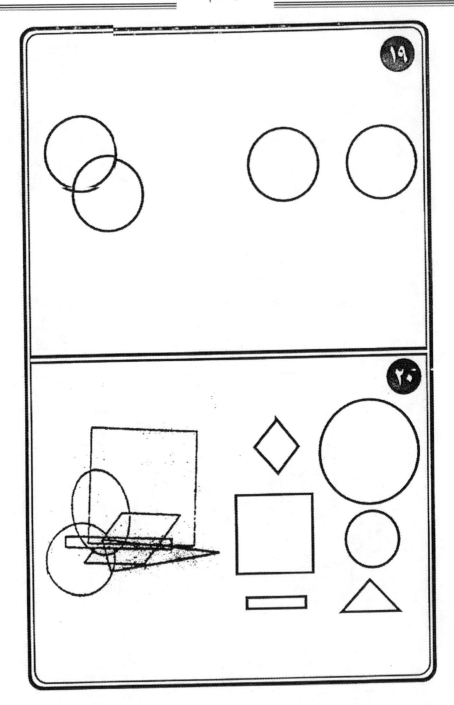

٢١

٢٢

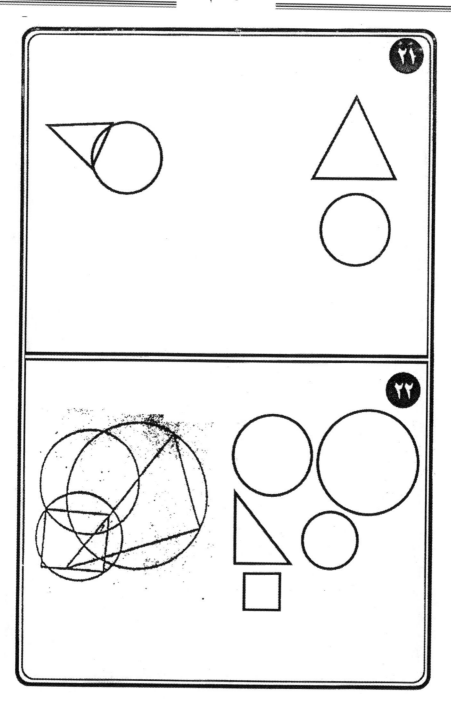

٢٣

٢٤

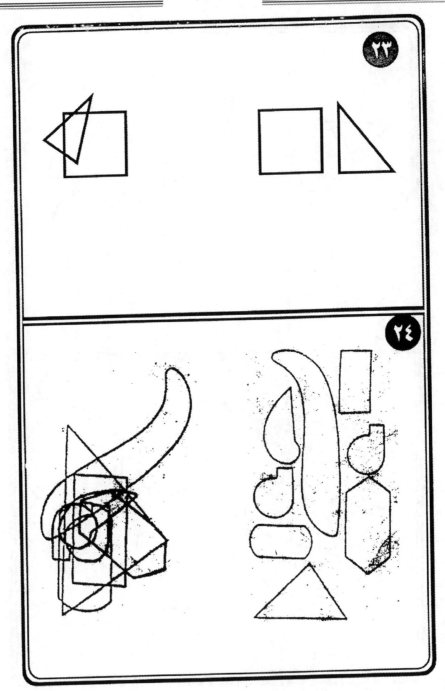

٢٥

٢٦

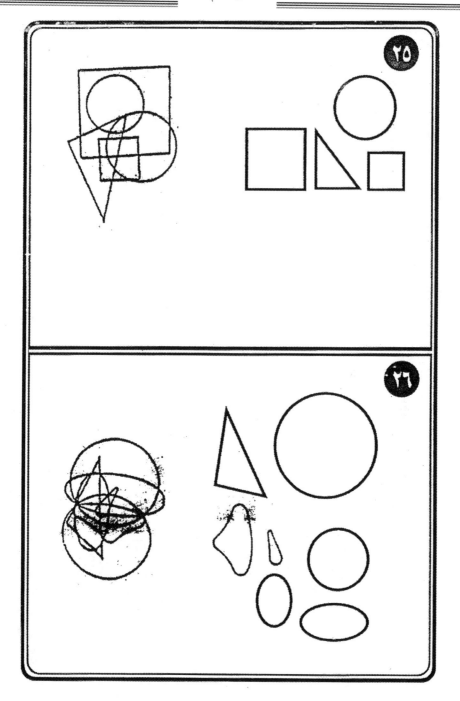

٢٧

٢٨

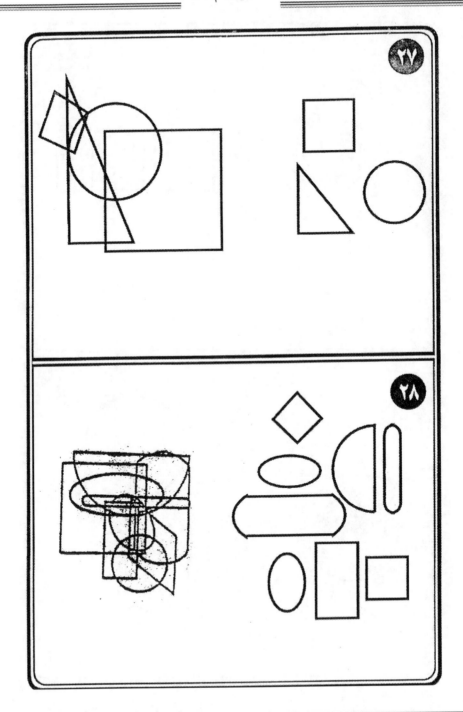

٢٩

٣٠

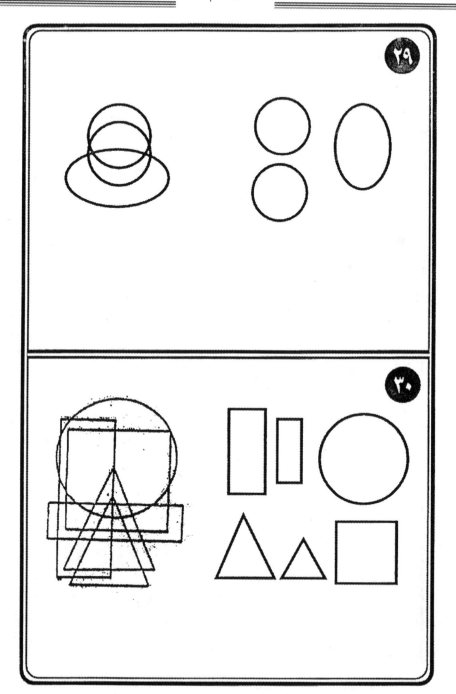

٣١

٣٢

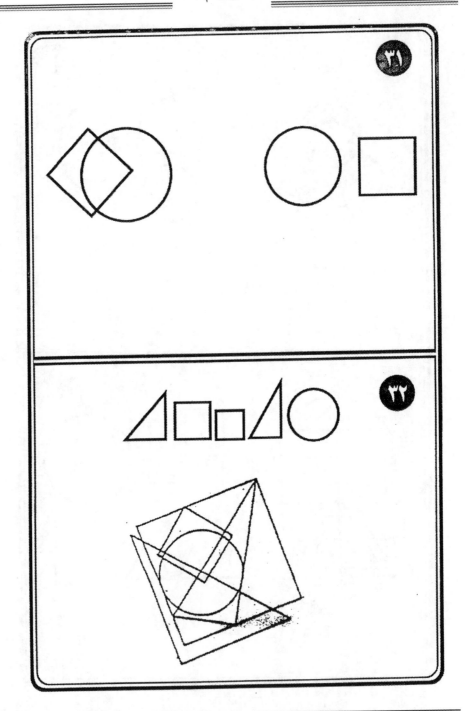

٣٣

٣٤

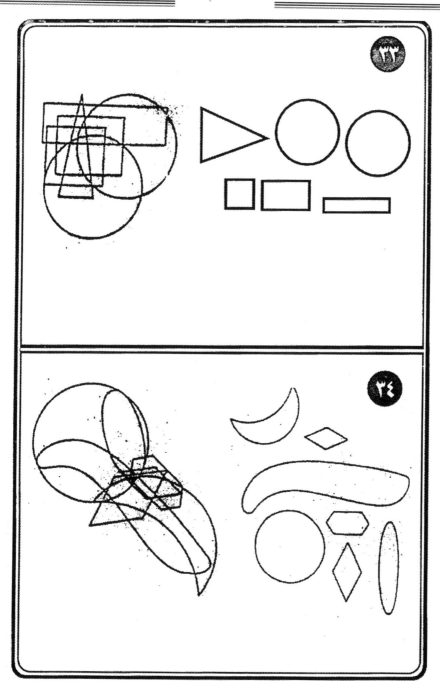

٣٥

٣٦

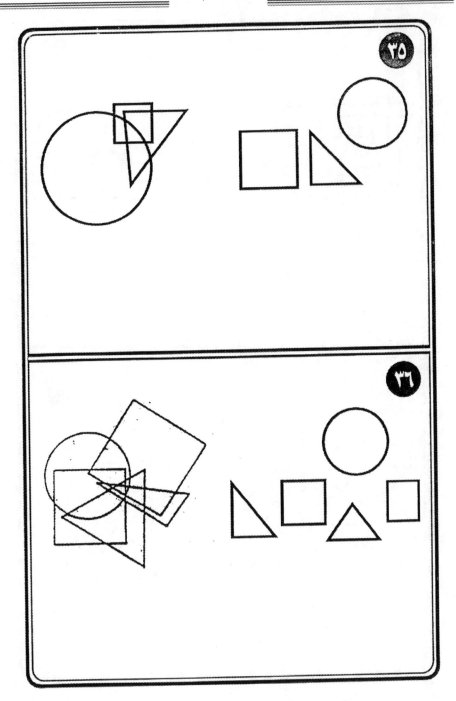

ملحق رقم (٤)

نماذج متنوعة لخرائط المعرفة

(المصدر: جنسين: ٢٠٠١م)

ملحق رقم (٤)

نموذج (١) خريطة معرفة تنطوي على (أحدث) (أ)

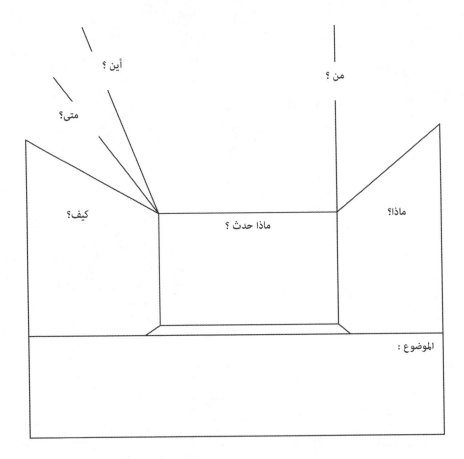

نموذج (٢) خريطة معرفة تنطوي على أحداث (ب)

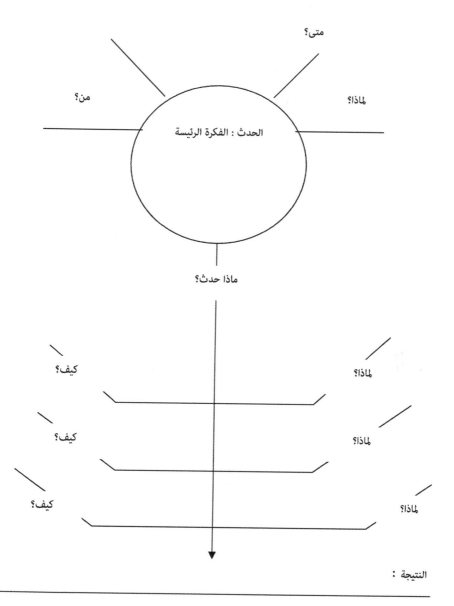

النتيجة :

نموذج (٣)
خريطة معرفة لنص روائي

من؟

الموقف	الحدث	النتيجة

نموذج (٤)
خريطة معرفة لنص قصصي

عنوان القصة : ....

المكان والزمان :
الشخصيات
المشكلة (العقدة):
الأحداث :
الحل :

ملحق رقم (٤)

نموذج (٥)
خرائط لنصوص وصفية (أ)

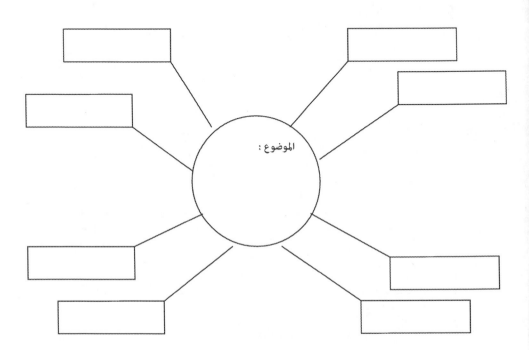

ملحق رقم (٤)

نموذج (٦)
خريطة معرفة لنصوص وصفية (ب)

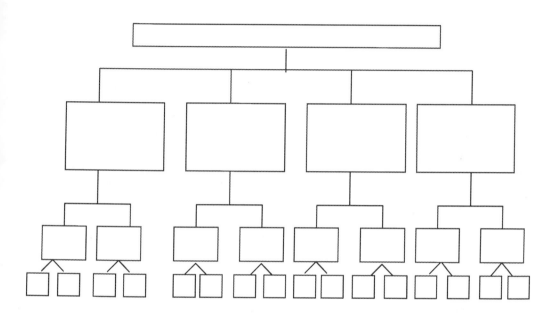

أضف مزيداً من الأمثلة النوعية كلما دعت الحاجة إلى ذلك .

ملحق رقم (٤)

نموذج (٧)
خرائط المعرفة لنصوص تنطوي على مقارنة (أ)

البند الأول	أوجه الشبه	البند الثاني
	....	
	....	
	....	
	....	
	....	
	....	
	....	

طريقة الاختلاف	أوجه الاختلاف	طريقة الاختلاف
....	....	....
....	....	....
....	....	....
....	....	....
....	....	....
....	....	....
....	....	....

ملحق رقم (٤)

نموذج (٨) خرائط معرفة لنصوص تنطوي على مقارنة (ب)

الموضوع الأول : ....   الموضوع الثاني : ....

السمات الخاصة بالموضوع الأول	السمات المشتركة بين الموضوعين	السمات الخاصة بالموضوع الثاني

نموذج (٩) خريطة معرفة لنصوص تنطوي على مقارنة (جـ)

البند الأول : ....   البند الثاني : ....

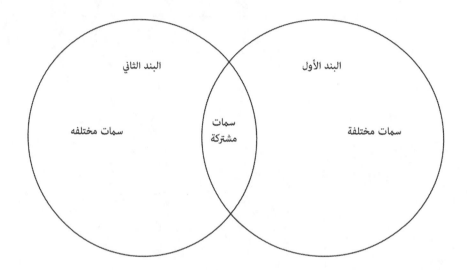

التعليمات : ضع السمات الخاصة بالبند الأول في الدائرة اليمنى ، وضع السمات الخاصة بالبند الثاني في الدائرة اليسرى ثم ضع السمات المشتركة بين البندين الأول والثاني في الجزء المشترك بينهما . يسمى هذا الشكل غالباً " بشكل فن " ويستخدم في المنطق .

ملحق رقم (٤)

نموذج (١٠)
خريطة معرفة لنص ينطوي على تسلسل

النمط الدوري :

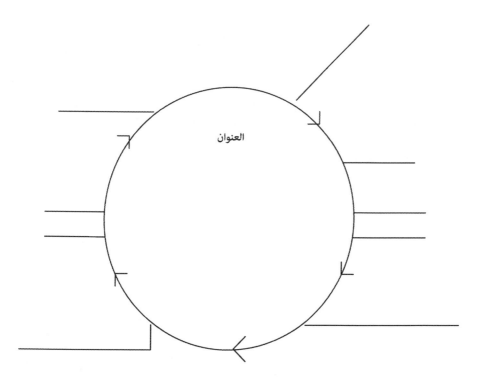

العنوان

ملحق رقم (٤)

نموذج (١١)
خرائط معرفة لنصوص تنطوي على سبب / نتيجة

السبب

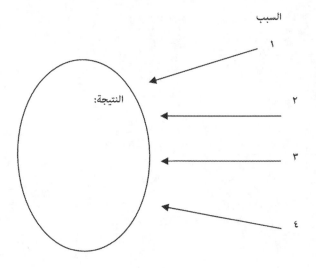

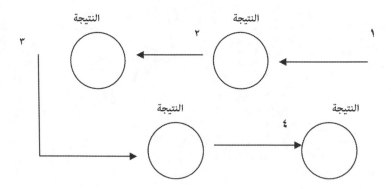

نموذج (١٢) خريطة معرفة لنص ينطوي على مشكلة / حل :

المشكلة : ....

الشروط	الأسباب

المحاولات	النتائج

الحل / الإجابة : ....

النتائج المتوقعة : ....

نموذج (١٣) نموذج معرفة لنص ينطوي على مصطلح / تعرف

الوحدة : ....

الفئة	مرادف - مساعد للذاكرة
المصطلح	التعريف
=	
مثال	

ملحق رقم (٤)

نماذج أخرى لخرائط المعرفة
(١)

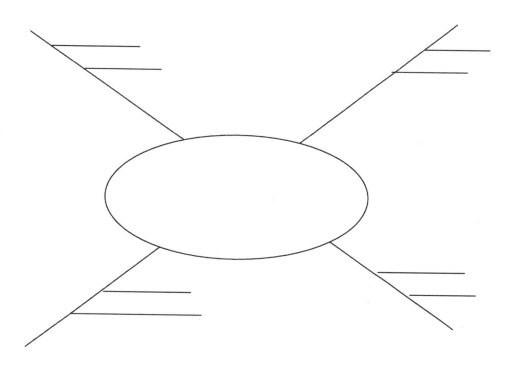

" خريطة عنكبوتية Spider map "

ملحق رقم (٤)

الدوائر الفارغة المتقاطعة
Clarifying Circles
(٢)

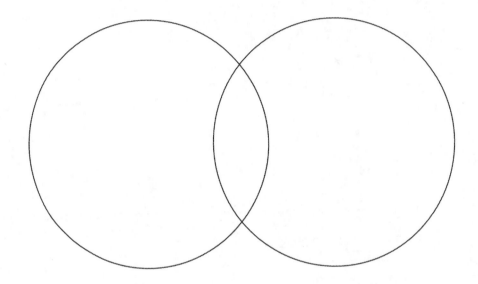

ملحق رقم (٤)

خريطة المقارنة المقلوبة
Comparison Matrix
(٣)

خريطة الاطار العام لصناعة المناقشة

Decision- Making Frame

(٤)

السؤال **Question Box**	
المعلومات المهمة **Important Information Box**	
المناقشة **Decision Box**	

الأحداث المتتابعة التسلسل

Series of Events Chain

(٥)

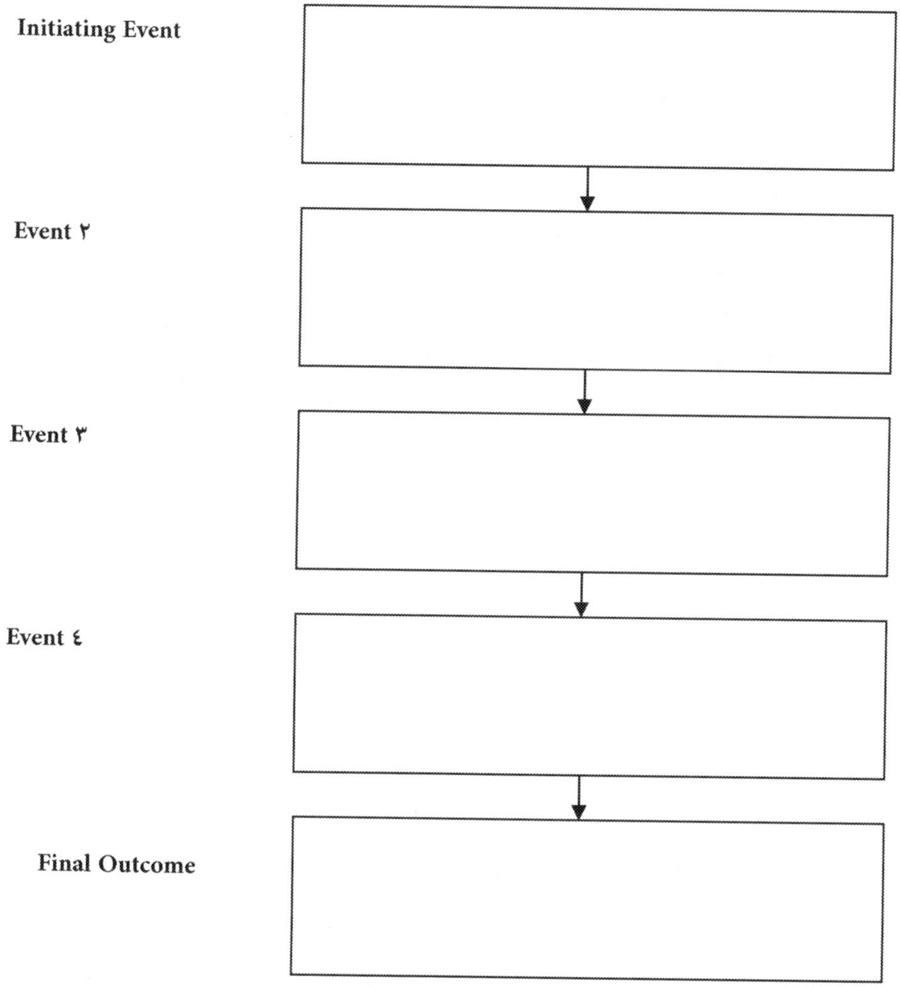

Initiating Event
Event ٢
Event ٣
Event ٤
Final Outcome

مراجع الكتاب

المراجع

أولاً: المراجع العربية :

١- ابراهيم عشوش (١٩٩٠) تدريس بعض موضوعات الهندسة طبقاً لنموذج "فراير" وأثره على اكتساب المفاهيم والتعميمات الرياضية لدى تلاميذ الحلقة الأولى من التعليم الأساسي، رسالة ماجستير "غير منشودة" كلية التربية ، جامعة طنطا، ص ص ٢٢-٢٣.

٢- أرنوف ويتيج (١٩٨٩): نظريات ومشكلات في سيكولوجية التعلم، ترجمة : عادل عز الدين، ومحمد عبد القادر ونبيل عبد الفتاح، وعبد العزيز السيد الشخص، مراجعة: عبد السلام عبد الغفار، القاهرة، دار ماكجر وهيل، ص ١٩٨.

٣- أحمد خيري كاظم، سعد يس (١٩٧٤): تدريس العلوم، القاهرة، دار النهضة العربية، ص ٧٢.

٤- ينظر: اسعاد البنا، حمدى البنا (١٩٩٠): السعة العقلية، علاقتها بأنماط التعلم، والتفكير والتحصيل الدراسي لطلاب كلية التربية، مرجع سابق، ص ١٣٩.

٥- اسعاد البنا، حمدى البنا (١٩٩٠) اختبار الاشكال المتقاطعة ، كراسة التعليمات، المنصورة ، دار عامر للطباعة والنشر .

٦- أنور محمد الشرقاوي (١٩٨٤): العمليات المعرفية وتناول المعلومات، القاهرة، الأنجلو المصرية ، ص ٥.

٧- أنور الشرقاوي (١٩٨٨): " التعلم – نظريات وتطبيقات "، ط٣، القاهرة، الانجلو المصرية، ص ص ١٧٥-٢٢٥ .

٨- أفنان نظير دروزة (١٩٨٨): أثر المقدمة المنظمة لـ "أوسبل" في ثلاثة مستويات من التعلم تذكر المعلومات الخاصة تذكر المعلومات العامة، تطبيق المعلومات العامة، وذلك لاستخدامها بصفته استراتيجية إدراكية متضمنة واستراتيجية ادراكية منفصلة، المجلة العربية لبحوث التعليم العالي، المركز العربي لبحوث اللتعليم العالي بدمشق، العد ٨، ٥، ص ص ٥-٢٣.

المراجع

٩- افنان نظير دروزة (٢٠٠٤) اساسيات في علم النفس التربوي : استراتيجيات الادراك ومنشـطاتها كأسـاس تصميم التعليم، دار الشروق للنشر والتوزيع، عمان، الأردن.

١٠- بثينة حسنين عمارة (١٩٨١): الاسلوب العلمي لتكوين البنية المعرفية، المركز القومي للبحوث التربية، ص ٥.

١١- خيري إبراهيم (١٩٤٤): المواد الاجتماعية في مناهج التعليم بين النظرية والتطبيق، الاسكندرية ، دار المعرفة الجامعية، ص ٢٩٩.

١٢- رشدي لبيب (١٩٧٦): معلم العلوم - مسؤولياته - الأساليب عملـه، اعـداده، نمـوه المهنـي والعلمـي، القاهرة، مكتبة الأنجلو المصرية، ص ٧٤.

١٣- راجية محمد كشرى (١٩٨٧): أثر التفاعل بين الاستعدادات والمعالجات ونوع المهمة في تحصيل تلاميـذ المرحلة الإعدادية في مادة التاريخ، رسالة ماجستير " غير منشورة " كلية التربية، جامعة عين شمس، ص ٤٨.

١٤- حمدى المليجي (١٩٨٦): مدة فاعلية بعض استراتيجيات اكتسـاب المفاهيم للمتخلفين عقليا، رسالة دكتوراة " غير منشورة "، كلية التربية، جامعة طنطا، ص ٢٧.

١٥- جميل صليبا (١٩٨١): علم النفس، بيروت، دار الكتاب اللبناني، ص ٣٩٧ .

١٦- رمزية الغريب (١٩٦٧): التعلم، الانجلو المصرية، القاهرة، ص ٤٤٥.

١٧- جابر عبد الحميد جابر (١٩٧٨): سيكولوجية التعلم ونظريات التعلم، القاهرة، النهضة العربية، ص ٤٣٧.

١٨- دافيد و ف. ل . ل . (١٩٨٣): مدخل علم النفس، ط٢، ترجمـة سيد الطواب وآخـرون، مراجعـة: أبـو حطب، القاهرة، دار ماكجروهيل للنشر، ص ٣٥٠ .

١٩- حسين طاحون (١٩٨٣): دراسة تجريبية لأثر تفاعـل الاستعدادات - المعالجـات عنـد تلاميـذ المرحلـة الثانوية في تحصيلهم لمادة الرياضيات، رسالة ماجستير " غير منشورة " كلية التربيـة جامعـة عـين شمس، ص ٧٤-٧٥.

٢٠- دينيس تشايلد (١٩٨٣): علم النفس والمعلم، ترجمة: عبد الحليم محمود، زين العابدين درويش ، حسين الدريني، مراجعة: عبد العزيز القوصي، مؤسسة الأهرام، القاهرة، ص ص ١٨-٣٠.
٢١- حسن زيتون، كمال زيتون، (١٩٩٢) البنائية: منظور ابستمولوجي وتربوي، الاسكندرية، منشأة المعارف .
٢٢- زينب محمد أمين (٢٠٠٠) اشكاليات حول تكنولوجيا التعليم، المنيا، دار المهدي للنشر والتوزيع .
٢٣- خليل الخليلي ، عبد اللطيف حيدر ، محمد جمال الدين (١٩٩٦) تدريس العلوم في مراحل التعليم العام، الامارات ، دبي ، دار القلم .
٢٤- سعد الوايل، عبد الحافظ سلامة ٢٠٠٥) مدخل الى تقنيات التعليم ، ط٢ ، الرياض ، الخريجي .
٢٥- صالح الدباسي ، بدر الصالح، (٢٠٠٥) تكنولوجيا التعليم: الماضي والحاضر والمستقبل ، الريان ، مطابع جامعة الملك سعود .
٢٦- ستيورات هولس، هوارد، واجث، جيمس ديز (١٩٨٣): سيكولوجية التعلم، ترجمة: فؤاد أبو حطب، آمال صادق، دار ماجروهيل للنشر، نيويورك بالتعاون مع المكتبة الأكاديمية، القاهرة، ص ٢٩٥.
٢٧- سعيد عبده نافع (١٩٧٨): تقويم تحصيل تلاميذ المرحلة الابتدائية للمفاهيم التاريخية، رسالة ماجستير " غير منشورة " كلية التربية، جامعة الاسكندرية ، ص ٤٧.
٢٨- سهير زكريا فوده (١٩٩٠): تكوين المفاهيم بين النظرية والتطبيق " نماذج لعدد من مفاهيم مناهج العلوم "، المجلة التربوية ، كلية التربية، جامعة الملك عبد العزيز، السعودية، ص ١.
٢٩- صلاح الدين حمامة (١٩٨١): أثر استخدام الطريقة المعنوية والطريقة الاستقرائية والطريقة التقليدية على تحصيل تلاميذ المدرسة الثانوية بمصر في العلوم البيولوجية، مرجع سابق، ص ٣ .

٣٠- طلعت منصور، أنور الشرقاوى، عادل عز الدين، فاروق أبو عوف (١٩٨٤): أسس علم النفس العام، ط٣، القاهرة، الانجلو المصرية، ص ٢١٦.

٣١- عادل العدل (١٩٨٩): طرق تجهيز المعلومات للذاكرة قصيرة المدى وعلاقتها ببعض القدرات العقلية، دكتوراة " غير منشورة " كلية التربية بالزقازيق، ص ٣٧ .

٣٢- عادل فهمي أبو النجا (١٩٧٤): المبادىء والمفاهيم البيولوجية التي ينبغي أن تدرس في المدرسة الثانوية، رسالة ماجستير " غير منشورة " كلية التربية .

٣٣- عبد الرحمن السعدني (١٩٨٨): أثر كل من التدريس بخريطة المفاهيم والاسلوب المعرفي على تحصيل الطلاب الصف الثاني الثانوي للمفاهيم البيولوجية المتضمنة في وحدة التغذية في الكائنات الحية " رسالة دكتوارة " غير منشورة " كلية التربية، جامعة طنطا، ص ٢.

٣٤- عبد المنعم احمد حسن (١٩٨٥): مقدمة في تدريس العلوم الفيزيقية، الاسكندرية، كلية التربية، ص ٢٢١.

٣٥- عبد الوهاب محمد كامل (١٩٩١): علم النفس الفسيولوجي: مقدمة في الأسس السيكوفسيولوجية والنيورلوجية للسلوك الإنساني، ط١، القاهرة، مكتبة النهضة المصرية، ص ص ٧١-.٧٢

٣٦- عبد الوهاب محمد كامل (١٩٨٠): أسس تنظيم السلوك، مدخل فسيولوجي عصبي لتناول الظاهرة النفسية، طنطا "د.ت" ج١، ص ص ٧٨-.٩٠

٣٧- عزة ابو عصيبة (١٩٨٩): خطة علاجية وفقاً لمستويات النمو العقلية عند "بياجيه" للأخطاء الشائعة عند طلاب الصف الثاني الثانوي لموضوع الاتزان الكيميائي، رسالة ماجستير " غير منشورة " كلية التربية، جامعة طنطا، ص ٣٦.

٣٨- عيد أبو المعاطي الدسوقي (١٩٨٨): اثر التدريس طبقاً لنموذج "أوزوبل" على التحصيل وبقاء أثر التعلم والاتجاهات العلمية لدى تلاميذ الصف الثاني الثانوي وعلاقته بمستويات نموهم العقلي، رسالة دكتوراة " غير منشورة " كلية التربية، جامعة طنطا، ص ١٧ .

٣٩- عبد الحافظ سلامة (٢٠٠٤) تصميم التدريس ، الرياض ، الخريجي .
٤٠- عادل سرايا، احمد سالم (٢٠٠٣) منظومة تكنولوجيا التعليم ، الرياض ، الرشد .
٤١- عادل سرايا (١٩٩٥) دراسة التفاعل بين المنظمات المتقدمة والسعة العقلية في تعلم المفاهيم العلمية لدى تلاميذ المرحلة الاعدادية ، رسالة ماجستير كلية التربية، جامعة طنطا .
٤٢- فاروق عبد الفتاح موسى (١٩٨٥): أسس السلوك الإنساني، مدخل إلى علم النفس العام، عالم الكتب، القاهرة، ص ص ٩٥-.٨٩
٤٣- فتحي الديب (١٩٧٤): الاتجاه المعاصر في تدريس العلوم، الكويت، دار القلم، ص .٧٤
٤٤- فتحي مصطفى الزيات (١٩٨٤): نمذجة العلاقات السببية بين السن والذاكرة والمستوى التعليمي ، ومستوى الأداء في حل المشكلات، مجلة كلية التربية، جامعة المنصورة، العدد السادس، ج٤ (أ) ديسمبر، ص .١٧
٤٥- فرج عبد القادر طه (١٩٨٩): أصول علم النفس الحديث، ط١، القاهرة، دار المعارف، ص .١٧٦
٤٦- فؤاد أبو حطب، آمال صادق (١٩٨٠): علم النفس التربوي، ط٢ القاهرة، الانجلو المصرية، ص .٤٥٦
٤٧- فؤاد ابو حطب، القدرات العقلية، ط٣ الانجلو المصرية، القاهرة، ١٩٨٠، ص .٢٩٧
٤٨- فؤاد أبو حطب (١٩٨٠): القدرات العقلية، ط٢، مطتبة الانجلو المصرية ، ص .٥٥١
٤٩- فؤاد سليمان قلادة، أيزيس عازر، عواطف شعير (١٩٧٩): الاتجاهات التربوية وتخطيط المناهج، أسسها، نظرياتها، تعميماتها، طرق تدريسها، ط١، الاسكندرية، دار المطبوعات الجديدة، ص ١٢ .

٥٠- فؤاد سليمان قلادة (١٩٩٤): دور تخطيط المناهج في الوقاية من الأمراض العصابية والذهانية، التربية المعاصرة، العدد ٣٣، السنة ١٢، سبتمبر.

٥١- ليل إبراهيم معوض (١٩٨٨): أثر استخدام طريقتين في التدريس على تنمية المفاهيم العلمية والتفكير العملي لدى تلاميذ الصف السابع الأساسي، رسالة دكتوراة " غير منشورة " كلية البنات، جامعة عين شمس، ص ٣٨ .

٥٢- محمد اسماعيل عمران (١٩٨٣): مدخل إلى علم النفس، مكتبة خدمة الطالب، القاهرة، ص ص ٥٢-٥٦.

٥٣- محمود اسماعيل عبد الفتاح نصر (١٩٨٥): تحصيل تلاميذ الصف الأول الثانوي، لمفاهيم الفيزياء وعلاقته بمراحل النمو العقلي عند " بياجيه " رسالة ماجستير " غير منشورة " كلية التربية، جامعة طنطا، ص ص ٢٤-٢٥ .

٥٤- محمد عطية خميس (٢٠٠٣) عمليات تكنولوجيا التعليم، القاهرة، دار الحكمة .

٥٥- محمد الحموز (٢٠٠٤) تصميم التدريس ، عمان ، دار وائل .

٥٦- نوفاك. ج، جوين . ب (١٩٩٥) تعلم كيف تتعلم ؟ ت: احمد عصام الصفدي ، ابراهيم الشافعي ، مطابع جامعة الملك سعود ، الرياض .

٥٧- نبيل عبد الوحد فضل (١٩٧٥): الأخطاء الشائعة في تدريس التفاعلات الكيميائية في مادة كيمياء بالمرحلة الثانوية، رسالة ماجستير " غير منشورة " كلية التربية، طنطا، ص ١٦ .

٥٨- نجاة أحمد حسن (١٩٩١): أثر استخدام المنظمات المعرفية على التحصيل في مادة العلوم لدى تلاميذ الصف الثاني ، رسالة ماجستير " غير منشورة " كلية التربية جامعة الاسكندرية، ص ص ٢٥-٢٦ .

٥٩- نصرة الباقر (١٩٨٥): فعالية استخدام منظم الخبرة المتقدم في تعلم الرياضيات بالصف الثاني من المرحلة الإعدادية، رسالة ماجستير " غير منشورة " كلية التربية ، جامعة عين شمس، ص ص ٤٧-٤٨.

٦٠- هانم علي عبد المقصود (١٩٨٧): أثر تفاعل الأساليب المعرفية - المعالجات عـلى التحصيل والتـذكر في مادة الفيزياء، رسالة دكتوراة " غير منشورة " كلية التربية - جامعة الزقازيق "، ص ص ١٥.-١٦.

٦١- هولسن ثل، هـ وآخرون (١٩٨٣): سيكولوجية التعلم، ط٥، ترجمـة: فـؤاد أبـو حطب، وآمـال صـادق، مراجعة: عبد العزيز القوصي، دار ماكجروهيل للنشر، القاهرة، ص ص ١٤٥.-١٦٢.

٦٢- يسرى طه دنيور (١٩٩٣): فعالية استخدام خريطـة الشـكل (V) في تـدريس الفيزيـاء لطـلاب المرحلـة الثانوية على التحصيل واكتساب بعض عمليات العلم. رسالة ماجستير " غير منشورة " كلية التربية ، جامعة الزقازيق، ص ١١.

٦٣- يوسف قطامي وآخرون (٢٠٠٠) تصميم التدريس ، عمان ، دار الفكر .

المراجع

ثانياً : المراجع الاجنبية :

1- Adms. J.A. (1967): Human momory 3rd, Education, MC Vraw Hillbook Company, Now York, P.9.

2- Ausubel, D. P., (1968): " Educational Psychology, Acognitive view, New York: Holt Rinehart and Winston, Inc.

3- Ausubel, D.P., (1963): " The psychology of Meaningfull verbal Learning New York: Grune & Strotton.

4- Ausubel. D.P. and Robinson, F.G. (1969): " School Learning: An Introduction to Education Psychology, New YorkL Holt, Rinehart and winstion, Inc.

5- Berliner, D.C and coben, L.S. (1973): " Trait-Treatment interaction in learning". In F.M. Kerlinder (ed) Review of Research in Education. Jtasca: F.T. Peacock, pp. 58-94.

6- Bruner, J. (1970): "The Process of Education": Harvard University, Press, pp. 24.

7- Case, Robbe. (1974): "Mental strategies, Mental capacity and Jnstruction: Aneo. Oiagetion investigation", Journal of Experiment child psychology, Vol. 18, No.3,pp. 282-379.

8- Case, R. (1975): Gearning the demands of instruction to the Developmental; Capacities of the Learner" Review of Educational Research, Vol. 45, No.1,pp. 59-87.

9- Cronbach, U.J. & Snow, RiE. (1977): " Aptitude and instructional Methods. A Hand book for Research on interaction New York: Irvington publishers, Inc, pp. 507.

10- Cronbach, J.L. and Snow, R.T. (1969): "Indivual Differences in Learning ability as a functional variables. USOE final Report, contract No. CEC-4-6-061269-1217. Stanford University School of education, pp. 681-682.

11- Clark, L.H. & Star, Lrving (1967): Secondary school Teaching Methods (New York: The Macmillan Comp) pp. 51-27.

12- Deighton, L.C. (1971): " Conceptual Approaches" The Encyclopedia of Education, Vol. 8, p. 273.

13- El-Banna, H., (1987): The Development of predictive Theory of Science Education Based Upon information Processing theory, Ph. D. thesis, Glasgow University, pp. 17-27.

14- Gillfund. G. & Schifrin, (1984): Are trivial Model for the both recognition and recall Psychology, vol. 19, No.3, pp. 1-66.

15- Hunt, E.B (1962): "Concept Learning (New York: Hohn wilk & sons. J.nc) pp. 7-8.

16- Jorolimke J. (1960): " Social Studies in elementary Education the Macmillan cop. P. 57.

17- Kamounnah, M.A. (1982): "A study of the interaction of Two visual Formats, Aesthetic, Judgment, Cognitive style and preference for visual complexity in a visual learning Task ", Un Publishers doctoral dissertation, Pittsburg, University of pittsburg, pp. 2-7.

18- Kathryn A. and Richard W. J. (1988): Aptitude-Treatment Interaction Research in the clinical setting: A review of Attempts to Dispel the "patient uniformity" Psychological Bulletin, Vol. 104, No. 2, 22 pp. 192-213.

19- Klausmere, H.J. (1979): Instructional Design and the Teaching of concepts" in joel R. Levin and Vernon L. Allen (Ed), Cognitive Learning in children, Theorioses and strategies. New York: A cademic press, pp. 119-217.

20- Koran, M.L. & John J.K (1984): "Aptitude-treatment Interaction Research in science Education J. of Research in Science Teaching Vol. 21, No. 8, pp. 793-808

21- Lawson, E., Thompson, (1988): "Formal Reasoning Ability and Misconception, Concerning centrices and Natural Selection Hournal of research in science Teaching, Vol, 25, No. 9, pp. 733-745.

22- Magnussen, S & Greenlee. M.W. (1992): Retention and Disruption of Motion information in visual short-term memory Journal of Experimental psychology: Learning memory and cognition. Vol 18, No.1, p. 151.

23- Mayer, Richard E., (1979): Can advance organizers influence Meaningfull Learning? Review of Educational Research , Vol 49, No. 2, pp. 372-378.

24- Mary, L.K and John J. Koran, JR. (1984): " Aptitude-treatment In-teraction Research in science Education, Journal of Research.

25- Miller, G.A. (1956): The magic Number seven, plus or minus two, some limits on our capacity for processing information Psychological Review, Vol. 63, No. 2. pp. 81-82.

26- Moshman. D.C. Clover, J.A. and Bruing. R.H. (1987): Development Psychology at otal Approach Canada Litt le. Brown and company (Canada) limited, p. 29.

27- Niaz. M. (1988): Manipulation of M. Demand of Chemistry Problems and its on student performance: Ameo-Piagetien Study, Journal of R. in S.T. Vol. 25, No. 8, pp. 643-645.

28- Novak, J. D., (1976): "Understanding the learning Process & effectiveness of Teaching Methods in the classroom, Laboratary and fields", Science Education, V. 60, No 4, P. 498.

29- Novak, J.D., (1977): "A theory of Education, Grun & Stration cornell University press, N.Y.P. 71.

30- Novak. J.D., (1982): Learning thedry Applied to Biology classroom the American Biology teacher, Vol. 42. No. 5 pp. 280-281.

31- Novak., J.D., Tamir, P. & Ring D.T. (1972): "Interpretation of Research Findings in terms of Ausubel theory and implications for science Education, Science Education, Vol. 55. 4, pp. 484-485.

32- Niaz, Mansoor, (1991): Correlates of formal Operational Reasoning: Aneo Piagetian Analysis" Journal of Research in Science Teaching Vol. 28. No 1 pp. 20-23.

المراجع

33- Piaget. J., (1963): " Development and learning ", Journal of Research in science Teaching, Vol.2, No3, pp. 167 -180.

34- Pascal-Leone. J. (1970): "Amatheatical Model or the Transition role in Piagets Development Stage " Acta. Psychology, Vol. 32, pp. 301-345.

35- Reed. S. K. (1982): Cognition theory and Application New York: U.S.A Brooks, cole publishing comphing company. Pp. 90-95.

36- Roth, W.M. & Milkent, M.M.: Factors in the Development of proportional reasoning strategies by concrete operational college student, Journal of Research in science Teaching 1991, vol. 20 , pp. 553-554.

37- Salomon. G. (1971) " Heuristic Models for Generation of Aptitude-Treatment Interaction Hypothes: Review of Education Research, Vol. 12, pp. 327.

38- Scardanalia, M. (1997): "Information Processing Capacity and the Problem of Horizental Decaloge: Ademon Stration Using combinatorial Reasoning tesk" Child Development, (48) pp. 28-37.

39- Shap, C.J. Journal of Educational Research, vol, 83, No. 5, pp. 266-270.

40- Stewart, Jamesem, H. and Atkin, Julia, (1982): Information Processing Psychology: Apromising pavadigm for research in science teaching, Journal of research in scince teaching, Vol 19, N. 4,p. 323.

41- Sperling. G., and et.al. (1993): information Transfer in Iconic Memory Experiments. J. of Experimental Psychology: Human Perception and performan, Vol. 19, No.4pp. 848-849.

42- Weill, M & Joyce. B., (1980): "Models of Teaching Now York Prentic Hall, Inc. pp. 31-33.

فهرست الكتاب

الفصل الثالث

الفصل الرابع

المنظمات المتقدمة

مفهومها - مميزاتها - نظريات تفسيرها

الفصل الثاني عشر
كيف يصنع المعلم تعلماً ذا معنى

ملاحق الكتاب

إصدارات سلسلة المصادر التربوية في تكنولوجيا التعليم
من ٢٠٠١/١/١٧م وحتى ٢٠٠٦/١/١٧م

رقم الإصدار	موضوع الإصدار	السنة	الناشر	ملاحظات
-	تكنولوجيا التعليم والوسائل التعليمية بين النظرية والتطبيق (جزء عملي وجزء نظري)	٢٠٠١م	من مطبوعات جامعة قناة السويس- مصر	لم ينشر رسمياً
-	تكنولوجيا المعارض والمتاحف التعليمية	٢٠٠٢م	من مطبوعات جامعة قناة السويس - كلية التربية النوعية ببورسعيد	تحت الإعداد للنشر الرسمي
١	منظومة تكنولوجيا التعليم	٢٠٠٣م	مكتبة الرشد- الرياض	مشترك مع آخر
٢	تكنولوجيا التعليم المُفرد وتنمية الابتكار: رؤية تطبيقية	٢٠٠٦م	دار وائل - عمان - الأردن	الطبعة الأولى
٣	التصميم التعليمي والتعلم ذو المعنى: رؤية ابتستمولوجية تطبيقية في ضوء نظرية تجهيز المعلومات في الذاكرة البشرية	٢٠٠٤م ط١ ٢٠٠٦م ط٢	دار وائل - عمان - الأردن	الطبعة الثانية
٤	الدليل المصور الشامل في تعليم العاديين وذوي الاحتياجات الخاصة	٢٠٠٦م	الدار الصولتية للتربية - الرياض	تحت الطبع
٥	الاتجاهات الحديثة في تكنولوجيا التعليم والتعلم الالكتروني	٢٠٠٦م	....	تحت الطبع
١ "ط٢"	منظومة تكنولوجيا التعليم والوسائل التعليمية رؤية تطبيقية معاصرة للمعلم قبل وأثناء الخدمة	٢٠٠٦م	مكتبة الرشد - الرياض	الطبعة الثانية مزيدة ومنقحة ومطورة
٦	تدريب المعلمين في مجال تكنولوجيا التعليم (برامج موجهه لدمج التقنية في التعليم)	....	....	تحت الطبع
٧	تكنولوجيا التعليم للفئات الخاصة (برامج تطبيقية للمعلمين والطلاب)	....	....	تحت الطبع

Printed in the United States
By Bookmasters